Transmettre ou reprendre une entreprise

Sous la direction de Jean-Marie Catabelle
Président d'honneur du CRA
et de Jacques Cérini, délégué CRA

Par Patrick Caudwell, Miguel Lauga, Marcel Marescaux,
Henri Murcia, Alain Pomey
Délégués CRA

2019

Avec la participation de : Didier Bissery, Dominique Boissonneau, Dominique Boudet, Jean-Jacques Brunet, Francis Carpentier, Bertrand Carrot, Jacques Courtin, Bruno de Fenoyl, Chantal Gentilhomme, André Grenot, Daniel Guedon, Pierre Maury, Alain Monroche, Christian Morel, Jean Péchou, Yves Portrat, Jacques Raymond, Jean-Pierre Robin, Francis Rougeot, Hans-Peter Schomaker, Michel Veaux, Délégués CRA.

Nos remerciements vont aux intermédiaires, avocats et experts, qui ont contribué à cet ouvrage :
Actoria Conseil, M. Fabrice Lange, Jérôme Oberling, Paris ;
Conseils Réunis, Maître Laurent Filluzeau, Paris ;
Fidal, Maître David Tréguer et Maître Johanna Flament ;
Relais et Conseils, Fabrice Julienne, St Clément de Rivière (34) ;
Lionel Canis, Directeur du groupe Cesacq ;
Maître Guillaume David, avocat, Paris ;
Maître Rémi Latarget, avocat, Carcassonne ;
Maître Stéphanie Martin, avocat, Fidal, Quimper ;
M. Jean-Pierre Jager, expert-comptable, Montpellier ;
Maître Hervé Antoine, avocat, Châlons-en-Champagne ;
M. Alain Tourdjman, directeur BPCE L'Observatoire ;
M. Charles-René Tandé, Président du Conseil supérieur de l'ordre des experts-comptables.

Le CRA n'oublie pas dans ses remerciements tous les chefs d'entreprise, cédants, experts et repreneurs qui ont enrichi ce livre par leur témoignage et leur expérience et notamment MM. Stéphane Nicorosi, Jean-Marc Tariant.

Tous les ouvrages sont disponibles sur :
www.prat-editions.fr

Direction éditoriale : Anne-Laure Marie
Édition : Claire Cabaret
Composition : Sylvain Atlan
Relecture-correction : Alba Bastida Díaz, Nawshaba Imambaccus
Conception graphique : Julien Josset
Couverture : © Foto/Edhar/Fotolia.com

© 2018, Prat Éditions, Division de LegaLib
206, boulevard de la République, 92210 Saint-Cloud

Tous droits de reproduction, même partielle, réservés pour tous pays.

ISBN : 978-2-8095-1350-9
ISSN : 1272-4955

Le Code de la propriété intellectuelle n'autorisant, aux termes de l'article L. 122-5, 2e et 3e a, d'une part, que les « copies ou reproductions strictement réservées à l'usage privé du copiste et non destinées à une utilisation collective » et, d'autre part, que les analyses et les courtes citations dans un but d'exemple et d'illustration, « toute représentation ou reproduction intégrale, ou partielle, faite sans le consentement de l'auteur ou ses ayants droit, ou ayants cause, est illicite » (art. L. 122-4). Cette représentation ou reproduction, par quelque procédé que ce soit, constituerait donc une contrefaçon sanctionnée par les articles L. 335-2 et suivants du Code de la propriété intellectuelle.

Préface

La transmission ou la reprise d'entreprise est une opération aux enjeux majeurs pour le pays en termes d'emplois, de vitalité des territoires et de préservation de savoir-faire, de croissance et de compétitivité de notre économie.
Trop d'entreprises disparaissent malheureusement chaque année faute de repreneur ! En outre, nos dirigeants d'entreprise n'échappent pas au papy-boom et dans les dix prochaines années un grand nombre d'entreprises seront à céder ou à reprendre.
Conscients de ces enjeux, acteurs publics ou privés sont mobilisés pour mettre en place des actions afin de soutenir et favoriser la transmission-reprise d'entreprises. Parmi les plus récentes, la mise en place par les pouvoirs publics d'un comité de pilotage national consacré à la transmission et à la reprise, regroupant les différents acteurs de la transmission notamment les experts-comptables, qui est chargé d'assurer le pilotage, le suivi et l'évaluation d'actions engagées dans ce domaine.

L'Ordre des experts-comptables a lui, pris l'initiative de créer en mars 2015 le Réseau Transmettre & Reprendre. Composé aujourd'hui de huit organismes, acteurs clés dans ces opérations, il participe à la diffusion d'informations auprès du public, et contribue par ses actions à faciliter la transmission-reprise d'entreprise.
Transmettre ou reprendre une entreprise ne s'improvise pas. Il s'agit en effet d'une opération technique et complexe qui ne laisse place à aucune approximation. Elle nécessite des compétences particulières et pointues, et ce dans un contexte d'évolution constante des règles financières, sociales, fiscales et juridiques.
Pour réussir cette opération, cédants et repreneurs doivent anticiper et se préparer relativement tôt.
Ils doivent être suffisamment informés et nécessairement accompagnés par les experts-comptables, tout au long du processus, afin de sécuriser l'opération et de permettre sa réalisation dans les meilleures conditions.

C'est dans cette logique d'information que la nouvelle édition du guide du CRA s'inscrit. Elle constitue un outil pratique permettant aux cédants et repreneurs d'avoir une première approche du processus de transmission-reprise, d'en appréhender les grandes étapes, tout en rappelant la nécessité d'être conseillé et guidé par une équipe d'experts en la matière.
Les experts-comptables, conseillers privilégiés des dirigeants, ne peuvent que s'associer à cette démarche.

Charles-René Tandé
Président du CSOEC
(Conseil supérieur de l'ordre des experts-comptables)

Introduction

Quoi de plus noble que de transmettre son entreprise pour l'inscrire dans une dynamique d'avenir ?

Quoi de plus exaltant que de devenir son propre patron en reprenant une entreprise pour la développer ?

Quoi de plus stratégique pour un PDG de petite entreprise que de réussir une croissance externe en rachetant une société complémentaire ?

En France, sur le million d'entreprises employant au moins 1 salarié, environ 45 000 TPE/PME sont cédées ou reprises chaque année.

L'enjeu fort de la transmission est de faciliter le rapprochement entre cédants et repreneurs, permettant ainsi de développer l'activité de ces TPE/PME et de pérenniser des centaines de milliers d'emplois.

La 12e édition de ce guide nous permet de continuer à vous faire partager notre expérience, notre savoir-faire, et de vous présenter la toute dernière actualité des outils, des conseils, indispensables à la réussite des transmissions et des reprises en France.

Notre livre, dont le parti pris est de traiter « en miroir » les moments forts du processus de transmission, tant du point de vue du cédant que du repreneur, a pour objectif de livrer à chacun des acteurs les bonnes clés d'une connaissance et d'une compréhension mutuelles ; ainsi, vous y découvrirez, entre autres, les forces, les faiblesses et les motivations des différentes parties en présence lors d'une négociation.

Conçu comme un « outil d'accompagnement et de proximité », il propose sur la base d'une trame chronologique, des conseils d'experts, des recommandations pratiques et simples à mettre en œuvre et de nombreux témoignages.

Une cession d'entreprise nécessite une préparation minutieuse et documentée : nos préconisations vous permettront, à vous cédant, d'anticiper, de réussir votre cession, d'ancrer votre entreprise dans l'avenir et de vous projeter dans votre vie d'après cession.

Une reprise d'entreprise se construit élément après élément, dans les moindres détails. Ainsi, nos conseils et notre approche vous aideront, à vous qui êtes repreneur, à évaluer votre profil de futur chef d'entreprise, à vérifier l'adéquation de vos aptitudes à votre objectif, à entreprendre vos démarches dans les meilleures conditions d'efficacité et de retombées positives pour votre projet.

Enfin, un processus de cession et de reprise bien construit intègre, à chaque étape, une composante humaine, psychologique et sociale, soit un aspect souvent sous-estimé sur lequel ce livre insiste particulièrement.

Vous familiariser avec les différentes techniques de la transmission-reprise, vous accompagner tout au long de vos démarches, vous aider à mieux maîtriser votre projet pour lui donner les meilleures chances de réussite, constituent les fondamentaux de la ligne éditoriale de ce nouveau guide *Transmettre ou reprendre une entreprise*.

Jean-Marie Catabelle
Président d'honneur du CRA

CRA, cédants et repreneurs d'affaires

• • • • • • • • • • • • • • •

Le CRA – Association nationale pour la transmission d'entreprise – compte 225 délégués totalement bénévoles. Ils sont anciens chefs ou dirigeants d'entreprise, anciens experts-comptables ou anciens banquiers. Au service de 1 200 repreneurs et 600 cédants, ils opèrent dans 73 délégations en France.

La mission du CRA est de faciliter la transmission d'entreprise dans le but de préserver les emplois et les savoir-faire. Les entreprises concernées par l'action du CRA sont des TPE/PME de 12 salariés en moyenne.

Chaque année, ce sont 350 transmissions d'entreprise qui se concluent dans le cadre du CRA, contribuant ainsi à maintenir et à développer le tissu des petites entreprises, sources de croissance et de développement de l'emploi.

Pour répondre au mieux à sa vocation, le CRA propose à l'adhérent cédant un accompagnement personnalisé tout au long du processus de cession.

De même, le CRA met son expérience et ses compétences au service de l'adhérent repreneur en l'assistant pendant toute la période d'avant reprise. Le candidat repreneur pourra suivre le stage de CRA Formation lui permettant de se familiariser avec toutes les étapes de la reprise d'entreprise.

Pour compléter son dispositif d'accompagnement, le CRA met à la disposition des adhérents repreneurs des services en ligne, comme l'accès à la base de données entreprises Diane ou l'accès aux études sectorielles Xerfi.

Les délégués du CRA organisent des groupes de repreneurs partageant les mêmes préoccupations, des réunions avec des experts de la transmission permettant aux repreneurs de compléter leur information sur la reprise.

Enfin, le CRA homologue et recommande à ses adhérents une liste de professionnels experts dans les domaines juridiques, financiers, fiscaux et comptables. Plus récemment, le partenariat noué avec un grand groupe d'assurances permet aux repreneurs ayant signé une lettre d'intention de bénéficier gratuitement d'un audit Assurances et prévention des risques réalisé par un professionnel.

Afin de récompenser des reprises exemplaires, le CRA anime depuis 2007 les Trophées CRA de la reprise remis chaque année dans le cadre du Salon des entrepreneurs de Paris.

Le présent guide, réactualisé chaque année, n'a qu'une seule ambition : vous aider à réaliser votre projet de reprise ou de cession. Les délégués du CRA vous soutiendront dans la concrétisation de vos objectifs.

Bernard Fraioli
Président du CRA
www.cra.asso.fr

Cédants, Repreneurs, découvrez ce que le CRA peut vous apporter dans la réalisation de votre projet de transmission ou de reprise d'entreprise, en lisant le QR Code :

Les 10 étapes d'une transmission

1. Bâtir son projet

2. Trouver le repreneur, l'entreprise cible

3. Premières analyses, premières rencontres

4. Les premières négociations et la lettre d'intention

5. Les diagnostics opérationnels

6. Construire son business plan

7. Financer la reprise

8. Le montage juridique et fiscal

9. Négocier le protocole d'accord

10. La finalisation et la prise de contrôle

Table des matières

Préface III
Introduction IV
CRA, cédants et repreneurs d'affaires V
Les 10 étapes d'une transmission VII

ÉTAPE 1 BÂTIR SON PROJET 1

■ PRÉCISER SES INTENTIONS ET SES OBJECTIFS 3
Pourquoi voulez-vous céder ? 4
Pourquoi voulez-vous reprendre une entreprise ? 11

■ SE PRÉPARER AVEC SOIN 19
Une nécessité également partagée 20
Les bonnes questions à vous poser avant de transmettre
votre entreprise 22
Repreneurs, à quoi devez-vous réfléchir avant de vous lancer ? 30

■ CONSTRUIRE LE PROJET 37
Cédants, avancez avec méthode ! 38
Repreneurs, n'improvisez pas ! 46

ÉTAPE 2 TROUVER LE REPRENEUR, TROUVER L'ENTREPRISE CIBLE 53

■ ÉTAT DES LIEUX DE LA CESSION-TRANSMISSION EN FRANCE 5
En finir avec le mythe des 60 000 cessions annuelles
liées à la fin d'activité 56
La taille, critère principal des cessions-transmissions d'entreprises ... 59
Transmission familiale : une signification différente,
une utilité commune en fin d'activité 61
Des disparités territoriales marquées 62

Table des matières

- **COMMENT TROUVER UN REPRENEUR POUR SON AFFAIRE ?** 63
  - La démarche autonome 64
  - Déléguer la cession à un tiers 69
- **COMMENT TROUVER LES OPPORTUNITÉS D'AFFAIRES ?** 73
  - Connaître le marché 74
  - Sélectionner une cible visible 77
  - Prospecter le marché « caché » 86

ÉTAPE 3 PREMIÈRES ANALYSES ET PREMIÈRES RENCONTRES 95

- **ÉTUDIER LE DOSSIER** 97
  - Établissez la carte d'identité de l'entreprise 98
  - Faites une pré-analyse financière 100
  - Quel prix ? 107
  - Les méthodes d'évaluation à partir du passé de l'entreprise ... 109
  - Évaluer à partir du futur de l'entreprise 115
  - Quelques recommandations pratiques 119
- **RÉUSSIR LES PREMIÈRES RENCONTRES** 121
  - La première impression est capitale ! 122
  - Définissez clairement vos objectifs, préparez les bonnes questions et les bonnes réponses ! 124
  - Repreneurs, vendez votre projet… et vous avec ! 127
  - Cédants, mettez toutes les chances de votre côté 131

ÉTAPE 4 LES PREMIÈRES NÉGOCIATIONS ET LA LETTRE D'INTENTION 133

- **PSYCHOLOGIE DE LA NÉGOCIATION** 135
  - Quelles bases de discussion ? 136
  - Les premiers pourparlers 137
  - Comprendre l'autre 139
  - Faites-vous aider 141
- **UN PRÉALABLE POUR NÉGOCIER : LA LETTRE D'INTENTION** 143
  - Choisir qui va concourir 145
  - Les éléments essentiels 148
  - Clauses et conditions 150

ÉTAPE 5 LES DIAGNOSTICS OPÉRATIONNELS 151

■ DES INFORMATIONS POUR LA DÉCISION 153
Cédants, devancez les questions en constituant des dossiers complets 154
Repreneurs, questionnez avec tact, courtoisie et intelligence 154
Repreneurs, évaluez le marché et les risques de rupture 155

■ LES PRODUITS ET L'ORGANISATION COMMERCIALE 157
Le marché, le positionnement, la concurrence 158
Les produits 159
Les clients 160
L'organisation commerciale 161
La stratégie commerciale 161
La communication 162

■ LES ACHATS ET LA PRODUCTION 163
Les fournisseurs 164
Les conditions d'achats 165
L'outil de production 166
L'organisation 168
Les prix de revient 168
Les stocks 169

■ L'ENVIRONNEMENT DE L'ENTREPRISE 171
L'immobilier 172
Les risques et la sécurité 173

■ LES FONCTIONS SUPPORTS 177
Les ressources humaines 178
La gestion 180

■ LE MANAGEMENT 183
Le dirigeant 184
Et maintenant, que décidez-vous ? 185

ÉTAPE 6 CONSTRUIRE SON BUSINESS PLAN 187

■ POURQUOI ÉTABLIR UN BUSINESS PLAN ? 189
Quels objectifs pour le repreneur ? 190
Qui est concerné ? 191

■ LA TRAME DU BUSINESS PLAN 193
L'existant et le diagnostic 194
Le projet 199
L'analyse des risques du projet 200

Table des matières

■ **CHIFFRER** **201**
Le compte de résultat prévisionnel 202
Le plan de financement 205
Vendez votre business plan 210

ÉTAPE 7 FINANCER LA REPRISE 215

■ **LES FONDS PROPRES** **217**
Les apports 218
Les intervenants en fonds propres 220

■ **L'ENDETTEMENT ET SES DIFFÉRENTES FORMES** **223**
« L'effet de levier » 224
Le point de vue du banquier 225
Le prêt d'honneur 226
Le crédit vendeur 227
Les interventions de Bpifrance 228
Le prêt bancaire 230

■ **LE MONTAGE FINANCIER LE PLUS COURANT :**
LE LBO ET SES DÉRIVÉS **235**
Les différentes formes de montage financier 236
Le montage financier proprement dit 239

■ **LES AIDES À LA REPRISE D'ENTREPRISES** **243**
Les aides financières 244
Les autres aides 246

ÉTAPE 8 LE MONTAGE JURIDIQUE ET FISCAL 249

■ **LES DIFFÉRENTES STRUCTURES ET LEURS CARACTÉRISTIQUES** **251**
Les différentes formes juridiques usitées 252
Le statut social du dirigeant 255
Le statut social et fiscal du dirigeant 257

■ **OPTIMISER LES MODALITÉS DE CESSION** **259**
Les différentes formes de cession 260
Quelques préalables utiles 269

■ **LES MODALITÉS DE REPRISE** **273**
Acquérir un fonds de commerce 274
Acquérir des titres 277
La structure d'acquisition 284

ÉTAPE 9 NÉGOCIER LE PROTOCOLE D'ACCORD 287
■ OBJECTIF : CONCLURE 289
Finaliser le cadre de l'accord 290
Cédants : maintenez la confiance 291
Repreneurs : approfondissez votre dossier 292

■ LE PROTOCOLE D'ACCORD 295
Le rôle des conseils 296
Les points à discuter 297

ÉTAPE 10 LA FINALISATION ET LA PRISE DE CONTRÔLE 303
■ FINALISER 305
Les audits d'acquisitions 306
De petits détails qui peuvent tout bloquer… 308
L'acquisition et ses formalités 309

■ 100 PREMIERS JOURS POUR RÉUSSIR VOTRE REPRISE 313
La transition 314
L'accompagnement par le cédant 315
Recommandations de bon sens 319
Priorité aux équipes : les connaître et s'en faire reconnaître 321
Allez à la rencontre de tous ceux qui comptent pour votre entreprise 323
Plongez sans délai dans l'opérationnel ! 325

■ LES MEILLEURES REPRISES RÉCOMPENSÉES EN 2018 329
ADIC Les Ateliers, lauréat Industrie du trophée CRA
de la reprise 2018 331
FOMMA, lauréat Services du trophée CRA de la reprise 2018 333
FONDERIES NICOLAS, prix du savoir-faire industriel
du trophée CRA de la reprise 2018 335
Les autres belles histoires des trophées CRA
de la reprise 2018 337

● MODÈLES DE LETTRES ET DE DOCUMENTS 339

● ANNEXES 351
Data room 353
Tableau récapitulatif des principales structures juridiques 354
Le programme de la formation CRA 359
Les clubs ou groupes de repreneurs 360

Table des matières

- **LES ADRESSES DE VOS INTERLOCUTEURS** 363
- **LEXIQUE** 367
- **INDEX ALPHABÉTIQUE** 375

Étape 1
Bâtir son projet

Préciser ses intentions et ses objectifs

➤ Identifier ses motivations et clarifier ses intentions sont un préalable indispensable.

➤ À quel moment céder son entreprise ? Comment s'y préparer ?

➤ Pourquoi reprendre une entreprise ? Comment s'y préparer ?

➤ Pour réunir les meilleures conditions de cession ou de reprise, il faut y consacrer du temps et se projeter dans l'avenir.

Pourquoi voulez-vous céder ?

Identifier vos motivations et vos intentions vous permettra de mieux vous préparer à la cession de votre affaire et de hiérarchiser vos objectifs parmi lesquels figure celui de trouver le meilleur repreneur possible !

■ Un nouveau projet de vie ?

Aujourd'hui, 1 entrepreneur sur 2 cède son entreprise parce qu'il part en retraite. Cependant, à tout moment de sa vie professionnelle, le chef d'entreprise peut ressentir l'envie de réaliser un nouveau projet, que ce soit réorienter sa carrière, reprendre un emploi salarié, racheter une nouvelle société, ou tout simplement changer de vie. Vivre ailleurs, vivre autrement, s'adonner à une passion (loisirs, art, sport, voyages), se consacrer à sa famille, sont le plus souvent cités par les entrepreneurs décidés à vendre leur entreprise. En France, plus de 30 % des affaires à vendre le sont pour ce motif.

À NOTER
Les motifs de cession

Retraite :	55 %
Réorientation professionnelle :	25 %
Famille :	8 %
Santé :	2 %
Recherche partenariat :	8 %
Divers	2 %

Source : base affaires CRA 2018

MON CONSEIL
À la question : « Pourquoi vendez-vous votre entreprise ? » Il faut répondre franchement. Un seul motif clairement exprimé est plus convaincant que plusieurs fausses raisons. La crainte du repreneur est de tomber sur un faux vendeur qui va se désister au bout de 2 ou 3 mois.

■ Créer ou reprendre une autre activité ?

Vendre son entreprise pour en créer ou en reprendre une autre est une tendance qui se développe en France et qui offre de nouvelles opportunités. Et un cédant au tempérament de développeur devra s'attendre à accorder une clause de non-concurrence à l'acquéreur pour protéger l'entreprise cédée.

■ Faire face à un problème personnel

Un entrepreneur, contraint de céder pour raisons de santé ou événements familiaux, aura intérêt à se faire assister par des conseils pour défendre son dossier et aboutir plus vite dans sa démarche.

■ Obtenir une somme d'argent « raisonnable »

Si l'obtention d'une somme d'argent est un objectif important de toute transaction, d'autres facteurs peuvent intervenir, d'ordre humain ou affectif. Aussi, tenant compte des spécificités et des points forts de son entreprise, recommandons nous au cédant de proposer un prix de vente « raisonnable » (le juste prix).

■ Votre famille et ses intérêts

La vente de l'entreprise a un impact sur la structure de votre patrimoine familial et requiert l'assistance d'un expert (notaire ou avocat) et d'un conseiller en gestion de patrimoine pour tout ce qui touche à l'optimisation fiscale.

■ Maintenir l'emploi et développer l'entreprise

Dans les petites et moyennes entreprises, la pérennité des emplois, du nom, sont au moins aussi importants que le prix qu'il s'attend légitimement à tirer de sa vente. À offre financière équivalente, le projet de reprise qui l'emportera sera celui qui comportera les perspectives de développement les plus attractives.

■ Maintenir le contact avec l'environnement professionnel

Une bonne transition entre l'activité et la retraite est de faire profiter de son expérience professionnelle un syndicat professionnel ou une association proche de l'activité précédente. Avec l'accord du repreneur, le cédant pourra éventuellement continuer à représenter la société durant quelque temps dans les instances professionnelles.

TEST : QUEL CÉDANT ÊTES-VOUS ?

N°	Question		Réponse
1	Vous avez…	moins de 40 ans	A
		entre 40 et 55 ans	B
		plus de 55 ans	C
2	Vous êtes…	en parfaite santé	A
		fatigué	B
		usé	C
3	Le dernier de vos enfants a…	moins de 10 ans	A
		de 10 à 25 ans	B
		+ de 25 ans	C
4	L'entreprise a été créée…	par vous	A
		par votre père, votre grand-père	B
		par un tiers	C
5	Votre conjoint…	souhaite vous voir céder votre entreprise	A
		craint de vous avoir dans les pattes	B
		est indifférent	C
6	Vous faites… (plusieurs réponses possibles et cumulables)	de la musique	A
		de la peinture	B
		du sport	C
7	Vous passez devant votre télévision…	moins de 10 heures par semaine	A
		de 10 à 20 heures par semaine	B
		plus de 20 heures par semaine	C
8	Les avantages en nature représentent…	moins de 10 % de vos revenus	A
		de 10 à 25 % de vos revenus	B
		plus de 25 % de vos revenus	C
9	Connaissez-vous le montant de votre future retraite ?	À 10 % près	A
		À 25 % près	B
		Pas la moindre idée	C
10	Vous êtes propriétaire de…	plus de 51 % des actions	A
		plus de 67 % des actions	B
		plus de 99 % des actions	C

Préciser ses intentions et ses objectifs

	TEST : QUEL CÉDANT ÊTES-VOUS ?		
11	L'immobilier professionnel…	appartient à l'entreprise appartient à un tiers est en SCI dont vous êtes propriétaire	A B C
12	Vous travaillez vraiment…	moins de 8 heures par jour de 8 à 10 heures par jour plus de 10 heures par jour	A B C
13	Quand vous partez en vacances, vous téléphonez à votre bureau…	une fois par semaine une fois par jour plusieurs fois par jour	A B C
14	Vous rêvez…	de faire le tour du monde de profiter de votre maison de campagne de vous occuper de vos petits-enfants	A B C
15	Avez-vous parlé de votre projet de cession à… (plusieurs réponses possibles et cumulables)	un notaire un expert-comptable un fiscaliste	A B C
16	Vous avez une bonne connaissance… (plusieurs réponses possibles et cumulables)	de la taxation des plus-values de l'IFI du toilettage des bilans	A B C
17	Depuis 3 ans, vos profits…	ont diminué ont augmenté entre 1 % et 15 % ont augmenté de plus de 15 %	A B C
18	Votre dernière embauche remonte à…	plus de 5 ans de 2 à 5 ans moins de 2 ans	A B C
19	Votre dernier investissement (informatique, machine…)…	a plus de 5 ans a entre 2 et 5 ans a moins de 2 ans	A B C
20	Vos enfants, neveux et nièces…	ont déclaré ne pas vouloir vous succéder n'ont pas été consultés vous n'avez ni enfants, ni neveux	A B C

TEST : QUEL CÉDANT ÊTES-VOUS ?				
21	Votre personnel…	n'est pas intéressé par la reprise		A
		cherche un financement		B
		n'a pas été consulté		C
22	Vous préférez vendre votre entreprise…	à un concurrent		A
		à un client ou à une autre société		B
		à une personne physique		C

Test mis au point par CRA Formation : cra.formationiledefrance@cra-asso.org

RÉSULTATS DU TEST CÉDANT		
Question	Score	Interprétation
1	A = 1 B = 2 C = 3	Peut-être faut-il persévérer. C'est bien, si c'est pour investir ailleurs. Il est temps de préparer la cession.
2	A = 3 B = 3 C = 3	Profitez-en. Retrouvez votre tonus. Vite, vite !
3	A = 1 B = 1 C = 3	Encore longtemps à votre charge. Les études coûtent cher. Il est indépendant, vous aussi.
4	A = 2 B = 1 C = 3	Un peu de nostalgie. Quel arrachement ! Ce devrait être plus facile.
5	A = 3 B = 1 C = 2	Allez-y ! Faites du golf. Ok.
6	A = 3 B = 3 C = 3	Saines occupations.
7	A = 3 B = 2 C = 0	Vous avez un peu de marge. C'est beaucoup. Attention : risque de retraite trop passive.
8	A = 3 B = 1 C = 0	Pas de mauvaise surprise. Difficile à compenser. Votre niveau de vie va baisser.

Préciser ses intentions et ses objectifs

		RÉSULTATS DU TEST CÉDANT	
9	A = 3 B = 2 C = 0	Bravo. Ce n'est déjà pas mal. Doit mieux faire.	
10	A = 1 B = 2 C = 3	Les autres actionnaires sont-ils prêts à vendre ? Où sont les autres 33 % ? Vous avez une quasi-liberté d'action.	
11	A = 0 B = 2 C = 3	Difficile à vendre ? Qualité du bail ? Bon complément de retraite.	
12	A = 3 B = 2 C = 0	Vous décrocherez facilement. Cherchez un violon d'Ingres. Le cordon ombilical est solide.	
13	A = 3 B = 1 C = 0	C'est bien : l'entreprise tourne seule. C'est beaucoup. C'est inquiétant.	
14	A = 3 B = 3 C = 3	Bravo !	
15	A = 3 B = 3 C = 3	C'est indispensable.	
16	A = 3 B = 3 C = 3	Bravo. Bravo. Bravissimo !	
17	A = 1 B = 2 C = 3	Tentez de vendre. C'est bien. Vendez vite, ça ne durera peut-être pas.	
18	A = 1 B = 2 C = 3	Urgent de vendre, l'obsolescence guette. Ça tourne ou ça ronronne ? Bravo, l'entreprise garde son élan vital.	
19	A = 0 B = 2 C = 3	Vendez vite, si vous trouvez encore un acquéreur. Attention. Bravo, la mariée est présentable.	
20	A = 3 B = 0 C = 3	Bravo, vous en avez parlé ouvertement. Et pourquoi pas ? Au moins, c'est clair.	

RÉSULTATS DU TEST CÉDANT			
21	A = 1 B = 3 C = 0	Tant pis. C'est souvent une bonne solution. Dommage.
22	A = 1 B = 1 C = 3	La développera-t-il ou la dépècera-t-il ? Votre entreprise conservera-t-elle ses clients ? Vous cherchez le gendre idéal.
Score total		

Vous avez obtenu moins de 25 points : il y a du travail à faire avant que votre entreprise ne soit présentable pour la cession. Peut-être aussi n'êtes-vous pas vous-même convaincu du bien-fondé de cette cession.

Vous avez obtenu entre 25 et 60 points : vous êtes sur la bonne voie. Persévérez et votre entreprise pourra être mise sur le marché dans de bonnes conditions.

Vous avez obtenu plus de 60 points : vendez. Tout semble être en ordre.

Pourquoi voulez-vous reprendre une entreprise ?

Réfléchir à vos motivations et à vos objectifs : vous avez intérêt à étudier votre projet pour le réussir et surmonter les difficultés.

■ Rebondir

Acheter son emploi en reprenant une entreprise est l'une des manières les plus courantes de « rebondir » et se trouver à l'origine d'au moins la moitié des acquisitions de PME/PMI des 20 dernières années.

■ Réaliser son rêve : devenir chef d'entreprise

Malgré la crise, nombre de candidats repreneurs veulent devenir entrepreneurs, soit par création (succès de la formule d'autoentrepreneur ou micro-entrepreneur) soit par acquisition.
Reprendre une entreprise peut être aussi l'occasion de rapprocher passion et activité professionnelle, par exemple reprendre un centre équestre, un club sportif, un hôtel, une galerie d'art...

■ Reprendre ou créer ?

La statistique est en faveur de la reprise : 75 % des entreprises reprises sont toujours en vie au bout de 5 ans, contre 55 % des entreprises créées. Les actions de développement peuvent être mises en œuvre plus vite dans le premier cas.

■ Développeur, innovateur, exportateur... ?

Dans la typologie des entrepreneurs, les « innovateurs » qui aiment lancer de nouveaux produits se distinguent des « développeurs » qui partent des produits déjà existants pour conquérir de nouveaux marchés. Faites savoir à ceux qui vous aident où vont vos préférences.
Innovation et développement par l'exportation vont souvent de pair, soit à travers le lancement de nouveaux produits, soit en augmentant les budgets recherche et développement (l'UE considère comme innovante une entreprise qui consacre au moins 10 % de son chiffre d'affaires à la recherche et développement).

■ Faire de la croissance externe

Pour assurer le développement de son entreprise, l'entrepreneur dynamique cherchera à acquérir une autre société à l'activité complémentaire ou identique sur un autre marché.

Préciser ses intentions et ses objectifs

N°	Question		Réponse
1	Vous avez…	moins de 35 ans entre 35 et 55 ans plus de 55 ans	A B C
2	Vous êtes…	célibataire marié divorcé	A B C
3	Vous avez…	aucun ou 1 enfant 2 à 5 enfants + de 5 enfants	A B C
4	Vos enfants ont…	plus de 25 ans entre 10 et 25 ans moins de 10 ans	A B C
5	Votre conjoint est…	fonctionnaire salarié du privé ou indépendant sans profession	A B C
6	Votre niveau d'étude est…	Bac + 4 ou plus de Bac à Bac + 3 niveau Bac	A B C
7	Votre filière d'origine :	technicien gestionnaire commercial	A B C
8	Vous venez d'une entreprise…	de moins de 50 salariés de 50 à 500 salariés de plus de 500 salariés	A B C
9	Vos économies sont placées…	en SICAV en obligations en *junk bonds*	A B C
10	Combien de métiers avez-vous déjà exercés ?	Un seul De deux à quatre Vous ne les comptez plus	A B C
11	Vous rêvez d'être entrepreneur…	depuis que vous êtes au chômage depuis plusieurs années depuis toujours	A B C

Table: TEST : AVEZ-VOUS LE PROFIL DU REPRENEUR D'ENTREPRISE ?

TRANSMETTRE OU REPRENDRE UNE ENTREPRISE

	TEST : AVEZ-VOUS LE PROFIL DU REPRENEUR D'ENTREPRISE ?		
12	Vous comptez reprendre…	seul avec un associé avec plusieurs personnes	A B C
13	Y a-t-il un patron de PME parmi…	vos proches parents vos amis vos relations	A B C
14	Vous vous sentez proche de…	Bernard Tapie Xavier Niel Vincent Bolloré	A B C
15	Êtes-vous prêt à déménager ?	Non, en aucun cas Oui, dans la même région Oui, dans toute la France	A B C
16	Vous disposez d'un capital de…	100 000 à 150 000 € 150 000 à 500 000 € plus de 500 000 €	A B C
17	Vous jouez plutôt…	au poker au bridge aux échecs	A B C
18	Vous préférez le ski…	hors piste alpin de fond	A B C
19	Vous travaillez…	120 heures par semaine 80 heures par semaine 50 heures par semaine	A B C
20	Votre patron, c'est…	une contrainte une sécurité une occasion d'échanges de points de vue	A B C
21	Le management des hommes, c'est…	l'affaire du DRH des réunions dans votre bureau une discussion auprès du poste de travail du salarié	A B C
22	Vous avez trois rendez-vous en même temps avec un client, un banquier et votre actionnaire. Vous choisissez d'aller voir…	le client le banquier l'actionnaire	A B C

Test mis au point par CRA Formation : cra.formationiledefrance@cra-asso.org

Préciser ses intentions et ses objectifs

RÉSULTATS DU TEST REPRENEUR		
Question	Score	Interprétation
1	A = 1 B = 3 C = 1	Attendez et confirmez votre expérience. Allez-y, c'est le bon moment. Peut-être un peu tard ?
2	A = 1 B = 2 C = 2	Trop indépendant. Bon équilibre. *Nihil obstat.*
3	A = 1 B = 3 C = 1	Trop timoré ? Bravo. Pouvez-vous prendre le risque de la reprise ?
4	A = 2 B = 1 C = 2	Ouf ! Ils sont indépendants. Ils vous coûtent cher… Bien, ils sont encore flexibles.
5	A = 2 B = 1 C = 0	Parachute dorsal et ventral. Parachute ventral seulement. Pas de parachute…
6	A = 1 B = 2 C = 0	Avez-vous encore le sens du terrain ? Ok. Ce sera peut-être difficile.
7	A = 2 B = 2 C = 2	*Nobody's perfect…*
8	A = 4 B = 2 C = 0	Vous savez donc à quoi vous vous exposez. Vous avez vos chances. Vous avez beaucoup de choses à apprendre… et à oublier !
9	A = 2 B = 1 C = 0	Bravo. Avez-vous suffisamment le goût du risque ? Joueur ?
10	A = 0 B = 2 C = 1	Êtes-vous vraiment adaptable ? Bonne flexibilité, semble-t-il. Ne seriez-vous pas instable ?
11	A = 0 B = 2 C = 3	Reprendre doit être une vocation, pas un pis-aller. C'est bien. Il est grand temps de vous lancer !

		RÉSULTATS DU TEST REPRENEUR
12	A = 3 B = 1 C = 0	Bravo. Prévoyez une éventuelle séparation. Cela risque d'être la pagaille !
13	A = 2 B = 1 C = 0	Vous êtes conscient des difficultés qui vous attendent. Votre subconscient les imagine. Savez-vous vraiment ce qui vous attend ?
14	A = 0 B = 2 C = 1	Salut l'artiste ! C'est une bonne référence. Vous voyez grand… trop ?
15	A = 0 B = 1 C = 2	Pourtant, ce sera peut-être nécessaire. C'est un bon début. Cela semble réaliste.
16	A = 2 B = 8 C = 7	Ce sera dur. En plein dans le mille. Ne préféreriez-vous pas être rentier ?
17	A = 0 B = 2 C = 1	Pourquoi pas à la roulette russe ? Bravo. La réflexion n'empêche-t-elle pas l'action ?
18	A = 1 B = 1 C = 2	Restez prudent ! Attention aux obstacles. Vous voilà prêt pour les hauts comme les bas.
19	A = 0 B = 1 C = 3	Ne vous surestimez-vous pas ? Mal organisé ? Bravo.
20	A = 2 B = 0 C = 1	Enfin libre, oui… mais seul décisionnaire. Assumerez-vous de ne plus en avoir ? Mesurez-vous la solitude qui sera la vôtre ?
21	A = 0 B = 1 C = 3	Quel DRH ? Dans une PME, qui travaille pendant les réunions ? Bravo !
22	A = 3 B = 1 C = 0	Le client est roi ! Le banquier dépend, comme vous, du client. L'actionnaire dépend du client, du banquier… et de vous !
Score total		

Vous avez obtenu moins de 30 points : n'y pensez même pas ! La reprise d'entreprise, visiblement, ce n'est pas fait pour vous. Avez-vous bien réfléchi à vos motivations ? Si vous pensez à la reprise comme assurance contre le chômage, c'est un bien mauvais calcul.

Vous avez obtenu entre 30 et 45 points : vous pouvez vous lancer dans l'aventure. Tous les clignotants ne sont pas au vert, mais dans la vie, qui ne tente rien n'a rien. Avant de vous lancer, interrogez-vous quand même sur vos points faibles (capacité financière ? compétence ? contexte familial ?). Attention, certains sont rédhibitoires, comme l'aversion au risque ou l'incapacité à manager des hommes. Dans tous les cas, vous avez intérêt à vous entourer de personnes compétentes qui vous épauleront dans votre démarche.

Vous avez obtenu plus de 45 points : vous avez de bonnes chances de réussir. Bravo ! *A priori,* vous avez une bonne idée de ce qui vous attend en tant que patron de PME et vous êtes dans un contexte favorable pour tenter la reprise. Vous avez compris que reprendre une entreprise, c'est une affaire d'argent, bien sûr. C'est tout autant une affaire de caractère, de goût du risque, d'aptitude aux contacts humains, d'adaptabilité, d'organisation, d'expérience et de formation… Bonne chance et bon courage !

Se préparer avec soin

➤ J'ai envie de céder mon entreprise. Comment préparer cette cession ?

➤ Mes motivations de reprise sont fortes, je sais ce que je cherche. À quoi dois-je faire attention ?

➤ Les conseils coûtent cher, puis-je m'en passer ?

Une nécessité également partagée

Ni le cédant, ni le repreneur, ne sont préparés à cet événement exceptionnel qu'est la transmission d'une entreprise. Dans la majorité des cas, c'est la première fois, pour l'un comme pour l'autre, qu'ils sont impliqués dans une telle négociation. Les risques sont multiples. En effet, cette négociation met en jeu des centaines de milliers d'euros, voire des millions. Le risque à la fois financier et psychologique influera sur l'avenir personnel et professionnel des deux parties. On aimerait pouvoir traiter une telle opération sans pression particulière et sans urgence. En pratique, le repreneur est aussi impatient que le cédant. La préparation des deux intervenants est essentielle pour permettre aux négociations de déboucher sur un accord.

■ L'esprit de décision

› Être vraiment décidé à vendre son entreprise

Un chef d'entreprise sera d'autant plus déterminé à céder, et à céder vite, qu'il aura élaboré un « projet de vie » personnel pour l'après-vente.

› Avoir la volonté affirmée de reprendre une entreprise

Après avoir bien réfléchi, le candidat repreneur doit pouvoir s'assurer de sa volonté réelle d'aller jusqu'au bout de sa démarche. L'avis de professionnels du secteur ou d'anciens ayant repris, vont lui permettre de vérifier qu'il est sur la bonne voie et qu'il fait les bons choix. Être patron de PME est bien différent d'un emploi de cadre dirigeant dans un groupe ou une grande entreprise.

› Ne pas traîner !

L'importance des décisions à prendre ne doit pas retarder l'action. Pour que la cession se déroule bien, il faut qu'elle se déroule vite. Si elle traîne, interrogez-vous sur les motivations réelles des deux parties, sur le prix de vente, sur les capacités financières de l'acheteur, sur l'existence ou non d'atomes crochus entre les deux parties.

■ Savoir s'entourer

Le cédant est expert en son entreprise, le repreneur a pour lui son passé professionnel, aucun des deux n'a d'expérience de cet acte exceptionnel qu'est la transmission d'une PME. Il leur faudra, à l'un comme à l'autre, l'aide d'un expert-comptable et celle d'un avocat d'affaires auxquels s'ajouteront, si nécessaire, un spécialiste en droit fiscal, un autre en droit social, en évaluation des stocks, en estimation du matériel…

Les honoraires d'experts semblent élevés ; ils le sont moins que les dégâts résultant de leur absence aux moments cruciaux de la transaction.

> **MON CONSEIL**
> **Préparer l'entreprise à la transmission** Développer un peu plus les actions à mener pour présenter l'entreprise dans des conditions optimales : investissement dans l'outil de production, maintien des locaux en bon état, contrats à renouveler, etc.

Les bonnes questions à vous poser avant de transmettre votre entreprise

Quelles questions devez-vous vous poser ?

■ S'y prendre à temps

5 ans d'avance serait l'idéal ; 3 ans est recommandable ; 18 mois est un minimum si l'on veut faire le tour de l'aspect fiscal, l'aspect successoral, et mesurer l'impact de la transaction sur l'IFI (voir *L'IFI*, p. 282). C'est un minimum surtout pour décider si l'on veut vendre à un acheteur extérieur ou à un membre de sa famille ou de son personnel.

■ D'abord penser à soi

› L'œuvre d'une vie

Dans plus de 50 % des cas, le cédant est une personne physique sur le point de prendre sa retraite. Sans doute a-t-il créé son entreprise et y est-il attaché comme à l'un de ses enfants. Peut-être en a-t-il même hérité, ce qui renforce son attachement.

Il lui a consacré sa vie professionnelle, lui a donné le meilleur de lui-même et doit maintenant s'en séparer avec tout ce qu'elle a représenté pour lui : difficultés et joies, relations avec son personnel, liens avec ses clients et fournisseurs…

Pour les cédants vendant avant d'avoir atteint l'âge de la retraite, l'opération est alors plus facile à aborder. On trouve dans cette catégorie des entrepreneurs qui ont créé leur entreprise quelques années plus tôt et veulent engranger une plus-value rapide : l'aspect pécuniaire prend alors le pas sur l'attachement sentimental. On trouve aussi des PME mises sur le marché par de grandes entreprises qui considèrent que l'activité mise en vente ne correspond plus à leur cœur de métier : peu d'affectivité dans ce cas, car la personne chargée de la vente est un salarié de la maison-mère, sans attachement à l'objet de la vente. Mais c'est une opportunité souvent intéressante qui permet au repreneur d'associer un ou plusieurs cadres en place à son projet.

On trouve enfin, mais nous y reviendrons plus loin, les entreprises vendues à la barre du tribunal. Et là, il est trop tard pour les sentiments.

Se préparer avec soin

› L'activité essentielle

Que le cédant soit proche ou non de la retraite, c'est à son activité essentielle qu'il va mettre fin. Rupture de rythme, fin des obligations journalières, temps libéré qui peut être la meilleure et la pire des choses. La crainte de perdre cette activité structurante entraîne certains patrons à remettre sans cesse au lendemain la décision de céder au détriment de l'intérêt de l'entreprise qui perd de son dynamisme, ne renouvelant ni son personnel ni son matériel.

› Le gagne-pain

Je sais ce que je gagne aujourd'hui, dit le cédant, mais quel sera mon revenu demain ? Saine question, mais à laquelle on ne trouve pas toujours de réponse (de toute façon, ce sera insuffisant). L'inquiétude et l'indécision sont mauvaises conseillères : si une barrière doit être franchie, mieux vaut en connaître la hauteur avant de sauter...

› L'anti-âge

Le cédant, arrivant à l'âge de la retraite et mettant en vente son entreprise, ne peut plus ignorer son âge et tenter de le cacher. Certains le prendront avec philosophie, d'autres pas : ceux qui croient toujours progresser – après l'école, l'université, la progression jusqu'à la tête de l'entreprise – sont forcés d'admettre qu'en vendant leur entreprise, ils abandonnent un pouvoir, une influence, un réseau de relations et des privilèges constituant généralement l'apanage des chefs d'entreprises. Cela n'est pas toujours facile à admettre. On touche ici aux limites de l'entreprise comme remède anti-âge.

› La coquille... ou la carapace

Le patron en activité se sent protégé par son entreprise. Son monde est bien balisé. Sa coquille l'abrite et le réconforte face aux incertitudes de l'extérieur. Quelquefois, cette fragile coquille est ressentie comme une carapace indestructible. Comment en sortir ? Comment perdre cet appui ? Faudra-t-il en constituer une autre pour retrouver une certaine tranquillité ?

■ Mon patrimoine

Préalablement à la cession, le cédant devra, avec son conseiller patrimonial se livrer à une analyse approfondie de sa situation personnelle et familiale, il peut vouloir profiter de cette opération pour effectuer une réorganisation de son patrimoine, modifier son contrat de mariage, effectuer des donations, créer une société pour réinvestir le produit de la vente, etc.

> **MON CONSEIL**
> **Trois conseils aux cédants**
> - Examinez les possibilités de donation (voir *La fiscalité*, p. 280).
> - Lors de la négociation, examinez toujours avec vos conseils les alternatives suivantes :
> - distribuer des dividendes préalablement à la transmission et minorer le prix de cession ?
> - ou conserver les résultats en réserve et supporter la fiscalité des plus-values ?
> - Négociez après la période d'accompagnement une indemnité de départ, à la charge de la société cédée, et génératrice de points de retraite avec un rendement immédiat ?
> Ce peut être l'objet d'une clause séparée qui facilitera d'autant le financement de l'acquisition par votre repreneur.

Dans ce domaine :
- le recours à des experts fiscalistes praticiens est indispensable très en amont même si ce ne sont pas des considérations fiscales qui doivent guider la cession ;
- il peut être dangereux d'attendre que les mesures annoncées dans la presse aient fait l'objet d'un décret d'application ; car celui-ci peut demander parfois plus d'un an pour être pris. L'opération de transmission risquerait alors de ne pas se dénouer.

■ Histoires de famille

› Et s'ils avaient envie de reprendre ?

Voici sans doute un des points les plus importants, souvent oublié et pouvant compliquer une transmission. La famille au sens large doit être consultée : les enfants, les petits-enfants, les neveux et nièces… Un ou plusieurs d'entre eux travaillent-ils déjà dans l'entreprise ? Y occupent-ils des postes à responsabilité ? Ont-ils envie de prendre la succession ? Le leur a-t-on proposé ou a-t-on considéré qu'ils n'en étaient pas capables ?
Même si aucun de ces fils, filles, neveux ou nièces ne travaillait dans l'entreprise, l'un d'entre eux ne risque-t-il pas de se déclarer en temps utile, ce qui est bien, ou à la dernière minute, ce qui est regrettable ? Leur a-t-on posé la question individuellement, dans le calme ou seulement à la cantonade au cours d'une réunion de famille ?

› Aborder le sujet de front

Faire le tour de sa famille, même éloignée, pour s'assurer de l'absence d'intérêt de chacun de ses membres. Aborder le sujet de front. Ne pas oublier les timides qui risquent de se réveiller trop tard. Ne pas présenter la cession de l'entreprise en famille comme une faveur ni comme un cadeau empoisonné : la cession en famille doit se faire avec le même professionnalisme et la même objectivité que la cession vers l'extérieur.

■ Ne pas oublier le personnel

› Et s'il y en avait un qui n'attendait que ça ?

Le même problème se pose avec le personnel. Un ou plusieurs cadres sont-ils intéressés par la reprise ? Leur en a-t-on offert la possibilité ou a-t-on pensé, à tort ou à raison, qu'ils en étaient incapables professionnellement ou qu'ils ne disposaient pas des fonds nécessaires ?

› Parlez-en avec eux... avant

Avez-vous envie de transmettre votre entreprise à votre personnel ? Si oui, certains cadres sont-ils aptes à prendre votre relève ? Si oui, et qu'aucun membre de votre famille ne se montre intéressé, abordez le sujet carrément, mais confidentiellement, avant le délai de communication obligatoire imposé par la loi Hamon (voir *La communication interne*, p. 41).

Ne partez pas du principe que votre personnel n'aura pas les moyens de financer le rachat de votre entreprise : on est parfois surpris des moyens mobilisables par l'un ou par l'autre. En outre, les banquiers voient d'un bon œil les transmissions au personnel, y trouvant une certaine sécurité et une forte probabilité de conserver l'entreprise comme client.

Si le ou les cadres sont intéressés, conseillez-leur d'avoir une première consultation avec un expert, mais ne jouez pas vous-même à l'expert ; vous seriez juge et partie et donc mal à l'aise dans les futures négociations.

> **Cas pratique**
> **Une cession mal préparée**
> Un mécanicien met en vente son entreprise de 10 salariés. Un repreneur l'achète. Le jour de son arrivée, il reçoit chacun des membres du personnel. Vient le tour du responsable commercial... qui lui apporte sa démission : il rêvait de reprendre l'entreprise mais le sujet n'a jamais été abordé avec le cédant. Quand il a su que l'affaire était faite avec un repreneur extérieur, il a décidé de partir chez un concurrent (pas de clause de non-concurrence, hélas !).
> Dégâts collatéraux : perte quasi immédiate de 20 % du chiffre d'affaires.
> Donc, anticipez les réactions de vos principaux salariés, surtout si certains étaient capables d'être repreneurs. L'application de la loi Hamon vous y aidera (voir *La communication interne*, p. 41).

■ Mon cercle professionnel

Avez-vous été approché par un fournisseur, un client, un concurrent, qui aimerait s'agrandir en achetant votre société ? Y êtes-vous favorable ou défavorable ? Les relations avec cette entreprise tierce étaient-elles agréables ou tendues ? Pensez-vous pouvoir négocier avec elle en toute confiance ? Saura-t-elle maintenir la confidentialité de la démarche sans que la profession tout entière ne soit informée ?

Si toutes ces conditions sont remplies et si les deux approches précédentes (famille et personnel) ont échoué, lancez-vous, prenez contact avec votre concurrent, votre client ou votre fournisseur.
Sinon, abandonnez cette piste et mettez votre entreprise sur le marché pour la vendre à un tiers inconnu, personne physique ou personne morale.

■ Un inconnu venu d'ailleurs

Vous avez envisagé tous les acheteurs possibles dans votre entourage. Rien n'a débouché. Heureusement, vous vous y étiez pris bien avant l'échéance et il vous reste du temps pour mettre votre entreprise sur le « marché ». Hélas, il n'y a pas de marché centralisé des PME à vendre. Vous pouvez confier votre cession à un intermédiaire spécialisé, en parler à votre banquier, passer par le CRA (association de cédants et repreneurs d'affaires), les chambres de commerce ou des métiers.
Les différents intervenants possibles sont signalés plus loin dans l'ouvrage (voir *Les adresses de vos interlocuteurs*, p. 363). De toute façon, il vous faudra aller de l'avant, sélectionner un nombre limité d'intervenants (pour des raisons de confidentialité et pour ne pas être noyé sous les demandes de contacts).
Choisissez vite, travaillez en confiance pour trouver votre successeur dans un délai raisonnable.

> **Cas pratique**
> **Choisir le bon candidat**
>
> **J. B., 60 ans, cède la tôlerie industrielle B., CA : 700 000 €, avec un effectif de 8 salariés.**
> Il y a un peu plus d'un an, je me suis mis en quête de trouver un successeur. Je n'avais personne dans mon entourage familial pour reprendre l'affaire. J'ai fait part à mon personnel de mon intention de céder. J'ai sollicité un de mes compagnons pour reprendre l'entreprise, mais cela ne s'est pas fait. Être un bon technicien ne fait pas forcément un bon chef d'entreprise.
> Des amis m'ont parlé du CRA. Je n'avais pas fait de portrait-robot de mon futur repreneur. Le CRA m'a présenté un candidat qui pourrait me convenir. C'est ainsi que j'ai rencontré P. B.
> Le courant est passé d'emblée. Même s'il ne connaît pas la technique de notre métier, sa formation d'ingénieur Arts et Métiers devrait lui permettre de s'adapter assez rapidement.
> Dans le choix du repreneur il y a deux aspects :
> – l'aspect financier, qui n'est pas négligeable ;
> – la capacité à assurer la poursuite de l'activité et la développer. Pour moi, ce point est capital.

> À NOTER
> **Le repreneur type du CRA**
> **Âge moyen** : « quadras », avec une évolution vers les « quinquas »
> **Expérience professionnelle** : 20 ans dans un grand groupe
> **Formation d'origine** : école de commerce ou ingénieur ou gestion et finance
> **Fonds personnels** : entre 150 000 et 500 000 €
> **Capacité de levée de fonds** : 500 000 à 1 000 000 €
> **Secteurs privilégiés** : industrie, services et négoce
> **Taille recherchée** : CA 1 000 000 à 5 000 000 € – Effectifs 5 à 100 personnes

Mon dernier acte de gestion

La cession d'une entreprise est un acte de gestion, différent de ceux auxquels un entrepreneur a l'habitude de procéder. Raison de plus pour bien s'y préparer.

› Consacrer du temps et des moyens à la cession

Si vous voulez réussir la cession dans un délai raisonnable, il vous faut consacrer du temps aux rendez-vous avec les candidats repreneurs, les experts et vos conseillers. Certes, vous pouvez déléguer certaines discussions techniques à votre expert-comptable ou à votre conseil juridique, mais l'expérience prouve qu'il vaut mieux avoir la maîtrise des contacts avec le repreneur.

› Préparer l'entreprise à la transmission

Il s'agit de présenter l'entreprise sous un jour favorable, dans des conditions optimales.
Il ne s'agit pas de camoufler quoi que ce soit, mais d'optimiser sa présentation avant de la mettre sur le marché. On s'intéressera en particulier aux biens immobiliers et aux baux, aux marques et brevets, aux réserves distribuables et aux inventaires, sans oublier les engagements hors bilan.
Le rôle de l'expert-comptable est essentiel dans cette étape.

› Le choix des experts

L'expert-comptable idéal est-il l'expert-comptable de votre entreprise ? Celui-ci est-il un familier de la transmission ? Risque-t-il de freiner votre projet, craignant de perdre un client ? C'est possible. Peut-être faudra-t-il vous adresser à un expert-comptable spécialisé.
Ayez le même raisonnement pour l'avocat. Choisissez-le bien parmi les spécialistes reconnus de la transmission de PME.

> **À NOTER**
> **L'élan vital** La vie d'une entreprise est constituée d'étapes successives où de nouveaux seuils sont abordés puis validés.
> Sa vente est l'une de ces étapes. Même si le dirigeant envisage de céder son affaire, il est important qu'il la garde en mouvement et tournée vers l'avenir. Elle sera d'ailleurs beaucoup plus attirante pour un repreneur s'il en remarque le dynamisme, si elle est en situation d'évolution. Le cédant lui-même y gagnera en enthousiasme pour la présenter de façon valorisante. Il est plus facile de proposer « une entreprise qui gagne... ».

■ Que vaut mon entreprise ?

La première question que se posent les cédants concerne en général la valeur de leur entreprise.
Une première approche consiste à procéder à une estimation en recourant à des méthodes reconnues (voir *Les méthodes d'évaluation à partir du passé de l'entreprise*, p. 109). Sinon, vous pouvez faire appel à un spécialiste comme un expert-comptable ou un conseil en cession (CIF) (voir *Déléguer la cession à un tiers*, p. 69).
Lorsque vous rencontrerez des candidats repreneurs, ils auront beaucoup de questions à poser. Bien sûr, le dossier de présentation répondra à nombre d'entre elles. Mais, si vous avez survolé certains aspects de gestion ou les avez délégués à des collaborateurs, faites l'effort de mieux connaître les détails de votre entreprise, surtout pour une PME où le repreneur voudra souvent obtenir les réponses de l'entrepreneur lui-même.

> **Cas pratique**
> **Préparer la cession, restructurer l'entreprise**
>
> **Y. H., 63 ans, cède un groupe d'Arts graphiques/imprimerie en Île-de-France, CA : 7 millions € avec un effectif de 50 salariés.**
>
> J'ai commencé à envisager la transmission de mes entreprises en 2004, à 57 ans. Mes 4 fils n'étaient pas susceptibles de me succéder et aucun de mes collaborateurs n'avait les moyens de reprendre l'affaire.
>
> J'ai donc entrepris de restructurer mon groupe en créant une holding. La restructuration juridique et financière a été finalisée en 2007.
>
> J'ai alors laissé le projet en sommeil pendant 2 ans et l'idée de céder est revenue en 2009.
>
> Le CRA m'a mis en relation avec 2 candidats susceptibles d'être intéressés par mes entreprises. Il ne me semble pas indispensable de recevoir beaucoup de candidats mais il est important de définir avec précision le profil de celui que l'on recherche et de connaître son projet de reprise. En ce qui me concerne, le second candidat correspondait en tout point au profil que j'avais en tête, j'ai donc tout fait pour que l'affaire aille à son terme.

Si j'avais un conseil à donner à un futur repreneur, je dirais qu'il faut montrer au cédant qu'il a un « coup de cœur » pour l'entreprise et que même si la négociation rencontre des obstacles, sa motivation pour la reprise reste intacte.
Avant de céder, il faut organiser l'entreprise juridiquement et financièrement. Cela peut prendre 1 à 2 ans, si, par exemple, il faut sortir un bâtiment de la structure.
Il est indispensable de vérifier que le périmètre juridique correspond au périmètre de vente.
Il faut également organiser la structure commerciale en vue du départ du patron en déléguant le plus possible le contact avec les clients.

MON CONSEIL
Sensibilisation à la cession Le cédant qui nous a lus jusqu'ici s'étonne des recommandations que nous lui faisons, s'effraie des honoraires que lui demanderont les experts et s'inquiète de sa propre aptitude à maîtriser l'opération.
Nous lui conseillons fortement, pour être à même de s'impliquer dans la manœuvre au lieu d'en être l'observateur, de suivre une journée de sensibilisation à la cession, telle celle organisée par le CRA à Paris et en province. Ces séances, organisées en toute confidentialité, sont animées par des fiscalistes et des experts-comptables.

À NOTER
L'évaluation d'une entreprise n'est pas une science exacte Il n'existe pas de valeur mathématique pour fixer un prix de cession. Plusieurs modes d'évaluation donnent des valeurs très différentes de l'entreprise. Le montant de la cession reste une négociation cédant/repreneur, le plafond étant fixé par le banquier qui refusera son financement en cas de dépassement de celui-ci.

Repreneurs, à quoi devez-vous réfléchir avant de vous lancer ?

• • • • • • • • • • • • • •

Vous avez décidé de reprendre une entreprise. Félicitations ! Et vous voilà déjà prêt à prospecter le marché, à valoriser, à négocier... Stop ! Vous allez passer à côté de l'essentiel : vous ! Un sujet qui mérite un minimum de réflexion...

■ Consacrez le temps nécessaire

La reprise d'une affaire est idéalement une démarche à plein-temps durant environ 10 à 15 mois. Pour ceux qui ont la volonté de reprendre une entreprise tout en restant salarié, il faut pouvoir y consacrer 16 à 20 heures par semaine au moins. Le temps est le principal ennemi du repreneur.

■ Faites le bilan

› Bilan de compétences

Si on a la volonté, a-t-on pour autant les compétences ? Le mieux est de s'en assurer en effectuant un bilan de compétences. Les intervenants dans ce domaine sont nombreux, mais les spécialistes de la création et de la transmission peuvent vous orienter valablement.
Pour vérifier, à travers votre projet, que ce que vous voulez est compatible avec ce que vous êtes, pensez à établir votre bilan personnel.
Divers organismes privés (cabinets d'intermédiation, cabinets d'outplacement) ou institutionnels (CCI, APEC, Pôle emploi) proposent aux cadres « en disponibilité », de profiter de la pause un peu forcée que cette situation induit, pour faire un bilan personnalisé, mettant en évidence notamment :
- leurs aptitudes (exemple : sens du commandement, charisme, faculté d'anticipation, puissance de travail, résistance au stress...) ;
- leurs motivations (intérêt pour un produit, une région, devenir « maître de son destin ») ;
- leur expérience (exemple : ce qui relève du « vécu » professionnel, secteur économique, domaines et niveaux de responsabilité, effectifs gérés...) ;
- leurs compétences (exemple : ce qui relève des « savoir-faire » : le marketing, la vente - B to B, B to C -, l'export, un process industriel...).
En fin de bilan, les candidats se sentent plus sûrs de ce qu'ils veulent, confortés qu'ils sont dans leur choix par le regard d'un tiers.

› Prêt à aller au charbon ?

Savoir ce qu'est une PME, et à plus forte raison une TPE, ne s'improvise pas. La formation permet d'approcher cette réalité, mais elle ne suffit pas. Renseignez-vous, intéressez-vous à de multiples entreprises pour mieux sentir le monde auquel elles appartiennent. Et préparez-vous à aller au charbon. Le patron d'une TPE est un homme-orchestre ou une femme-orchestre.

> **À NOTER**
> **Indépendance et motivation** Il arrive qu'un candidat à la reprise se reconnaisse un tel besoin d'indépendance qu'il considère que ce trait de personnalité, à lui seul, justifie son envie de devenir entrepreneur. Avant d'aller plus loin, le repreneur devra considérer les différentes obligations qui l'attendent et vérifier que celles-ci sont compatibles avec son désir d'indépendance.
> S'il pense qu'être dirigeant, c'est être libre, il n'a pas tort, à quelques nuances près : la liberté du chef d'entreprise, c'est déjà de choisir les contraintes qu'il se donne… En deux mots, il est le premier responsable de ses réussites ou de ses échecs. À lui donc de choisir la bonne stratégie et de savoir bien s'entourer pour pouvoir déléguer à bon escient.
> Dans une petite structure, les exigences sont quotidiennes et le chef d'entreprise peut difficilement éviter de s'y impliquer. Courage, implication et enthousiasme l'aideront à vaincre les difficultés en gardant le plaisir d'entreprendre.

› Un projet généraliste

Le repreneur, quelle que soit son expérience, technique, financière, commerciale ou de gestion, a l'ambition de devenir un patron, donc un généraliste. Mais avant de devenir chef d'entreprise, il sera candidat à la reprise, et devra donc déjà être en mesure d'apprécier la valeur de l'entreprise cible, d'en comprendre les facettes commerciale, administrative et de production, sans oublier bien entendu l'aspect essentiel des relations humaines.

■ Un nouveau monde

L'univers de la moyenne et de la petite entreprise est généralement totalement méconnu de la plupart des cadres des grands groupes. Le marché de la reprise se compose de PME dont la réussite, le développement et tout simplement la survie dépendent de leur réactivité et donc de la capacité de décision de leur patron.

› Une autre échelle

Rapprochons-nous d'une PME et voyons ce qui peut surprendre un candidat repreneur non averti :
- Un nombre limité d'employés, où l'absence d'une seule personne est immédiatement ressentie par ses collègues et par l'ensemble de l'entreprise.

- Certaines fonctions que seule une personne est capable d'occuper, soit parce qu'elles demandent des connaissances très pointues, soit parce que l'entreprise ne peut s'offrir le luxe de disposer d'une doublure.
- Des femmes et des hommes clés qui constituent l'encadrement et n'ont pas non plus de doublure. En cas d'absence, de maladie, de RTT et à plus forte raison de démission, on peut craindre le pire.
- Des fonctions inexistantes ou non attribuées car ne justifiant pas l'emploi, même à temps partiel, d'un salarié, par exemple la fonction de responsable des services généraux, omniprésente quoique discrète dans les grandes entreprises. Dans une PME, le responsable des services généraux est bien souvent le patron lui-même.
- Des fonctions dispersées entre plusieurs salariés, la personne exerçant l'essentiel de la fonction n'étant pas forcément le titulaire (fonction commerciale, par exemple, exercée par la secrétaire ou par le chef d'atelier plus que par le responsable commercial en titre).
- Une grande proximité physique et intellectuelle entre les différents niveaux hiérarchiques.
- Peu ou pas de réunions.
- Peu de consignes écrites.

> **À NOTER**
> **Savoir à quoi s'attendre** Souvent, les repreneurs sont des cadres issus d'entreprises importantes ou de groupes, soit bénéficiant après un départ négocié d'un pécule confortable pour envisager la reprise d'une entreprise, soit décidés à quitter le monde des grosses structures où ils se sentent trop loin des centres de décision : ils aspirent à devenir leur propre patron. Ils ne sont pas toujours conscients des mutations qu'il leur faudra opérer. Pour preuve, ce nouveau dirigeant d'une PME de 18 personnes qui raconte : « J'étais au préalable directeur d'une des filiales d'un grand groupe. Lorsque j'avais un problème, j'avais derrière moi 10 personnes pour me proposer des solutions. Ici, quand j'ai besoin d'une telle assistance, je me retourne, il n'y a personne derrière moi, je suis seul ! »

■ On n'en sait jamais trop !

› Faut-il se former pour reprendre une entreprise ?

La réponse est évidente : qui investirait ses économies, son temps et son avenir dans l'acquisition d'une entreprise sans s'être préparé à cette démarche ? Tout repreneur, qu'il soit cadre dirigeant ou non, diplômé d'études supérieures ou pas, a besoin d'apprendre les réflexes, les techniques qu'il va devoir mettre en œuvre rapidement. Quand faut-il se former ? Le plus tôt possible, ne perdez pas de temps pour ne pas gaspiller vos chances.

Se préparer avec soin

› Où et à quoi faut-il se former ?

La réponse à cette double question dépend bien entendu des individus.
Le droit individuel à la formation (DIF), remplacé par le compte personnel de formation (CPF) au 1er janvier 2015 et la valorisation des acquis de l'expérience (VAE) démultiplient les possibilités offertes aux salariés pour se former et les incitent à rattacher les formations souhaitées à un projet personnel d'évolution de carrière, ce qui est une bonne démarche.

S'agissant de la préparation à la fonction de dirigeant, les ingénieurs pourront compléter leur formation initiale par une formation en gestion, contrôle de gestion, finance, à l'Institut d'administration des entreprises (IAE), à l'Institut du contrôle de gestion (ICG), organismes offrant des programmes détaillés et fonctionnant de manière décentralisée ; ou bien ils opteront pour des formations plus orientées vers le marketing et le commercial (modules spécialisés, HEC, ESSEC, ESCP…).

Les commerciaux suivront des formations en gestion ou en finances, ou des stages techniques s'ils sont intéressés par l'approche « produit ».

Dès que le candidat se sentira libéré de ses attaches salariales, il aura intérêt à suivre une formation spécialisée à la cession/reprise d'entreprise de type CRA, CCI, ESSEC… dont le coût, s'il s'y prend bien, aura été ajouté à l'indemnité de départ négociée avec son dernier employeur.

Au moment du choix de sa formation, il est recommandé de privilégier une formation pragmatique apportée par des praticiens de la PME et de la TPE (voir *Le programme de la formation CRA,* p. 359).

> **Cas pratique**
> **L'apport du CRA**
>
> **Stéphanie Creste, diplômée en droit, reprend en 2015 la société Ametis Facility Services, spécialisée dans la construction, la maintenance multitechniques et le transport, en particulier pour les boutiques présentes dans les centres commerciaux. CA 5,5 M € avec un effectif de 40 personnes en 2017.**
>
> J'ai adhéré au CRA début 2014 et suivi le cycle de formation de février.
>
> Cette formation m'a été indispensable : elle m'a apporté un éclairage concret sur tous les aspects financiers, juridiques, humains nécessaires pour se lancer dans l'aventure de la reprise. Elle m'a permis de rencontrer les experts avec lesquels j'ai en partie constitué mon équipe. Le profil des intervenants, les nombreux témoignages, l'étendue des sujets abordés m'ont permis d'être efficace et pointue dans ma démarche et dans la négociation. Cette formation ne cache pas les difficultés et les délais qui ralentissent et compliquent toute reprise, ainsi que les pièges que l'on peut rencontrer.
>
> J'ai aussi fait partie d'un groupe de repreneurs issus de la formation et j'ai été accompagnée par un délégué CRA. C'est la combinaison de tous ces éléments qui a mené au succès de mon projet.

■ Ne restez pas seul ! Sachez vous entourer !

Pendant la période de recherche, de négociation et de finalisation, le repreneur est seul. Ensuite, même entouré de son personnel, il restera seul maître à bord : un faux pas au sein d'une équipe dans une société importante est généralement corrigé par les autres services, mais dans le cadre d'une PME, il peut y avoir des conséquences graves.

Même si l'on est bien formé, mieux vaut s'entourer de gens qui vous soutiendront de leur expertise et de leur expérience :

- Les experts : l'expert-comptable et l'avocat sont indispensables. Peut-être devra-t-on également faire appel à des spécialistes en droit social, ou fiscal, notamment… lors des audits.
- Les hommes et les femmes d'expérience : ceux qui ont déjà repris, ceux qui ont la pratique des transmissions (CRA et autres associations telles que celles membres du réseau « Transmettre et reprendre ») et ceux qui en font profession c'est-à-dire les conseils en cession (agréés CIF).
- Le réseau que chacun entretient avec son entourage. Attention cependant à ne pas se faire d'illusions sur la durabilité des anciens liens professionnels : profitez-en vite avant leur effilochage.
- Les groupes de repreneurs : organisés et encadrés par plusieurs organismes associatifs de formation, ils favorisent les confrontations d'expériences et les échanges d'informations. Vous pouvez aussi trouver auprès d'eux du réconfort en cas de coup dur (cible ratée…).

(voir *Les clubs ou groupes de repreneurs,* p. 360)

■ Validez votre vision

Beaucoup d'informations collectées vont donner une vision parfois encore théorique ou partielle de la situation. Il est conseillé de confronter sa vision actuelle à celle de personnes d'expérience, des entrepreneurs que l'on pourra rencontrer dans les réunions professionnelles, les syndicats ou les clubs de repreneurs ou d'entrepreneurs.

Et surtout être persévérant !

■ Parlons d'argent

› Osez prendre des risques financiers

Oubliez les contes de fées de l'entreprise rachetée pour trois sous ! Pour reprendre, il faut des moyens financiers. Bien sûr, les organismes financiers sont là pour vous aider, mais ils prêtent à ceux qui ont des apports personnels. Êtes-vous prêt (et votre famille aussi) à prendre des risques qui auront un impact sur votre patrimoine ?

› La tirelire

On ne reprend pas une entreprise sans casser sa tirelire. Est-on prêt le faire ? Connaît-on précisément son apport ? Est-il vraiment disponible ? À quel horizon ? Dans quel délai ? Peut-on vivre quelque temps sur ses réserves au cas où la recherche de la cible serait plus longue que prévu sans entamer les fonds nécessaires à la reprise ?

› Quid du parachute de secours ?

Casser sa tirelire ne suffit pas à garantir le succès de l'opération. Encore faudra-t-il prendre des risques que vous essayerez de limiter, mais que vous ne pouvez pas tous éliminer. Quelle dose de risque peut-on, doit-on accepter ? Faut-il prévoir un parachute de secours ? Nous en reparlerons au fur et à mesure des étapes de la reprise.

■ Jamais sans ma famille !

Ne pas se lancer sans l'accord (l'enthousiasme serait mieux) de l'entourage qui peut devenir le « clan des supporters » dont on aura bien besoin de temps en temps et chez qui on trouvera aussi d'éventuels investisseurs (*love money*).
Dans la problématique du cédant, les histoires de famille sont essentielles ; elles le sont aussi dans celle du repreneur.
Celui-ci va se plonger, en principe à plein temps, dans une recherche difficile à l'issue de laquelle il investira l'essentiel des réserves du ménage dans l'achat d'une entreprise. Il lui consacrera toute son énergie et sera sans doute moins disponible pour son entourage familial.
Les questions qu'il doit se poser :
- Son conjoint est-il d'accord pour qu'il se lance dans l'aventure ?
- Son conjoint aura-t-il un rôle à jouer dans l'entreprise cible ?
- Où en sont les enfants dans leurs études ?
- Un éventuel déménagement lié à la situation géographique de l'entreprise cible est-il compatible avec la profession du conjoint et les études des enfants ?
- Un apport financier familial (parents, beaux-parents, oncles…) est-il envisageable ? Est-il même souhaitable ?
- Une participation de certains membres de la famille à la gestion est-elle envisagée ?

> **MON CONSEIL**
> **La santé** La santé s'impose tant dans la période de recherche qu'après la reprise.
> La période de recherche est une période de stress intense, d'alternance de phases d'euphorie et de découragement, de démarches à accomplir, de rendez-vous à honorer, de distances à parcourir… En cas de santé fragile ou de sommeil difficile, s'abstenir.
> Si votre santé est fragile, de toute façon vous ne ferez pas un bon patron de PME. Autant une absence pour maladie peut être compensée par un collègue dans une entreprise importante, autant elle risque de nuire au bon fonctionnement d'une petite société, surtout la première année suivant la reprise.

Construire le projet

➤ Pour que la prospective (art de faire des projets) constitue une aide efficace à la transmission, le projet de vente du cédant doit rencontrer le projet d'acquisition du repreneur.

➤ Comme la concurrence entre les projets des uns et des autres existe, la mise au point d'un projet « différenciant » et qui sorte du lot requiert, de part et d'autre, réflexion, méthode et professionnalisme.

Cédants, avancez avec méthode !

Établir un planning afin de coordonner les étapes essentielles, extérioriser son projet de vente à travers la petite annonce... Les actions de démarrage sont déterminantes.

■ Un projet de longue haleine

Chaque dirigeant n'est appelé à vendre son entreprise, en principe, qu'une seule fois dans sa vie. Après avoir réfléchi à la démarche, il met parfois très longtemps à passer à l'acte. Il n'y a aucune règle en la matière. C'est une opération assez longue (voir durée ci-après) avec laquelle le chef d'entreprise n'est généralement pas familiarisé. Il faut dédramatiser l'opération, sans pour autant la banaliser.
Un accompagnement du cédant est souvent proposé, en régions, par différents acteurs économiques, associations, organisations professionnelles, chambres de commerce, chambres de métiers, MEDEF, CPME, Union professionnelle artisanale (UPA, devenue U2P, Union des entrepreneurs de proximité, voir *Les adresses de vos interlocuteurs*, p. 363) et autres syndicats regroupant PME et PMI. Pour mettre toutes les chances de son côté, le dirigeant doit s'efforcer de maîtriser toutes les phases de l'opération, surtout celles qui ont des implications patrimoniales et financières. Il doit en particulier avoir conscience des délais nécessaires à la réalisation sereine de son opération de transmission.

■ Se hâter lentement

À partir du moment où il a pris la décision de vendre, le cédant devrait raisonnablement prévoir, pour les phases principales, les durées suivantes :
- phase de « mise en ordre » des comptes et de la structure (durée : 1 à 2 ans) ;
- phases de dossier de présentation et d'évaluation (durée : 1 à 3 mois) ;
- phases de la rencontre des premiers candidats à la signature de vente/*closing*, prévoir 6 à 12 mois ;
- soit une durée totale comprise entre 2 et 3 ans.
Par « mise en ordre », nous entendons des opérations telles que le toilettage du bilan (voir *Préparer l'entreprise à la transmission,* p. 27) et des simplifications d'ordre juridique (voir *Simplifier ou harmoniser les structures juridiques,* p. 270).

Construire le projet

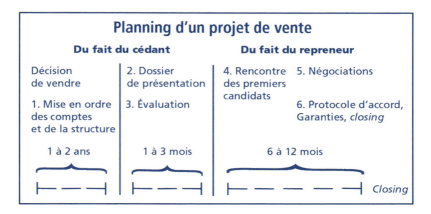

■ Le dossier de présentation

Encore anonyme à ce stade, le dossier de présentation doit formuler une image suffisamment précise pour ne rien cacher d'essentiel et donner matière à réfléchir et à rêver au candidat repreneur. « Le dirigeant vend son passé, le repreneur achète des résultats à venir »… rien que de très connu.

> **MON CONSEIL**
> **Se mettre à la place du repreneur** À ce stade, le cédant fera utilement l'exercice de se transformer en repreneur de sa propre entreprise pour se poser les bonnes questions et apporter des réponses dans le dossier.

Le dossier de présentation doit comporter tout ce qui permettra à un repreneur potentiel de se faire une idée du métier, du produit, du personnel, des potentialités de développement, des éventuelles faiblesses à corriger, en un mot tout ce qui pourra affecter positivement (ou négativement) la valeur de l'entreprise.
L'ensemble des informations regroupées dans le dossier n'est accessible qu'aux seuls candidats repreneurs ayant signé une lettre de confidentialité. De manière non limitative, les pièces ou les synthèses de pièces suivantes devraient en faire partie :

› Préambule rappelant l'historique de la société

Son ancienneté, ses dirigeants, sa zone d'intervention, sa forme juridique, son objet social et la répartition de son capital.

› Les comptes annuels

Liasses fiscales Cerfa des trois derniers exercices, les principaux ratios financiers, d'exploitation, de comptabilité analytique, le tableau des provisions, des amortissements, des *leasings*, des emprunts, etc., sans oublier le montant des engagements de retraite, ainsi que les autres engagements hors bilan.

> Les statistiques

Effectifs (nombre, âge, ancienneté, qualification), liste anonyme de clients, par chiffre d'affaires, liste des fournisseurs, les biens en propriété, biens matériels ou immatériels (brevets, marques…).

> Le juridique

Les statuts de la société, les conditions principales du bail (surfaces, loyer, durée), le mode de fixation des rémunérations du personnel (primes, intéressement, participation), la date des derniers contrôles sociaux (URSSAF) et fiscaux (avec montant des éventuels redressements notifiés), les litiges éventuels en cours.

> L'organisation

Organigramme et description des postes, logiciels utilisés, etc.

> Le commercial

Statistiques de production et de vente, liste et tarifs des principaux concurrents, zones de chalandise, parts de marché, normes de qualité et certifications.

> Note explicative de l'évaluation

Faire préparer par un expert (le plus souvent son expert-comptable) une évaluation (de préférence une fourchette entre deux valeurs) sur la base des derniers comptes certifiés avec les composantes du prix de vente, et la ou les méthodes de valorisation utilisées : actif net corrigé, *cash-flow* corrigé, résultat net corrigé moyenné, ainsi que le coefficient multiplicateur appliqué à chacun de ces paramètres, et les points forts/points faibles justifiant les éventuels « sur-prix ».

> Autres engagements

Le cédant doit aussi avoir réfléchi à la durée de l'accompagnement qu'il est prêt à consentir (durée, rémunération) et à la clause de non-concurrence que son successeur pourrait être amené à lui demander de prendre en compte (voir les modèles *Accord de confidentialité*, p. 343 et *Engagement d'exclusivité par le cédant*, p. 344).

■ L'annonce

L'annonce est la clé de voûte du plan de communication imaginé par le cédant – car visible par tous –, elle va être diffusée *via* les clubs, associations, organismes professionnels et consulaires, revues, sites Internet, et divers canaux d'intermédiaires spécialisés dans le rapprochement dirigeants/repreneurs.
Tout en préservant l'anonymat résultant de l'exigence de confidentialité, elle doit donner en peu de lignes des informations suffisamment attractives pour déclencher chez les candidats l'irrésistible envie de voir l'entreprise qui se cache derrière l'annonce et d'en rencontrer rapidement le dirigeant.

> **MON CONSEIL**
> **Une petite annonce efficace, c'est quoi ?** La petite annonce demande à être rédigée avec soin, en insistant sur les points forts, les singularités valorisantes (marché de niche, produits ou services innovants, qualité de la clientèle), le potentiel de développement (« la valeur est dans le futur… ! »), etc.
> 1er exemple : « Affaire de métallerie et serrurerie pour le bâtiment et l'industrie, à vendre en Île-de-France. »
> 2e exemple : « Agence photographique (leader sur le marché des photos d'animaux et de nature), clientèle fidèle : presse, édition, publicité, bonne notoriété. Bonne rentabilité, ni dettes, ni stock, équipement moderne, scanners et matériels pour transmission numérique, fort potentiel de développement en France et à l'étranger. Accompagnement possible par le cédant. »
> Entre ces deux entreprises, à rentabilité égale, la 2e annonce a débouché sur une transmission relativement rapide (6 mois environ) (source CRA).
> Il est donc préférable de formuler votre annonce de manière aussi explicite que possible.
> **Le critère de qualité** : est efficace l'annonce qui suscitera un maximum de manifestations d'intérêts de la part de candidats qualifiés demandant à être mis en relation avec le cédant. Si ce n'est pas le cas, n'hésitez pas à reformuler votre petite annonce.

■ La communication interne

Jusqu'à une période récente, les dirigeants d'entreprise se répartissaient entre les partisans du secret absolu, du secret partagé, de la transparence vis-à-vis de leur personnel. Le législateur (par la loi Hamon de mars 2014 et les décrets d'application Macron) a organisé et rendu obligatoire la communication à l'intérieur de l'entreprise, en reconnaissant un droit d'information préalable des salariés en cas de cession de leur entreprise.

Les modalités d'exercice de ce droit, entré en vigueur le 1er novembre 2014, sont précisées dans un « guide pratique » publié en janvier 2016, qui détermine quelles entreprises, quelles opérations y sont assujetties, comment est transmise l'information et à quel moment. Il est intéressant de constater que la loi englobe les salariés dans les personnes soumises à l'obligation de discrétion, au même titre que les notaires, les banquiers et les autres parties prenantes au projet.

Ce guide est téléchargeable à partir du site : www.economie.gouv.fr/files/2016_guide_pratique_information_salaries_entreprises.pdf

> **À NOTER**
> **Décret d'application de la loi Hamon du 28/12/2015** Ce décret vient préciser les modalités d'application de la loi et comporte notamment :
> - un champ d'application large couvrant l'ensemble des TPE/PME employant moins de 250 personnes ;
> - le contenu de l'information : au moins une fois tous les 3 ans, le chef d'entreprise doit informer ses salariés sur les conditions de la reprise d'une entreprise par ses salariés. En cas de projet touchant l'entreprise elle-même, le chef d'entreprise devra communiquer le contexte et les conditions de la transmission qui est alors envisageable par les salariés ;
> - la communication peut revêtir plusieurs formes orales, écrites et/ou d'indication *via* un site Internet.
> Une information détaillée peut être obtenue auprès du site : www.economie.gouv.fr/droit-d-information-prealable-salaries-cas-cession-entreprise

■ Quel repreneur cherchez-vous ?

Le cédant doit avoir réfléchi au profil de son successeur :
- identifier les différents types de repreneurs possibles ;
- évaluer les avantages et les inconvénients de chacun ;
- définir et hiérarchiser les critères de sélection ;
- choisir un ou plusieurs types de repreneurs.

Les membres de la famille sont ceux que l'on approche d'abord, pour peu qu'ils soient intéressés, qu'ils aient les compétences nécessaires et les moyens de dédommager, le cas échéant, les différents héritiers.

Beaucoup de dirigeants préfèrent négocier avec un repreneur individuel plutôt qu'avec un groupe industriel, doté de plus de moyens, mais où le pouvoir de décision et de négociation est réparti sur « plusieurs têtes », alors qu'un courant de sympathie peut se développer entre deux individus issus du même métier, courant qui aplanira les difficultés au fur et à mesure qu'elles se présenteront.

Sans oublier les cadres de l'entreprise et les fonds d'investissement.

■ Comment le sélectionner ?

Les critères de sélection sont les suivants :
- la faculté de tracer un avenir (objectifs et moyens) et de faire partager sa vision et ses projets de développement aux salariés de l'entreprise ;
- la « sécurité » qu'il représente, pour le dirigeant et la continuité de l'entreprise ;
- le niveau d'engagement financier qu'il est prêt à mobiliser pour acquérir la société.

Construire le projet

Cas pratique

Une bonne préparation de son projet par un cédant est indispensable :
– la préparation psychologique ;
– l'objectif de transmettre plutôt que céder ;
– la transparence vis-à-vis du repreneur ;
– l'élaboration d'un business plan à l'intention du repreneur ;
– savoir rendre l'entreprise autonome ;
– savoir déléguer pour mieux transmettre ;
sont des facteurs de réussite expliqués par le témoignage vidéo d'un cédant à découvrir grâce au QR Code :

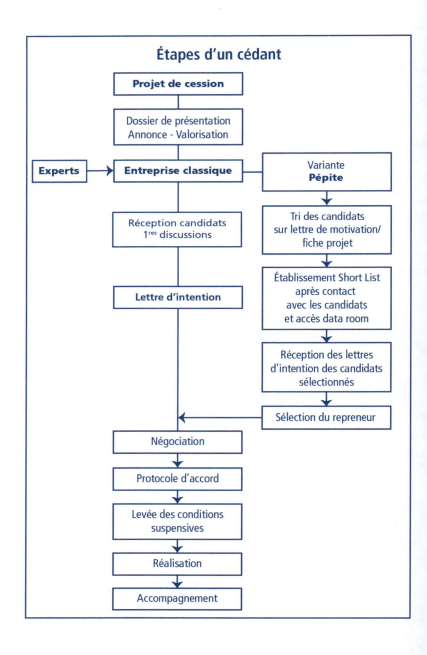

Construire le projet

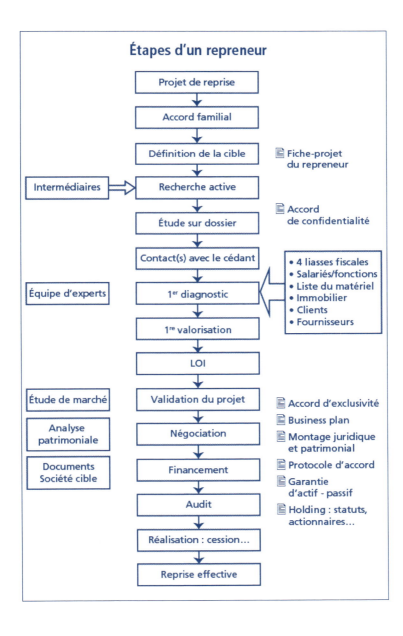

Repreneurs, n'improvisez pas !

Un candidat repreneur ne devrait pas se lancer dans un projet de reprise sans avoir rassemblé les informations concernant son projet, sa cible, ses soutiens, ses capacités financières, les éléments détaillés qualitatifs ou chiffrés, synthétisés dans sa fiche projet.

■ Que faire ?

Il existe principalement 3 grands types d'activités (reconnus notamment par la codification Nomenclature des activités françaises, NAF) :
- les activités de production/fabrication ;
- les activités de distribution (B to B, B to C) ;
- les activités de services (à la personne, aux entreprises).

> Les activités de production/fabrication

Elles sont le plus souvent recherchées par les candidats issus de la filière ingénieurs, proches du produit, des process de fabrication en usine, de l'organisation logistique, produits tels que biens d'équipement, outillage, pièces détachées, etc., avec une préférence pour les produits « propres », non polluants. Les produits d'avenir (biotechnologies, énergies renouvelables, nanotechnologies, etc.) relèvent également de ce secteur.

> Les activités de distribution

Elles sont recherchées par les candidats aux profils commerciaux, qui ont animé des filiales commerciales de groupes, qui sont familiers du référencement dans les grandes surfaces, et, de plus en plus, des mécanismes de distribution/vente sur Internet.

> Les activités de services

Les activités de services, que ce soit aux entreprises qui ont externalisé des fonctions autrefois intégrées – comptabilité, informatique, gestion des ressources humaines, etc. –, ou aux personnes (avec toute la gamme des prestations domestiques), sont recherchées par tout le monde, parce qu'elles sont créatrices d'emplois, peu délocalisables et en croissance. Figurent également dans les services aux entreprises : les bureaux d'études, de conseil, d'ingénierie, de certification, de recherche/développement.

> Rester dans mon métier ?

Si 60 % à 80 % des repreneurs recherchent dans leur filière d'origine, environ 20 % changent assez radicalement de voie, saisissant une opportunité « exceptionnelle », ou bien laissant libre cours à une passion jusque-là contenue, mais qu'ils souhaitent développer, maintenant qu'ils se sont donné la preuve qu'ils savaient diriger une équipe, un centre de profit et atteindre un objectif commercial ou industriel avec des moyens déterminés.

Ces exemples ne sont pas rares et la bonne santé des entreprises reprises montre qu'on peut reprendre en dehors de son ancien secteur d'activité, l'important étant souvent, la quarantaine passée, « d'être motivé et de se faire plaisir ».

› Quels sont les secteurs les plus souvent demandés ?

Les activités « environnementales », énergies propres – chauffage solaire, pompes à chaleur –, purification de l'air et de l'eau.

Les SSII et éditeurs de logiciels, l'agroalimentaire (production), les sociétés de service et de soins à la personne.

Ensuite, le bâtiment (gros et second œuvre), l'isolation/climatisation/plomberie, l'électricité basse tension, la télésurveillance, les contrats de maintenance, la sous-traitance en télécommunication, la plasturgie.

La mode, le luxe, la cosmétique.

L'imprimerie numérique, les sociétés de communication, les organisateurs d'événements et de salons, les produits culturels.

Le secteur de la santé, avec la parapharmacie, les petits matériels, le médicament ainsi que l'imagerie numérique et les « systèmes de soin ».

Les sociétés opérant dans les bio et nanotechnologies sont recherchées mais rares.

■ Un marché déséquilibré

Les candidats repreneurs doivent être conscients des déséquilibres (relatifs) affectant le marché français de l'offre et de la demande de TPE/PME :

- déséquilibre entre les régions, avec plus de demandes dans le Sud (3 demandes pour 1 offre) que dans le Nord (2) ou dans l'Est (1) ;
- offre en entreprises industrielles plus abondante, demande en entreprises de distribution ou de services plus forte ;
- demande en entreprises petites à moyennes, de 20 à 50 personnes, par les cadres issus de groupes, plus soutenue, et offre plutôt en TPE de 3 à 10 personnes.

Conscients de ce dernier aspect, certains candidats raisonnent en termes de filières : ainsi dans le bâtiment/second œuvre par exemple, on regroupera :

1) soit des activités complémentaires (plomberie, climatisation, isolation) pour offrir un service complet au même client,

2) soit des activités identiques pour acquérir la dimension qui permettra de répondre à des appels d'offres de taille nationale.

Ces *build up* (ou opérations de croissance externe) peuvent être réalisés au début, en une seule fois, ce qui est rare (mais pas impossible), ou programmés étape par étape, avec étalement dans le temps.

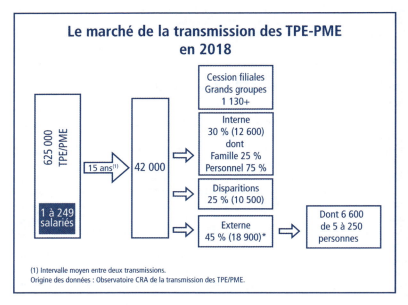

(1) Intervalle moyen entre deux transmissions.
Origine des données : Observatoire CRA de la transmission des TPE/PME.

■ **Fixez vos critères**

› **Où voulez-vous habiter ?**

Franciliens, attention à ne pas céder à l'héliotropisme ambiant qui pourrait pousser certains d'entre vous à chercher, vers le Midi ou la côte Atlantique, des entreprises moins nombreuses et dont la « désirabilité » plus forte fait monter le prix ! Il existe de très belles entreprises à acquérir dans le Nord et autour de Paris, dans la vallée du Rhône, et partout où sont localisées les vallées technologiques (*cluster*) telles que la plasturgie (Oyonnax), le décolletage (Cluses), la microélectronique (Grenoble) et les « pôles de compétitivité ».

› **Quelle taille ?**

La taille d'une entreprise s'apprécie à travers :
- son chiffre d'affaires ;
- ses effectifs gérés ;
- sa zone d'intervention commerciale.

Selon les secteurs d'activités, il existe une relation assez directe entre la taille et la valeur, et bien entendu entre les disponibilités du repreneur et le prix de sa cible.

> **MON CONSEIL**
> **Se fixer les limites financières de son projet par rapport à son apport personnel** Pour éviter les déconvenues, dans un projet majoritaire où l'on veut aller seul, il est recommandé de ne pas chercher sa cible dans une gamme de valeurs dont le montant est supérieur à 2 à 3 fois l'apport personnel.

› Activité à l'export ou à l'international

Certains repreneurs recherchent des sociétés déjà exportatrices ou ayant un potentiel pour le devenir qui contribuera au développement de l'activité.

› Existence de contrats commerciaux récurrents

C'est évidemment une sécurité pour la pérennité du chiffre d'affaires (maintenance et entretien de parcs industriels, ascenseurs, chaudières, extincteurs…).

› La rentabilité

Préférez les entreprises *in bonis*, c'est-à-dire présentant sur les trois derniers exercices un résultat moyen (corrigé des éléments exceptionnels ou anormaux) suffisamment positif pour vous rémunérer honorablement et vous permettre de rembourser la dette senior.

> **MON CONSEIL**
> **Reprendre une entreprise en redressement judiciaire ?** Nous déconseillons aux repreneurs/personnes physiques qui ne posséderaient pas des réserves financières importantes et une expérience confirmée de *cost-killer* de s'intéresser aux entreprises en redressement judiciaire ou disponibles « à la barre du tribunal ».

■ Ne négligez pas les formules d'associations…

› Reprise majoritaire à deux

Ils augmentent ainsi leurs capacités financières, additionnent des compétences souvent complémentaires (ingénieur commercial + financier gestionnaire), ce qui est de nature à rassurer leur entourage, le personnel et les banquiers. Il est recommandé de bien s'entendre au préalable sur la répartition du capital et des responsabilités à l'intérieur de l'entreprise (voir *Holding de financement et pacte d'actionnaires*, p. 284).

› Reprise minoritaire avec un fonds

Pour les candidats préférant « une petite part d'un gros gâteau, à la grosse part d'un plus petit », le choix de s'associer à un fonds d'investissement est possible. Le fonds recherche avant tout des managers opérationnels connaissant parfaitement leur secteur. Ce choix comporte d'autres contraintes, celles en général inhérentes au LBO, notamment les critères de rentabilité imposés par le fonds et la sortie du fonds vers la 5e année et surtout celui du risque professionnel du manager écarté pour insuffisance de résultats. Reprendre avec un fonds n'est donc pas si facile.

■ ... et l'argent évidemment !

Le candidat repreneur doit avoir une vue très précise de ses capacités financières dès les premiers rendez-vous (banquiers, cédants, fonds, organismes d'aide à la reprise…).
Il aura intérêt à dresser un tableau distinguant notamment :
- les liquidités et quasi-liquidités (mobilisables en quelques jours) ;
- les ressources à moyen terme (actions, obligations) ;
- les ressources à long terme (vente de biens ou d'immeubles).
À cela s'ajoutent ses capacités d'emprunt (celles de la holding seront étudiées plus loin), dont il est recommandé d'avoir préalablement discuté avec son banquier.
Ces informations sont sous la responsabilité du repreneur et ne sont communiquées ou détaillées par lui qu'aux personnes et moments jugés opportuns.
À l'inverse, leur méconnaissance serait un signe d'impréparation.

> **MON CONSEIL**
> **Connaître sa capacité financière** Ne pas se rendre à ses premiers rendez-vous sans connaître en détail sa capacité financière, mobilisable immédiatement et à moyen terme. Toutefois, il est recommandé de ne pas l'annoncer de prime abord.

■ La fiche projet : votre passeport

Face à l'offre et la demande, en fonction des caractéristiques humaines (affectives…) de ce marché, le repreneur est plus choisi par le cédant que l'inverse.
Pour vous distinguer des autres candidats repreneurs, dans un univers concurrentiel, il vous est conseillé de terminer la phase de cadrage par la rédaction d'une fiche projet synthétique (voir *Fiche projet*, p. 340).
Ce document vous servira à la fois de passeport pour la reprise et de support de communication.
Votre passeport pour la reprise résume vos points forts, ce pour quoi vous êtes fait et qui vous distingue des autres candidats, en un mot votre valeur ajoutée.
Votre support de communication vous accompagne partout et vous vous y référez pour développer votre projet, en un discours convaincant, cohérent et global devant partenaires, cédants, banquiers, intermédiaires.

Construire le projet

■ Avancez par étapes

Il est indispensable de faire un planning pour visualiser l'enchaînement et la durée prévisionnelle des étapes, et aussi vérifier si les ressources financières du repreneur vont être suffisantes en niveau et en durée.
Cinq étapes principales dans une opération d'acquisition peuvent être distinguées :
1) le bilan de carrière et l'élaboration du projet ;
2) la recherche de la cible ;
3) l'évaluation ;
4) la recherche des financements et le business plan ;
5) la négociation jusqu'au *closing*.

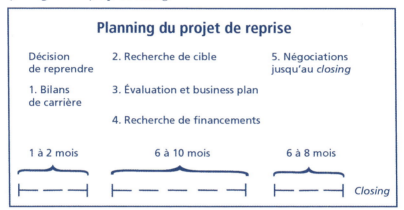

Le délai total (entre 13 et 20 mois environ) variera suivant la taille et l'activité de la cible.

> **MON CONSEIL**
> **Un temps pour tout** Certaines phases demandent de prendre son temps, comme la « définition du projet personnel », la « recherche de la cible », « l'obtention des financements bancaires », « la négociation du protocole d'accord » ; d'autres gagneront à être bouclées rapidement comme le prédiagnostic sur dossier débouchant sur la lettre d'intention, les audits d'acquisition, cela afin d'optimiser la transaction et de réduire les incertitudes liées à la période intermédiaire.

> **ATTENTION**
> **Petite astuce** Dans la phase d'approche, ne pas passer trop de temps à « jouer de la calculette » avec des logiciels d'évaluation sophistiqués, utiliser les coefficients multiplicateurs simples (du résultat net corrigé par exemple), généralement retenus par la profession, pour un secteur d'activité donné (voir tableau dans *La valeur de rendement*, p. 109).

51

Cas pratique
Gage de succès : un projet ciblé, une approche directe
Monsieur L. décide de rechercher une cible :
– non délocalisable ;
– dans un secteur porteur ;
– où son expérience industrielle constituera un atout.

Sur la base de ce cahier des charges, il entreprend, avec l'aide d'un ami rencontré dans son groupe de repreneurs du CRA, une réflexion en profondeur. Quels sont les métiers accessibles à un entrepreneur individuel disposant d'un capital de 200 000 € ?
C'est ainsi qu'ils explorent des secteurs aussi diversifiés que :
– la sécurité : fabrication d'alarmes électriques, fourrières... ;
– le vieillissement de la population : services à la personne... ;
– les énergies renouvelables et l'écologie : éolien, solaire.
Les perspectives offertes par les systèmes de chauffage solaire retiennent particulièrement leur attention.
Sur la base d'indications fournies par les fabricants de panneaux solaires et de leurs propres critères, Monsieur L. parvient progressivement à dresser le portrait-robot de sa cible ; une société ayant les caractéristiques suivantes :
– compétence en couverture pour pouvoir poser des panneaux solaires en toiture sans problème de garantie décennale ;
– savoir-faire en plomberie pour véhiculer le liquide calo-porteur du toit à la chaufferie ;
– maîtrise du métier de chauffagiste car un chauffe-eau solaire est toujours mixte (gaz + solaire, fuel + solaire, etc.) ;
– rentable dans son métier de base pour éviter les « galères » ;
– taille : plus de 20 personnes pour que le patron puisse ne pas être un technicien du métier, mais moins de 50 personnes pour que la société ne soit pas trop chère ;
– située en région parisienne pour ne pas avoir à déménager.
Une simple consultation de la base de données Diane sur Internet révèle que 70 entreprises seulement satisfont tous ces critères. Cette base de données fournissant également les noms et l'âge des dirigeants, il s'avère qu'environ une dizaine d'entre eux a plus de 60 ans.
Il a donc réalisé une approche directe de ces entreprises, ce qui lui a permis d'entrer en contact avec la société I. qui figurait parmi ces 10 sociétés, dont le dirigeant n'avait pas encore entrepris de démarche en vue de préparer sa succession.
Le projet élaboré par Monsieur L. était si bien argumenté que le dirigeant de la société I. a considéré que cette cession potentielle représentait pour lui une véritable opportunité.

Étape 2
Trouver le repreneur, trouver l'entreprise cible

TRANSMETTRE OU REPRENDRE UNE ENTREPRISE

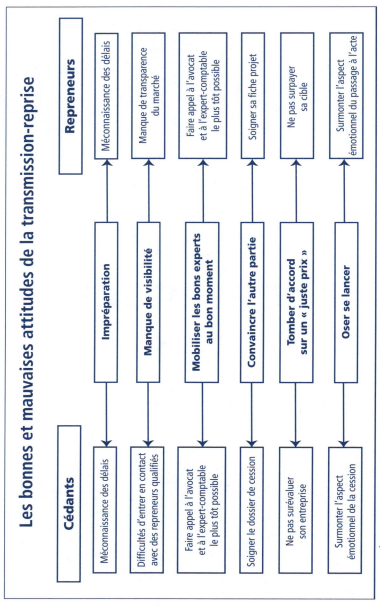

Le risque ZÉRO n'existe pas.

État des lieux de la cession-transmission en France

➤ **En finir avec le mythe des 60 000 cessions annuelles.**

➤ **La taille, critère principal des cessions-transmissions d'entreprises.**

➤ **La transmission familiale.**

➤ **Des disparités territoriales marquées.**

En finir avec le mythe des 60 000 cessions annuelles liées à la fin d'activité

Depuis 2011, BPCE L'Observatoire s'intéresse au sujet de la cession-transmission des TPE, PME et ETI. Il propose une analyse originale de ce phénomène qui repose notamment sur une mesure exhaustive des opérations de reprise.

■ A minima 75 000 cessions d'entreprises par an

Sur environ 3 millions d'entreprises étudiées (sociétés commerciales et artisans-commerçants hors professions libérales et autoentrepreneurs), le dénombrement atteint plus de 75 000 opérations par an en France. Les cessions se décomposent en plusieurs catégories. Environ 15 000 d'entre elles concernent des artisans-commerçants et 60 000 des sociétés commerciales, dont environ 45 000 correspondent à des reprises de TPE et 15 000 à des cessions-transmissions de PME et ETI.

Cependant, ce recensement constitue une approche très minimaliste des reprises. En effet, contrairement aux PME et ETI pour lesquelles il a été possible de dénombrer toutes les formes de vente, les entreprises de moins de 10 salariés n'offrent pas le même degré de précision statistique : ni les professions libérales, ni les personnes physiques n'ont pu être prises en compte dans l'analyse, soit un quart des entreprises, même si, pour l'essentiel, il s'agit des plus petites d'entre elles. De plus, certaines catégories d'opérations ne sont pas comptabilisées, notamment les transmissions familiales des artisans-commerçants ou les ventes via des holdings ou des transferts de titres des sociétés commerciales de moins de 10 salariés. Cette mesure remet donc en question radicalement les ordres de grandeur couramment relayés mais jamais explicités d'environ 60 000 opérations par an.

État des lieux de la cession-transmission en France

LA CESSION-TRANSMISSION EN FRANCE EN 2014

	Aucun salarié	1 à 5 salariés	6 à 9 salariés	10 à 49 salariés	50 à 249 salariés	250 à 4 999 salariés	Total
Nombre de sociétés	901 369	679 033	134 912	182 679	23 996	4 972	1 926 961
Nombre d'artisans commerçants	898 251	148 266	9 390	2 821	17	–	1 058 745
Total : sociétés et artisans commerçants	**1 799 620**	**827 299**	**144 302**	**185 500**	**24 013**	**4 972**	**2 985 706**
Cessions — Artisans commerçants (1)	6 909	7 031	639	226	1	–	14 807
Cessions — Sociétés (2)	13 369	19 027	4 681	4 715	1 011	390	43 192
Ventes via holding ou cessions de titres (3)	553	428	89	4 830	999	353	7 252
Transmissions familiales (4)	2 943	3 804	868	2 505	307	27	10 454
Cessions-transmissions (1) + (2) + (3) + (4)	**23 774**	**30 290**	**6 277**	**12 276**	**2 318**	**771**	**75 705**
Taux de cessions-transmissions	*1,3 %*	*3,7 %*	*4,3 %*	*6,6 %*	*9,7 %*	*15,5 %*	*2,5 %*
Emplois concernés par une cession	26 745	69 919	46 156	176 003	222 212	671 745	1 212 779
% emplois concernés	*1,3 %*	*4,2 %*	*4,7 %*	*5,2 %*	*9,1 %*	*17,2 %*	*8,2 %*
Cessations	**171 831**	**54 130**	**5 837**	**5 164**	**420**	**54**	**237 436**
Taux de cessations	*9,5 %*	*6,5%*	*4,0 %*	*2,8 %*	*1,7 %*	*1,1 %*	*8,0 %*

Source : données Experian pH, calculs et analyses BPCE

La fin d'activité a un impact très limité sur les cessions

L'analyse de ces 75 000 reprises prolonge et amplifie sur les TPE le diagnostic établi précédemment sur les PME et ETI (voir BPCE L'Observatoire, Quand les PME changent de mains et Les Carnets de BPCE L'Observatoire). En effet, moins encore que pour ces dernières, le nombre de cessions de TPE n'est imputable à la structure par âge des dirigeants. Si environ la moitié des cessions de PME et ETI ont lieu avant les 55 ans du dirigeant, cette proportion s'élève à 71 % concernant des sociétés de moins de 10 salariés. L'estimation du marché de la reprise à partir du nombre de dirigeants de plus de 55 ans conduit à deux erreurs :
- la première est d'occulter les opérations en cours d'activité, ce qui revient à mettre de côté la majorité d'entre elles mais aussi à se méprendre sur la nature du marché ;
- la seconde conduit à largement surestimer les cessions liées au départ à la retraite du dirigeant et, ce faisant, à aboutir à une profonde erreur de diagnostic.

Il n'existe guère et, semble-t-il, moins encore que par le passé, de relation mécanique entre fin d'activité et nombre de cessions. Certes, l'aspiration à céder est puissante et très majoritaire au-delà de 60 ans pour les dirigeants de TPE mais l'écart entre la volonté de passer la main et le nombre réel de reprises est plus large encore que pour les PME : en majorité, les entreprises en situation d'être cédées du fait de l'âge de leur dirigeant ne sont finalement jamais reprises.

Le rapprochement entre les dirigeants exprimant la volonté la plus marquée de céder dans l'année et le nombre de ventes identifiées montre en effet que ce rapport se dégrade avec l'âge : ce décalage correspond à un rapport de :
- 1 à 2 avant 50 ans ;
- il atteint 4,2 entre 60 et 64 ans ;
- 5,9 au-delà de 65 ans.

Cet écart est la traduction du processus en cours d'accumulation d'entreprises à céder, de vieillissement des dirigeants mais aussi, concernant les TPE, de disparition pure et simple d'entreprises viables et de savoir-faire spécifiques.

La taille, critère principal des cessions-transmissions d'entreprises

En réalité, la taille des entreprises reste le principal facteur explicatif du niveau des cessions. Pour les TPE comme pour les PME, à chaque tranche d'âge du dirigeant, la probabilité de cession d'une entreprise augmente avec son effectif et les écarts d'une taille à une autre sont plus significatifs que ceux liés à l'âge. Cette observation, faite de longue date en ce qui concerne les PME, est encore plus nette pour les TPE : artisans compris, le taux de cession passe de 1,3 % en l'absence de salarié à 3,7 % pour 1 à 5 salariés et à 4,3 % pour 6 à 9 salariés, ce taux progressant nettement au-delà de 10 salariés : il s'étend de 6,6 % pour les 10 à 49 salariés jusqu'à 15,5 % pour les ETI (250 à 4 999 salariés). Cette vertu de la taille est encore confirmée par la relation, cette fois inverse, entre la catégorie d'effectif et la probabilité de disparition : plus le nombre de salariés est important, plus le taux de disparition décroît. Il est ainsi deux fois plus fort pour les TPE que pour les PME contrairement à la cession qui est deux fois moins fréquente pour les premières que pour les secondes.

Ce phénomène ne tient pas seulement à une fragilité intrinsèque des petites entités. Elles sont certes plus exposées à une liquidation précoce pour des raisons économiques mais le déroulement de leur cycle de vie montre qu'en fin d'activité professionnelle, la mort naturelle, sans accident judiciaire, est une issue plus fréquente que la cession quand l'entreprise a moins de 3 salariés. Manifestement, les dirigeants de petites TPE optent fréquemment pour l'arrêt pur et simple de leur activité sans transmission, ni contrepartie financière, comme le montre le prorata de 75 % de morts naturelles parmi les cessations après 60 ans. En outre, contrairement aux PME pour lesquelles on observe un processus de vieillissement accentué des dirigeants lié au prolongement de leur activité faute de repreneur, le vieillissement est moins marqué à la tête des TPE (14 % des chefs d'entreprise ont plus de 60 ans contre 21 % pour les PME).

La difficulté des TPE à prolonger leur activité au-delà de celle de leur dirigeant s'apparente bien sûr à un phénomène de destruction créatrice et s'explique par la plus grande aisance à reproduire rapidement, par la création *ex-nihilo*, le capital physique et humain d'une petite entreprise. Néanmoins, outre un problème de formation aussi bien à certains savoir-faire spécifiques qu'à la reprise en général pour garnir les rangs des repreneurs d'entreprises certes peu attractives mais rentables, il ressort nettement aujourd'hui que l'asymétrie organisée en faveur de la création dessert la reprise, particulièrement en zone urbaine et réduit le potentiel de cessions bien au-delà des contraintes économiques. Nombre de créateurs sous-estiment manifestement le potentiel économique d'une reprise, en comparaison du développement d'une activité *ex-nihilo*. Dès lors, le moindre vieillissement des TPE ne doit certainement pas s'interpréter comme une situation démographique moins préoccupante que celle des PME et devrait davantage nous interpeller comme le signe avant-coureur d'un phénomène de renoncement plus généralisé qui pourrait dans un avenir proche se diffuser aux PME devant l'accumulation d'entreprises potentiellement en vente mais sans perspective de reprise.

Transmission familiale : une signification différente, une utilité commune en fin d'activité

La part des transmissions familiales dépend relativement peu de la taille de l'entreprise : elle représente 16,5 % des opérations pour les TPE sous forme de sociétés commerciales et 18,5 % pour les PME et ETI. Dans toutes les catégories de taille, des TPE sans salarié aux ETI, les transmissions au sein de la famille augmentent significativement à partir de 60 ans où elles représentent environ 30 % des cessions. Dès lors, elles viennent compléter les cessions onéreuses, souvent insuffisantes dans ces catégories d'âges, plutôt que s'y substituer. C'est particulièrement vrai pour les secteurs du bâtiment, de l'industrie, du commerce de gros et des transports qui pâtissent de taux de cession très faibles et pour lesquels le passage de relais au sein de la famille est de facto une alternative à l'absence de reprise.

Pour autant, les mécanismes de la transmission familiale semblent différer sensiblement entre les TPE et les PME. Ces dernières, sous réserve de l'appétence et de la compétence du repreneur familial, s'inscrivent souvent dans une logique intergénérationnelle où chaque dirigeant est moins le détenteur que le dépositaire et le garant de la valeur de l'entreprise, en vue de la transmettre à la génération suivante. Pour les TPE, cette dimension intergénérationnelle semble moins prégnante et la transmission familiale s'apparente davantage à une démarche opportuniste : elle est surtout pratiquée si un membre de la famille y a trouvé sa place et si ses perspectives économiques apparaissent favorables.

Des disparités territoriales marquées

À la lecture de la carte des taux de cession (voir www.observatoire.bpce.fr), le développement de la reprise des entreprises apparaît comme un enjeu fondamental de compétitivité pour les territoires, notamment dans les départements ruraux. En effet, à l'exception des départements urbains comportant une métropole régionale, les territoires où les disparitions de TPE suite au départ à la retraite du dirigeant (après 66 ans) sont fréquentes, présentent souvent des taux de création peu élevés. Dès lors, c'est le nombre insuffisant de reprises des TPE dont le dirigeant est proche de l'âge de la retraite qui fait courir le risque d'une atrophie du tissu productif local, à travers la réduction du nombre de sociétés sur le territoire, comme dans les Ardennes, le Cantal, le Cher, le Loir-et-Cher, le Lot-et-Garonne ou la Creuse.

En ce qui concerne les PME et ETI, la situation est préoccupante pour une vingtaine de départements qui cumulent une part de dirigeants de 66 ans et plus supérieure à 10 % et un taux de cession au-delà de 55 ans inférieur à la moyenne conduisant *de facto* à accentuer, dans les années à venir, un vieillissement déjà très avancé. C'est le cas tout particulièrement de la Corse et des collectivités ultramarines, ainsi que de nombreux territoires métropolitains qui sont également en déséquilibre : l'Alsace et la Moselle, l'Oise, la Marne, l'Indre, la Creuse, l'Ariège mais aussi les Alpes-Maritimes, les Bouches-du-Rhône ou Paris ont des taux de cession en fin d'activité professionnelle très insuffisants pour ralentir l'avancement en âge des dirigeants de PME.

À travers le développement de la cession-transmission, c'est donc bien le modèle français d'un tissu économique décentralisé et son renouvellement qui sont en jeu.

Comment trouver un repreneur pour son affaire ?

➤ Comment rencontrer le repreneur « idéal » ?

➤ Le cédant, pour pouvoir rencontrer des candidats potentiels, doit bien préparer sa recherche et, pour cela, ne doit pas hésiter à faire appel à son entourage et à des spécialistes.

➤ Le cédant aura, lors de cette phase de première approche, un besoin de discrétion et de confidentialité.

La démarche autonome

Céder son entreprise est un processus long qu'il faut mûrir longtemps avant d'en prendre la décision formelle et il convient de réfléchir bien en amont aux circuits possibles de recherche d'un repreneur afin d'établir des contacts qui pourraient alors se révéler utiles.

■ Quel canal de vente privilégier ?

Le choix du canal dépend de la taille, du secteur d'activité, de la valeur, de la structure du marché, pour une entreprise donnée.
On ne met pas en vente une SSII comme une entreprise de bâtiment, une agence de photo à Paris comme une métallerie en Limousin, un cabinet de consultants à Lyon comme une jardinerie en région PACA.
Les organisations professionnelles, les réseaux d'influence, les experts, sont à aborder en respectant les « codes », les « cultures », les « usages » de chaque métier. Chaque catégorie de repreneurs évolue dans un ou plusieurs milieux qui permettent de les identifier sans trop de difficultés.

■ La famille

La question de la transmission familiale doit être posée en premier. La famille doit alors être considérée au sens large : enfants, fratrie, cousins, même un peu éloignés. Lorsqu'il est bien certain que la transmission ne se fera pas dans ce cadre, il faut alors rechercher un repreneur extérieur.

■ L'environnement proche

La démarche logique et de bon sens, suivie par la grande majorité des chefs d'entreprise/cédants, consiste à d'abord chercher son successeur dans son environnement proche – par approche directe ou semi-directe – en faisant jouer les critères de « proximité » ou de « commodité de contact ».

■ Les salariés

Les salariés ont un avantage sur les candidats venus de l'extérieur : ils connaissent le métier, le produit, les fournisseurs, les clients, ce mode de transmission rassure les banquiers, les clients, la « continuité » est assurée. Depuis les décrets d'application de la loi Hamon, ils disposent d'un droit à l'information préalable qui les met sur la ligne de départ, au même titre que les repreneurs extérieurs.

▀ Les relations personnelles

Peuvent être approchés également les « pairs » ou collègues de la même branche professionnelle, adhérents aux mêmes chambres consulaires, organisations professionnelles (généralistes comme MEDEF, CPME, ou spécifiques), fréquentant les mêmes « clubs » (Rotary Club, Lions Club), invités aux mêmes dîners en ville.

▀ Les concurrents

Il y a des processus de consolidation dans de nombreux secteurs d'activité. Il est alors assez facile d'en identifier les acteurs et de les contacter. Si ce n'est pas le cas, il peut fort bien exister dans sa profession des entreprises prêtes à saisir une opportunité de croissance externe. Dans cette perspective, il est utile d'avoir établi auparavant des relations avec ses principaux concurrents afin de pouvoir aisément les solliciter le jour venu.

▀ L'environnement professionnel

Au-delà des concurrents, peuvent être approchés les fournisseurs de l'entreprise, intéressés par une intégration aval, et les clients, intéressés par une intégration amont, ainsi que les entreprises du secteur au sens très élargi.

> **À NOTER**
> **Avantages et inconvénients**
> **Avantages** : les entreprises situées dans l'univers du cédant en connaissent par nature les principales forces et faiblesses. Elles seront en mesure d'établir un business plan crédible et solide. En termes financiers, la cession à un concurrent s'avère souvent intéressante, puisque l'acheteur est prêt à « surpayer » l'entreprise à céder pour atteindre plus vite ses objectifs de développement.
> **Inconvénients** : une acquisition/fusion entraîne souvent à court et/ou moyen terme des compressions de personnel, liées en particulier à l'élimination de doublons. Il arrive également que certains confrères profitent de l'occasion pour se documenter sur l'entreprise, sans intention de la racheter.

▀ Les banques

Les banques d'affaires ou de dépôt (toutes les grandes banques généralistes ont un département « fusion-acquisition »), les fonds de capital-développement ainsi que les cabinets d'ingénierie financière et d'intermédiation, points de passage quasi obligé des repreneurs, peuvent être avantageusement approchés, voire mandatés, par les cédants.

■ Les salons

Une démarche commode, en même temps que discrète, consiste pour un cédant à se rendre sur un des salons généralistes consacrés aux entreprises, comme le Salon des Entrepreneurs de Paris, Lyon ou Nantes, le salon PME ! by CPME, le salon des micro-entreprises, le salon Transfair, les salons de la franchise, etc. Y sont représentés tous les professionnels de la transmission de niveau national ou régional.

Assister aux conférences et tables rondes organisées par ces divers salons est fortement recommandé. On y rencontre des experts particulièrement pointus dans leur domaine : avocats, banquiers, fiscalistes, experts-comptables, intermédiaires, notaires, entrepreneurs venus présenter leur point de vue sur des thèmes d'actualité. Les grands journaux et magazines économiques, les institutionnels, les associations dont le CRA, les banques, les chambres consulaires, y ont un stand. Leurs dirigeants en personne prennent soin de s'y montrer et y sont très accessibles. Les aborder est extrêmement simple, échanger les cartes de visite en vue d'un rendez-vous ultérieur est recommandé.

■ Internet - annonces repreneurs

Les cédants peuvent se connecter aux sites Internet des professionnels de la transmission qui établissent des listes de candidats à la reprise (personnes physiques ou morales), avec les principales caractéristiques de leurs projets de recherche.

Le site du CRA propose une liste d'annonces personnalisées de repreneurs permettant à un cédant de sélectionner un porteur de projet précis, selon son domaine d'activité, ses compétences, sa région, le montant d'investissement envisagé.

■ Internet – annonce cession

Dès lors que le cédant accepte de rendre visible son projet de cession, il peut déposer une annonce sur l'un des nombreux sites Internet dédiés (voir *Internet*, p. 77).

Le site du CRA propose une liste d'entreprises à céder. Les annonces y sont anonymes et ne donnent que des informations limitées afin de conserver le maximum de confidentialité tout en attirant des repreneurs potentiels.

■ Les revues spécialisées

Il reste encore quelques revues papier qui diffusent des annonces d'entreprises à céder.

■ Les organismes institutionnels

Les organisations le plus souvent mises à contribution par les cédants à ce niveau sont nombreuses. Nous présentons les plus importantes ci-après.

› Les CCI (chambres de commerce et d'industrie)

Elles regroupent les annonces d'affaires à vendre sous le portail national : www.transmission.cci.fr (voir *Les chambres de commerce et d'industrie*, p. 78).

› Les CMA (chambres de métiers et de l'artisanat)

Elles regroupent les annonces d'entreprises artisanales à vendre dans toute la France sous le portail www.bnoa.net.

› L'AFE (Agence France Entrepreneur)

L'Agence a mis en place des services dédiés aux repreneurs, également consultables par les cédants. Nous recommandons particulièrement la visite du site aux cédants comme aux repreneurs : www.afecreation.fr.

› Bpifrance

Le portail national de la transmission de Bpifrance regroupe les annonces d'opportunités d'affaires de ses partenaires : CCI, CMA, fédérations et ordres professionnels, association (CRA), acteur privé Fusacq. Ce portail permet aux futurs repreneurs d'accéder à plus de 40 000 entreprises à transmettre. Y faire figurer son annonce est un « must » pour les cédants : www.bpifrance.fr.

› Les agences de développement, comités d'expansion et associations

Les régions, les départements et certaines grandes villes ont créé des structures dont l'un des objectifs est d'aider à la transmission des PME : les syndicats patronaux, MEDEF, CPME (déjà cités) qui développent, en région et sur le terrain, des actions multiformes et ciblées en faveur de la transmission (conseil, soutien, accompagnement).

› Les associations d'anciens élèves

Nombreuses sont celles qui comportent une cellule « emploi-recherche », active dans la transmission, dans la plupart des grandes écoles commerciales, d'ingénieurs ou de management, particulièrement : Polytechnique, Centrale, Mines, HEC, ESSEC, ESCP, Sciences Po, Arts et Métiers, IAE, écoles d'ingénieurs et de commerce des grandes villes, etc.

› Les professionnels libéraux

Il s'agit des avocats, experts-comptables, notaires et de leurs organisations en réseaux.

■ Préparation et accompagnement

Ces organismes offrent aux dirigeants désirant céder un bouquet de prestations « à la carte », comportant « recueils d'informations et de documentations, listes d'experts, et accompagnements divers, sous forme de colloques, tables rondes, salons dédiés à la transmission » pour optimiser l'ensemble des opérations de mise en relation et de transmission.

Exemples :

- préparation à la vente, de l'entreprise et du dirigeant (notamment sensibilisation aux aspects patrimoniaux et fiscaux), aide au montage du dossier de présentation (CRA, CCI), évaluation par des experts, (experts-comptables, CCI) ;
- sélection et présentation de candidats, repreneurs personnes physiques, personnes morales, porteurs de projets, partenaires financiers ;
- accompagnement de type généraliste par un parrain (MEDEF, CCI, CRA) tout au long du processus ;
- accompagnement de type spécifique, plus personnalisé, par un expert (expert-comptable, avocat spécialiste de la transmission, notaire).

Les organisations ci-avant sont souvent animées par des seniors, qui :

- ont l'expérience de ce genre de situations, par lesquelles ils sont déjà passés, soit eux-mêmes directement, soit comme accompagnateurs qualifiés ; l'avantage d'en connaître les problématiques, les points clés, les pièges, les durées, les risques, les « erreurs à ne pas faire », les précautions à prendre, etc. ;
- parlent le même langage que les entrepreneurs cédants, avec lesquels ils nouent des relations de confiance ;
- et lorsqu'ils n'ont pas eux-mêmes la réponse à la question posée, ils ont la faculté (sans frais, ni délais) d'orienter rapidement le cédant vers l'expert *ad hoc*, au meilleur rapport qualité/prix pour lui.

Le cédant potentiel peut se faire une idée du vivier des repreneurs possibles en consultant des sites d'accompagnement et de mise en contact tels que le CRA.

Consultez le site du CRA avec la liste des repreneurs régulièrement mise à jour en affinant vos recherches par plusieurs critères :

Comment trouver un repreneur pour son affaire ?

Déléguer la cession à un tiers

Une autre façon d'agir est de donner mandat de vente à des professionnels de la transmission, conseils en cession disposant, pour les plus anciens et les mieux organisés, d'un réseau national. Cette manière de procéder permet d'élargir à tout l'hexagone la recherche de l'oiseau rare, sachant que cette formule, qui a un coût (voir *Tableau récapitulatif des coûts induits par une vente pour un cédant*, p. 70), doit permettre au cédant de s'assurer des conseils de professionnels.

Ces professionnels relèvent du statut légal et réglementaire de conseiller en investissements financiers (CIF) et adhèrent pour la plupart à l'Association des analystes et conseillers en investissements, finance et transmission d'entreprise (ACIFTE) qui est elle-même agréée par l'Autorité des marchés financiers (AMF) ; ils respectent une charte de déontologie qui garantit au client les bonnes pratiques en matière d'indépendance, d'intégrité et de confidentialité.

Cette approche débouche sur le mandat-vendeur.

Parmi ces professionnels, citons :
- les conseils en cession-acquisition, environ 300 en France dont 120 adhérents de l'ACIFTE, dont certains parmi les plus connus ont un accord avec le CRA pour la diffusion de leurs annonces « cédants » sur le site, le bulletin en ligne et le réseau du CRA ;
- les banques, dont les départements fusion/acquisition acceptent souvent des PME/PMI à vendre, dans des valeurs unitaires (plus rémunératrices) de plusieurs millions d'euros.

Voir *Le choix d'un conseil en cession-acquisition : recommandations du CRA*, p. 349.

> **Cas pratique**
> **M. D. cède sa menuiserie alu.**
> **À la recherche d'un repreneur : ne pas hésiter à voir plusieurs candidats**
> J'ai parlé de mon projet à mon expert-comptable, espérant que parmi ses clients se trouverait un repreneur potentiel, j'ai également contacté la chambre de commerce ainsi que la Fédération du bâtiment, c'est là que l'on m'a conseillé d'entrer en relation avec le CRA. J'ai rencontré une vingtaine de candidats en tout. Si j'ai bonne mémoire deux d'entre eux m'étaient adressés par la chambre de commerce, deux autres par des confrères, deux encore par la Fédération du bâtiment et 10 m'ont été présentés par le CRA.
> **Le choix du repreneur : pourquoi avoir choisi J. C. plutôt qu'un autre ?**
> Je l'ai tout d'abord jugé très pro, très impliqué, déterminé et responsable, des qualités qui en faisaient à mes yeux un bon chef d'entreprise. Et puis, c'est vrai, le courant passait très bien entre nous, ce qui est indispensable pour faire connaissance et mener à bien des négociations. Et puis j'appréciais son côté humble, il ne se comportait jamais comme en terrain conquis. Quand il parlait de sa vision de

l'avenir, il ne remettait pas tout en question, ne voulait pas tout casser. De plus, et ce n'est pas négligeable, il disposait des capacités financières nécessaires à l'opération. Je me suis donc jeté à l'eau.

TABLEAU RÉCAPITULATIF DES COÛTS INDUITS PAR UNE VENTE POUR UN CÉDANT	
Type de prestations	**Coût indicatif**

CRA

Entretien, visite de l'entreprise	1 200 € (18 mois) CA < 1,5 K€
Aide au remplissage du dossier de présentation	
Diffusion annonce cédant (newsletters et site)	
Sélection et présentation de « porteurs de projets »	
Accès aux listes de repreneurs	1 600 € (18 mois) CA > 1,5 K€
Accès aux listes d'experts	
Mise à disposition du réseau national de délégués	
Présent ouvrage offert à la première adhésion	
Sensibilisation à la transmission (stage d'une journée à Paris)	200 € TTC
Avocats/experts-comptables (tarifs en usage dans la profession, selon les cabinets et les prestations-tarifs 2016)	De 200 à 450 €/heure

CCI (Paris Île-de-France)

Prise en charge	2 000 € HT
Réalisation d'un dossier de présentation	
Publication d'une annonce cédant	
Mise en relation avec les repreneurs, après sélection	
Diagnostic de l'entreprise et rapport d'évaluation	2 000 € à HT à 4 000 € HT
Pack reprise Premium offrant accompagnement sur 12 mois, incluant la prise en charge ci-dessus et la recherche ciblée de repreneurs	5 000 € HT

TABLEAU RÉCAPITULATIF DES COÛTS INDUITS PAR UNE VENTE POUR UN CÉDANT	
Type de prestations	**Coût indicatif**

Intermédiaires privés

Frais de dossiers (forfait), avec éventuel « mandat-vendeur »	De 3 000 à 6 000 €
Constitution du dossier, évaluation et présentation de candidats	
+ Commission sur montant de la vente (*success-fees*) :	
• soit forfaitaire pour les « petits » dossiers ;	De 10 000 à 15 000 €
• soit proportionnelle pour les « gros » dossiers.	5 % pour la première tranche de référence, dégressif ensuite

N.B. : Ces tarifs sont donnés à titre indicatif et doivent être validés au cas par cas.

Comment trouver les opportunités d'affaires ?

➤ Comment accéder aux différents marchés et opportunités ? Réseaux sociaux, approche directe, approche intermédiée… il ne faut rien négliger.

➤ La précision du projet et la finesse du ciblage revêtent toute leur importance, sinon autant chercher une aiguille dans une meule de foin !

Connaître le marché

Même bien préparé, le « repreneur/porteur de projet » va devoir tenir compte du déséquilibre global entre l'offre, limitée, et la demande, forte – déséquilibre qui joue en sa défaveur –, et de la quasi-obligation de « chasser plusieurs lièvres à la fois » (donc d'activer plusieurs leviers et sources) s'il ne veut pas avoir l'impression de gaspiller son temps et son argent.

■ Deux marchés et une opportunité

Un repreneur a devant lui deux types de marchés à prospecter : le marché « visible » et le marché « caché », et deux grands modes opératoires pour les aborder : soit il opère seul, rejoint en route par ses conseils, pratiquant ce qu'on appelle l'approche directe, soit il fait appel à des intermédiaires, dont le métier est la mise en relation, auxquels il va déléguer tout ou partie des tâches qui doivent le mener au succès.

• **Le marché « visible »** matérialisé par les petites annonces d'affaires à vendre, ou bourses d'opportunités, est accessible à tous, gratuitement ou quasi gratuitement : personnes physiques, sociétés en quête de croissance, intermédiaires, mandatés ou non, investisseurs.

• **Le marché « caché »**, qui découle de l'exigence de confidentialité de nombreux cédants, est recherché par les intermédiaires, d'une part, par les particuliers, d'autre part, car les affaires sont « de première main » et la concurrence y est moins forte que sur le marché visible.

• Il existe enfin **l'opportunité** des entreprises qui n'ont fait aucune démarche de cession mais qui peuvent se laisser tenter par une belle opportunité.

■ Plusieurs modes d'approche

• **Le mode « intermédié »** : le repreneur fait appel à des professionnels de la transmission : cabinets privés spécialisés dans les transactions, départements dédiés des banques, institutionnels (chambres de commerce principalement), associations mettant en relation repreneurs et cédants (CRA, par exemple).

• **Le mode « approche directe »** : après avoir mûri son projet, le repreneur commence en général par actionner ses réseaux personnels : anciens des écoles, réseaux, clubs et syndicats professionnels, relations amicales, bouche à oreille, etc. Il sera bien inspiré également d'entrer en contact avec les experts et conseils associés de près au management des PME : avocats, experts-comptables, éventuellement notaires, que leur proximité avec les dirigeants en activité informe des décisions de cession très en amont de la mise en vente effective.

Comment trouver les opportunités d'affaires ?

En même temps, il effectue une recherche ciblée *via* les « bases de données entreprises », en fonction de ses critères de choix (voir plus loin).

Ces marchés mettent en jeu des intervenants, des modes d'approche, des tactiques et des recommandations différentes. Ils ne sont pas forcément étanches les uns par rapport aux autres.

• **Le mode « réactif »** : le repreneur épluche les annonces du marché visible et fait acte de candidature lorsqu'il est intéressé.

> **MON CONSEIL**
> **Reprendre une entreprise en 2019**
> Les plus avisés de nos lecteurs sauront profiter des taux d'intérêt, historiquement bas pour envisager de reprendre une entreprise, non sans avoir nourri leur réflexion préalable par la lecture de ce guide.
>
> Les sociétés exportatrices, seules ou en partenariat, celles qui sont dans l'innovation, ou qui évoluent dans des marchés de niche ou d'avenir, méritent un examen approfondi de la part de nos futurs repreneurs.
>
> Les indicateurs macroéconomiques annuels estimés pour 2018 (qui vont sous-tendre les business plans) comporteront inévitablement une part de prévisions pour les prochains trimestres, recueillies auprès de l'INSEE ou de la Banque de France.
>
> **PIB en volume :** après une forte augmentation de la croissance en 2017, qui a atteint le chiffre symbolique de 2 %, après 1,1 % en 2016 et 2015, l'INSEE prévoit pour le premier semestre 2018, une décélération de cette croissance avec 0,4 % (sans toutefois donner une prévision annuelle), en raison d'une baisse de la production industrielle de 2 % en janvier et de la baisse du climat des affaires qui se tasse depuis le premier trimestre. La Banque de France table tout de même sur un PIB 2018 de 1,9 % et l'OCDE reste optimiste en affichant une prévision de 2 % de croissance.
>
> Nos **recommandations** antérieures conservent leur pertinence.
>
> Il faut apprendre à gérer en « avenir incertain », adapter nos entreprises aux changements, (technologiques, concurrentiels… ou fiscaux), inventer de nouveaux produits (la plupart des produits qui seront à la mode dans 5 ans sont à inventer !), s'habituer à payer aujourd'hui l'énergie, certaines matières premières, l'eau à leur prix de rareté.
>
> On achètera davantage telle machine en fonction du service qu'elle pourra garantir, pour la quantité d'énergie qu'elle pourra économiser, pour la modestie de son « bilan carbone »… Certains parlent de mutation, d'autres de rupture en matière économique.
>
> **À mi-année 2018,** on observe que les comportements des cédants et des repreneurs continuent d'évoluer vers davantage de maturité et de professionnalisme.
>
> …/…

> **MON CONSEIL**
>
> **Les cédants :** dans cette bonne conjoncture économique avec des prévisions de croissance très satisfaisantes, les cédants ont tendance à essayer de valoriser au maximum leur entreprise, et ce d'autant que les rentabilités des affaires se sont accrues en général. Il semble qu'il y ait davantage d'entreprises en cession (après quelques années de ralentissement), suite aux dispositions fiscales prises par le ministère des Finances, pénalisantes dans un premier temps, et qui ont été, depuis ces dernières années, assouplies. La loi du marché finit toujours par s'imposer, car le repreneur est tributaire du financement de son banquier, qui est à même d'apprécier la rentabilité réelle d'une affaire et d'accorder un financement adapté en fonction de la situation future de l'entreprise. Cela passe par des ratios financiers cohérents et en phase avec la conjoncture économique. Nonobstant, les cédants sont aussi soucieux des compétences de leur successeur, mais, plus que jamais, ils privilégient les qualités humaines de ce dernier, et n'hésitent pas à l'accompagner au-delà des 6 mois traditionnels. Ce dernier choix du cédant pèsera lourd dans la balance qui conduira à la finalisation de la transaction.
>
> **Les repreneurs :** la situation des repreneurs a évolué ces dernières années, on a noté un fléchissement des candidats « personnes physiques » à la reprise d'entreprise. La concurrence est moins vive entre repreneurs, sauf pour les très belles affaires. Mais cette embellie du marché pour les repreneurs n'empêche en aucun cas un impératif, celui de bien se former à la reprise et de se faire assister par un tandem « avocat/expert-comptable », ce qui procure un avantage concurrentiel certain.
>
> Dans la pratique, les repreneurs estiment devoir :
> - Être de plus en plus sélectifs dans **l'approche sectorielle :**
> - **secteurs en croissance :** énergies renouvelables, équipement aéronautique, biens d'équipement, composants électroniques, mécanique de précision, robotique, préservation de l'environnement, biotechnologies, e-commerce et e-services, automobile et sous-traitance, santé et services à la personne, cosmétique et luxe ;
> - **secteurs stables :** équipement électrique, plasturgie, papier carton ;
> - **secteurs cycliques :** construction, travaux publics, édition, papier, industrie graphique, verre.
> - **Tenir compte du risque,** ce qui les conduira à préférer les services, la mise au point de logiciels, l'électronique aux activités sensibles aux prix des matières premières et de l'énergie.
> - **Multiplier les contacts** en phase de recherche (300 entretiens, 10 dossiers, 4 offres présentées en 1 an, pour Dominique T., nominé des Trophées CRA de la reprise).
> - **Prospecter activement toutes les sources :** bourses d'opportunités, presse spécialisée, salons consacrés à l'entreprise, cabinets d'intermédiation, approche directe.
> - Être **plus réactifs** quand une « belle affaire » se présente, ne pas attendre, remettre rapidement son « offre ».
> - Être **plus imaginatifs** « une fois aux manettes », les repreneurs doivent anticiper l'évolution des métiers, des attentes des clients, des transformations des produits.

Sélectionner une cible visible

Ce marché s'approche par les petites annonces d'affaires à vendre ou les bourses d'opportunités.

■ Internet

● **Bpifrance** : www.reprise-entreprise.bpifrance.fr
Au titre des services, la Bourse nationale de la transmission opérée par Bpifrance rassemble sur un site Internet unique les offres de cession de 35 sites partenaires sélectionnés selon des critères de neutralité et de qualité. La présentation normalisée des annonces facilite ainsi la rencontre de l'offre et de la demande : début 2018, plus de 60 000 annonces labellisées étaient ainsi consultables tandis que 10 000 repreneurs potentiels étaient inscrits aux alertes.
● **Les chambres de commerce et d'industrie** : www.cci.fr
Depuis de nombreuses années, les CCI se sont regroupées pour offrir des bourses d'opportunités communes orientées à destination aussi bien des cédants que des repreneurs d'entreprise. Tous les secteurs sont concernés : artisanat, commerce, services de proximité, hôtellerie, restauration.
Les principaux réseaux des CCI sont :
- « **Transentreprise** » (www.transentreprise.com) présente plus de 7 000 offres de cession de commerce et de PME réparties dans 11 régions.
- « **PMI contact** » (www.reprisedentreprise.com), spécialisé dans les annonces de PME/PMI, présente 300 annonces (affaires à vendre et candidats à la reprise) pour les régions Bourgogne-Franche-Comté, Nouvelle-Aquitaine, Centre-Val de Loire, Occitanie, Auvergne-Rhône-Alpes, Grand Est.
- « **Opportunet** » (www.opportunet.net), géré par la CCI de Strasbourg, regroupe 650 annonces.
- « **Reprendre en Bretagne** » (www.reprendre-bretagne.fr), géré par la CCI de Rennes, présente plus de 1 000 offres dont une majorité de commerces et restaurants.
● **Les experts-comptables** : www.experts-comptables.fr
● **L'Assemblée permanente des chambres de métiers** recense plus de 6 000 annonces de cession (pour la France entière) sur le site de la Bourse nationale d'opportunités artisanales (BNOA) : https://entreprendre.artisanat.fr
● Le **CRA** : www.cra-asso.org
Le CRA, cédants et repreneurs d'affaires, regroupe plus de 600 annonces (annonces directes et annonces d'intermédiaires) et plus de 1 000 profils sélectionnés de repreneurs accessibles aux cédants ou à d'autres repreneurs cherchant à s'associer.
● **Fusacq**, à travers son site www.fusacq.com, propose plus de 2 000 affaires à reprendre et 500 annonces de recherche d'affaires, ainsi qu'un certain nombre de CV de repreneurs en recherche, les adresses de cédant sont facturées aux repreneurs à l'unité ou au forfait.
● **La Fédération française du bâtiment** : www.batiportail.com
● **La Fédération des industries mécaniques (FIM)** : www.fim.net

- « **Agorabiz** », à travers son site www.agorabiz.com, diffuse plusieurs dizaines de milliers d'annonces de cession d'entreprises, de fonds de commerce, de recherche de partenariats.
- « **Transeo Marketplace** », qui offre des opportunités d'acquisitions transfrontalières : www.transeo-association.eu/marketplace
- Il peut être aussi utile de consulter le portail www.reprisedentreprise.com qui a listé 52 sites présentant des « annonces » d'affaires à céder, avec une analyse sur le nombre d'annonces et les prestations de conseil apportées par les plus importants.
- **L'APEC, Association pour l'emploi des cadres**, propose sur son site une rubrique consacrée à la reprise d'entreprises. Elle permet ainsi de consulter gratuitement plus de 10 000 annonces gérées par des partenaires nationaux : www.apec.fr.

■ La presse

› Les magazines généralistes

- *Reprendre & Transmettre Magazine (R & T)*, magazine trimestriel vendu par abonnement, comporte une sélection d'annonces (environ 150 par numéro) diffusées par des conseils en cession-acquisition, des CCI, des clubs de repreneurs, des administrateurs judiciaires, des particuliers. Ces annonces, ainsi que des « profils » de repreneurs, sont aussi accessibles en ligne pour les adhérents inscrits sur le site *R & T* : www.reprendre-transmettre.com.
- *Repreneur*, magazine trimestriel vendu en kiosque, comporte également une liste d'entreprises à vendre (environ 200), en liaison avec le cabinet d'intermédiation Intercessio.
- **Certaines CCI régionales** diffusent des listes d'annonces d'entreprises à vendre.
- **Le bulletin du club entreprise Arts et Métiers (CLENAM)** : l'organisation animée par les anciens de l'École nationale supérieure des Arts et Métiers, diffuse ce bulletin mensuel comportant des petites annonces à dominante industrielle, à l'attention de repreneurs ayant plutôt un profil d'ingénieurs.

› Les magazines spécialisés

- Les magazines des organisations professionnelles.
- Les magazines sur la « franchise », dont *Franchise magazine* : bimensuel comportant une liste d'une trentaine de franchises à reprendre.

> **Cas pratique**
> **Pourquoi faut-il être réactif pour emporter une affaire ?**
>
> **V. M. reprend A., société de vente de matériel médical.**
> Je cherchais une PME/TPE, en B to B ou B to C, où je pourrais mettre à profit mon expérience de la vente par correspondance et idéalement en Île-de-France. La cible devait avoir un nombre de clients importants pour appliquer les techniques de la VPC.

Comment trouver les opportunités d'affaires ?

Mi-novembre, je vois le dossier « A. » dans la bourse d'affaires du CRA. Immédiatement, je sens que cette affaire correspond à ce que je cherche.

Je découvrais par la suite que la société pouvait être plus performante en la modernisant tant au niveau de la gestion, que de la prise des commandes, de la relance des clients.

Je dois donc aller très vite, car elle ne restera pas longtemps sur le marché et, à la mi-décembre, j'envoie une lettre d'intention avec une proposition de prix qui est acceptée. J'obtiens une exclusivité pendant trois mois, le temps que le bilan soit sorti.

Je pense que c'est ma rapidité qui a séduit le cédant. Peut-être également parce que nous avions eu un parcours avant reprise similaire. Cela a sans doute créé des liens. J'ai évité de le harceler. Je lui ai demandé ses trois derniers bilans, le nom de ses fournisseurs, le nombre et la répartition de ses clients. Puis j'ai été voir plusieurs praticiens qui m'ont confirmé la bonne réputation d'A., leader en France sur son marché, ainsi que les perspectives de l'activité.

Cas pratique
Activer tous les contacts : réseau, experts, groupes de repreneurs…

Après mes premières expériences ratées et sur les conseils du CRA Formation, j'ai décidé que ma recherche serait un travail à temps plein.

J'ai mis au point deux techniques de recherche que j'utilise aujourd'hui pour mes clients chez XX :

1. Le ciblage non pas par domaine d'activité mais selon la transférabilité des compétences et de l'expérience, ce qui permet d'augmenter le champ des recherches possibles ;
2. L'activation du réseau, comme je l'aurais fait pour une recherche d'emploi. C'est là la technique la plus efficace dans les marchés de niche comme celui de la reprise.

Dans cette phase très intense, je me suis fortement appuyée sur mon parrain du CRA, qui me rencontrait tous les 15 jours pour faire un point sur mes recherches et me conseiller. Faire partie d'un groupe de repreneurs m'a également beaucoup aidée. La recherche est souvent une activité solitaire, et le groupe permet de se rassurer, de se confronter aux autres et de voir que les mêmes difficultés sont partagées par tous.

Je me suis fixé très tôt un cadre précis définissant mon type de reprise :

1. Une prise de participation très majoritaire ;
2. Pas de recours aux financements bancaires ou aux fonds d'investissement ;
3. Société localisée à Paris.

J'ai également décidé de ne pas faire appel à des professionnels de la reprise pour m'accompagner, parce que je ne voulais pas déléguer à des tiers des tâches essentielles que je considérais devoir faire moi-même. En revanche, j'ai misé sur une équipe d'experts très solide (avocat, expert-comptable), constituée de personnes que je connaissais de longue date et avec lesquelles j'ai pu travailler dans une grande relation de confiance.

■ Le commerce organisé, les réseaux de franchise : le marché caché à découvrir

Le commerce organisé et les réseaux de franchise recèlent de nombreuses opportunités de reprise, si le métier vous tente et si vous avez avant tout un tempérament commercial, car il faut aimer vendre.

Reprendre ou créer une affaire avec une enseigne dans un réseau d'indépendants organisés : il peut s'agir d'affaires de commerce ou de services, types franchises ou master franchises (France + étranger), de coopératives, de concessions, de groupements d'agence, d'affiliations.

Le statut juridique des affaires de commerce ou de services, en franchises ou en coopératives diffère pour le franchiseur/adhérent. Toutefois, l'objectif reste celui d'unir des partenaires par un intérêt commun et s'engageant à coopérer durablement.

› Définition d'un réseau d'indépendants organisés

C'est un groupe de sociétés indépendantes, liées entre elles par un contrat, géré par la société qui détient la marque de l'enseigne et qui joue le rôle de « tête de réseau », avec tous les autres membres en vue d'une activité commerciale commune, sans aucun lien de subordination, mais avec la volonté de mutualiser de nombreux efforts afin d'augmenter la performance commune, d'une part par l'acquisition de clientèle supplémentaire, et d'autre part par la réduction des coûts de fonctionnement.

› Définition du commerce coopératif associé

Le commerce « Coopératif et Associé » est une organisation de réseaux de points de vente et de services constitués et contrôlés par des entrepreneurs indépendants, qui se sont associés au sein d'un groupement, dans le but de mettre en place des actions et des outils communs résultant de la mutualisation de leurs moyens et de leur savoir-faire. Propriétaires de leurs affaires et de leur réseau/enseigne, ils en sont les acteurs et les décideurs. En grande majorité, ces groupements sont organisés sous forme coopérative.

› Définition de la franchise

La franchise est un contrat du droit commercial par lequel un commerçant – dit « le franchiseur » – concède à un autre commerçant – dit le « franchisé » –, le droit d'utiliser tout ou partie des droits incorporels lui appartenant contre un pourcentage sur son chiffre d'affaires. L'exécution du contrat s'accompagne d'obligations pour les deux parties.

› Essence du contrat

Les principaux secteurs où la mutualisation des efforts est la plus performante sont :
- les dépenses publi-promotionnelles sous une enseigne commune ;
- la transmission du « savoir-faire » qui se traduit par le partage des *best-practices* ;

- l'accompagnement et le soutien des membres du réseau ;
- les services de recherche d'emplacements et/ou d'architecture d'agencements ;
- la puissance d'achat qui permet de grossir les volumes ;
- la sélection des gammes avec des centrales d'achats performantes ;
- la mise en place de chaîne d'approvisionnements et de leurs outils informatiques *ad hoc* ;
- la production des divers outils informatiques « métiers » ;
- la mise à disposition d'outils logistiques automatisés, rapides et fiables.

> Typologies des organisations en réseaux

● La micro-franchise

Faible droit d'entrée, zone géographique restreinte, durée du contrat de 2 à 3 ans, implantation en bureaux partagés.

● La concession

Exclusivité de la vente des produits de la marque sur territoire et zone géographique donnée. Tous les produits sont achetés suivant le contrat et uniquement auprès du concédant.

● La commission – affiliation

Dépôt-vente, le franchiseur confie son stock au franchisé qui est rémunéré sur commission. Le fonds de commerce appartient au propriétaire qui bénéficie de l'enseigne, les invendus sont repris.

● La licence de marque

Le revendeur paye des royalties pour exploiter la marque. Le contrat peut contenir des clauses d'exclusivités de prix, de produits, d'utilisation de la marque et de la publicité.

● La master franchise

Le franchiseur accorde, sur un territoire donné, un droit ou un devoir pour le master franchisé de créer des franchises.

● La multifranchise

Le franchisé possède plusieurs points de vente d'une même enseigne.

● La plurifranchise

Le franchisé possède plusieurs points de ventes de chaînes différentes.

● Quelques exemples pratiques :

- les **concessions** qui laissent un certain niveau de liberté d'achat en dehors du réseau à ses membres (ex : Renault, John Deere, Tryba, Cuisines SCHMIDT) ;
- les **coopératives** dans lesquels chaque membre est actionnaire de la tête de réseau (ex : Intermarché, Leclerc, Super U, Weldom, Biocoop, Big Mat, Intersport…) ;
- les **groupements d'agences** (Century 21, ERA Consultants, MMA…) ;

- les **franchises** (Ixina-Cuisine Plus, Mr Bricolage, ERA…) ;
- les **affiliations** dans lesquelles tout le stock appartient à la tête de réseau et est mis en consignation chez les membres (Jacadi, Etam Lingerie, Athlete's foot…).

› Un cadre juridique commun

Lors de la signature du contrat, les pouvoirs publics ont souhaité protéger les futurs membres du déséquilibre des forces avec celles de la société tête de réseau détentrice de l'enseigne.

> **À NOTER**
> **Article 330-3 du Code de Commerce, reprise de la « loi Doubin » initiale :**
> - Elle fait obligation à la tête de réseau de transmettre au futur membre, une information sincère et la plus complète possible ;
> - Elle définit ce que doit être le contenu de ces informations dans le DIP (dossier d'informations préalables) ;
> - Et ceci dans un délai de 20 jours avant tout encaissement de sommes prévues à la signature du contrat.

La jurisprudence prend souvent fait et cause pour la partie la plus faible du contrat, en l'occurrence le nouveau membre. Ceci explique la réticence des têtes de réseau à participer activement dans la définition du business plan. Elles s'efforcent au contraire de laisser le nouveau candidat signataire définir lui-même ses prévisions financières, même si dans la pratique, elles se doivent de communiquer les chiffres de « magasins pilotes ».

> **MON CONSEIL**
> Le candidat aura donc intérêt à rencontrer d'autres membres du réseau et à se faire communiquer les chiffres qui pourraient servir de « bases de références » pour déterminer la crédibilité de son business plan.

› Un contrat intuitu personnae

Le contrat de réseau est établi entre la société tête de réseau et le représentant légal de la société membre, il est donc lié à la personne et non à l'entreprise :
- le contrat n'est donc pas directement transmissible avec les parts de la société membre du réseau ;
- le repreneur doit donc obtenir un « nouvel agrément » simultanément à l'acquisition des parts du cédant, d'où la nécessité d'une transmission tripartite qui exige l'accord simultané des trois parties (cédant/repreneur/tête de réseau).

› Des clauses de sorties qui protègent le réseau

Le contrat de réseau définit les contraintes de la « vie en commun » mais en cas de rupture, il vise à protéger le chiffre d'affaires du réseau.

En cela, il peut s'opposer à l'intérêt premier du membre sortant qui peut, par exemple, souhaiter trouver chez la concurrence d'autres avantages immédiatement plus intéressants.

La jurisprudence est souvent sensible dans ce domaine aux efforts historiques déployés par les têtes de réseau et accepte, dans certaines mesures, de laisser à l'appréciation des juges les clauses de protection rédigées en ce sens.

> **À NOTER**
>
> Il y a grand intérêt à rendre les transmissions « gagnant/gagnant/gagnant », c'est-à-dire dans lesquelles :
> - le cédant obtient un bon prix en se faisant aider des ressources du réseau ;
> - le repreneur achète dans des conditions financières acceptables ;
> - et la tête de réseau peut espérer non seulement la défense de son chiffre d'affaires mais en plus un accroissement des performances grâce à une amélioration du potentiel commercial et managérial local.

› L'intérêt pour les repreneurs est pluriel

● Une excellente opportunité de changer de métier

La connaissance préalable du secteur n'est pas un impératif dans la franchise. En effet, la plupart des réseaux assurent une formation-métier de qualité à leurs nouveaux membres. C'est la condition impérieuse de la transmission de leur **savoir-faire**.

Il est en effet souvent plus facile d'éduquer une **manière de faire** à des individus qui n'ont pas enregistré de mauvaises habitudes en contradiction avec les exigences de l'enseigne. Si pour une reprise hors réseau, la « non-connaissance du métier » est jugée très négativement par les financiers, ce n'est pas le cas dans la franchise.

● Un levier de financement souvent plus favorable

De façon générale, les investissements dans un réseau représentent de moindres risques pour les financiers. Ils ont la possibilité d'appuyer leurs analyses (*benchmarking*) sur les chiffres connus d'autres implantations similaires dans des zones de chalandise relativement similaires. Ils disposent bien souvent d'un suivi des résultats financiers et commerciaux de la tête de réseau. Dès lors, les leviers de financement par rapport à l'apport personnel peuvent être beaucoup plus élevés et donc permettre au candidat-repreneur de s'intéresser à des affaires plus chères que celles hors réseaux.

● Une garantie d'accompagnement soutenu de la tête de réseau au démarrage ou à la reprise de l'affaire

L'intérêt de la tête de réseau est naturellement de protéger son chiffre d'affaires localement et donc de faciliter par des aides multiples les mises en place ou les reprises de leurs implantations locales.

> **À NOTER**
> **Reprendre une affaire en réseau vous offre de nombreux avantages :**
> - Changer de secteur d'activité plus facilement, ne pas être du métier n'est pas un obstacle pour le franchiseur (la formation au métier est dispensée par le franchiseur), ni pour le banquier ! (les banques ont déjà les comptes et les plans de développement d'autres franchisés) ;
> - Débuter un projet plus ambitieux, le levier d'emprunt étant plus élevé et le financement de votre projet plus facile ;
> - Calculer la valeur de l'entreprise comparativement et suivant des règles claires établies par la profession limitant les débats avec le cédant ;
> - Profiter d'un retour sur investissement souvent plus rapide ;
> - Gagner en reconnaissance par le biais d'une enseigne nationale ;
> - Faciliter votre croissance externe ;
> - Contrôler vos risques d'exploitation, comparer vos comptes avec les autres sociétés du réseau ;
> - Diminuer vos coûts de fonctionnement grâce à l'optimisation générée par le réseau.

› Deux types d'opportunités pour les repreneurs

● Les affaires en cession

Les affaires qui sont mises en vente directement par le membre adhérent du réseau sont à traiter d'une façon totalement similaire à une cession normale hors réseaux, objet du présent livre.

Cependant, il faut intégrer la spécificité tripartite de la transmission avec simultanément d'une part la signature du contrat de réseau entre le candidat-repreneur et la tête de réseau, et d'autre part la signature de la cession de l'affaire entre le cédant et le candidat-repreneur.

● Les affaires en nouvelle-implantation

On utilise souvent le terme abusif de « création en franchise ». Il s'agit plutôt de créer localement une « nouvelle-implantation » dans une nouvelle zone de chalandise, suivant un concept qui a déjà fait ses preuves et qui est parfaitement défini par le contrat et ses annexes de fonctionnement.

Les niveaux des risques d'une « cession » ou d'une « nouvelle-implantation » sont à des niveaux équivalents, même si la nature des risques est bien sûr différente.

Cependant, même si les affaires en réseau représentent moins de risques pour des financiers, le caractère entrepreneurial demeure. Seuls des individus à l'esprit commercial et managérial pourront prétendre à des réussites brillantes dans ce secteur d'activité. Et n'oubliez jamais que vous êtes le barreur !

> **À NOTER**
> **Adresses utiles :**
> - www.observatoiredelafranchise.fr
> - www.franchise-magazine.com
> - www.entreprises.gouv.fr/secteurs-professionnels/commerce/la-franchise
> - www.lesechosdelafranchise.com

Prospecter le marché « caché »

Après avoir épuisé le marché ouvert et particulièrement les nombreux sites Internet, le repreneur constate en général que les plus belles et les plus grosses affaires n'y sont pas. Elles sont dans le marché gris et le marché caché et il s'agit d'aller les identifier. Cela se fait en plusieurs étapes par l'animation d'un réseau ad hoc qu'il faut se créer.

■ Activer le réseau

Il convient d'une part de contacter ceux qui peuvent avoir une information. Il faut avoir à l'esprit que de nombreux cédants souhaitent vendre leur entreprise dans la plus grande discrétion et ne donnent cette information qu'à leur cercle de relations. Ce sont ces cercles de relation qu'il faut identifier et contacter. Cela est plus évident lorsque vous avez une recherche bien localisée géographiquement.
- **Étape 1** : commencez par les chambres de commerce ou les chambres des métiers, les syndicats patronaux (CPME, MEDEF, fédérations patronales…) ;
- **Étape 2** : continuez avec l'entourage professionnel : experts-comptables, banques, avocats, notaires ;
- **Étape 3** : poursuivez avec les professionnels du métier lorsque vous cherchez dans un secteur bien défini : fournisseurs, concurrents, clients… ;
- **Étape 4** : n'oubliez surtout pas BPI France qui est une importante source d'information.
Tous ces contacts peuvent avoir chacun une ou deux informations et/ou savoir vous orienter vers un autre contact.
Bien entendu, plus le projet est précis (secteur économique, secteur géographique, taille de l'entreprise recherchée), plus les réponses que l'on obtient sont claires et donc efficaces.

> **Cas pratique**
> **Une recherche réussie doit explorer toutes les sources : CRA, bases de données, bouche à oreille…**
>
> **L. J. reprend M., société d'édition de cartes et articles touristiques.**
> *Qu'est-ce qui vous a décidé à reprendre cette entreprise et comment avez-vous arrêté votre choix ?*
> Après avoir passé 15 ans dans un grand groupe leader sur le marché des cosmétiques, j'avais envie de changer de vie et de région.
> En tant que directeur commercial de laboratoires de cosmétiques, j'avais une bonne expérience de la vente et savais gérer une équipe (L. J. a eu jusqu'à 80 personnes sous sa responsabilité, NDLR). Mes premières recherches me portaient donc naturellement vers une entreprise plutôt commerciale et, si possible, où la créativité avait une large place. Et c'est un peu par hasard que j'ai fait connaissance avec le marché de la carterie. Bien qu'assez artisanal, celui-ci représente tout de même en

France un chiffre d'affaires de 450 millions d'euros. De plus, à côté d'une demande touristique qui continue de se développer, nous pouvons décliner notre « matière première », l'image, sur de nombreux autres supports : vêtements, gadgets divers, porcelaine, etc.

Dans ma période de recherches, je me suis d'abord appuyé sur le CRA, je me suis beaucoup documenté à l'infothèque Léonard de Vinci (La Défense, 92, NDLR) et, évidemment j'ai sollicité le bouche-à-oreille. C'est d'ailleurs ainsi que j'ai appris la vente de M. J'ai ensuite pris des renseignements spécifiques à ce marché auprès de la chambre de commerce de la carterie, située en région parisienne. Un marché assez concentré, puisqu'il ne représente que 300 entreprises en France, et dont les dirigeants, assez âgés, offraient plusieurs opportunités de reprise.

■ L'annonce repreneur

Plusieurs sites Internet, comme celui du CRA, offrent à leurs adhérents ou clients la possibilité de mettre en ligne une « annonce repreneur », ce qui leur permet de faire connaître leur projet à tous les consultants du site. Cela offre une visibilité.

On constate que ces annonces sont consultées de temps en temps soit par des intermédiaires vendeurs (voir ci-après) à la recherche d'un candidat particulier, soit par des entreprises qui cherchent en direct sans passer elles-mêmes d'annonce.

■ Chercher dans les bases de données

Au terme de l'étude préliminaire qui lui aura permis d'effectuer une première sélection, le repreneur procède à une recherche plus ciblée, en utilisant des bases de données et des répertoires d'entreprises.

• **Diane** permet des extractions de données multiples, sur une dizaine d'années, avec la mise en évidence de ratios comparatifs de rentabilité, des soldes intermédiaires de gestion, de parts de marché et éditions de graphiques, pouvant être repris pour illustrer le business plan, recherches, études et comparaison (*benchmark*). L'inscription au CRA donne accès, *via* Internet, à la base de données Diane.

• **Kompass** donne des analyses fines du chiffre d'affaires par grands produits.

• **Telexport** analyse la part du chiffre d'affaires qui est exporté (produits, pays).

• **Societe.com** donne des analyses fines des bilans et des comptes d'exploitation.

• **La Bibliothèque nationale de France** donne également accès à des fichiers d'entreprise. S'adresser au pôle de ressources et d'information sur le monde de l'entreprise : PRISME, niveau haut de jardin, salle D, et sur www.bnf.fr.

> **À NOTER**
> Ces bases de données ne servent pas seulement à trouver des cibles, elles peuvent servir utilement à préparer les rencontres avec le cédant, dès que l'on connaît son nom et celui de son entreprise.

Une recherche multicritères pourra intégrer « à la fois » les critères suivants : code NAF, région, chiffre d'affaires, effectifs, résultat sur capitaux propres, âge du dirigeant, part de marché, ancienneté de la société, part du chiffre d'affaires à l'export, etc.

> **À NOTER**
> **Bon à savoir** Le CRA a passé avec l'éditeur de la base de données d'entreprises Diane un accord qui permet à chacun des adhérents CRA d'avoir accès, à partir de son propre ordinateur, à des informations sur 1 300 000 entreprises françaises. Cette base permet trois types de recherche :
> - ciblage des entreprises correspondant au projet du repreneur ;
> - visualisation des chiffres et caractéristiques d'entreprises ;
> - **benchmarking** pour comparer la cible aux entreprises du même secteur.
> Les repreneurs adhérents du CRA peuvent également consulter les études prévisionnelles de marché Xerfi.

> **Cas pratique**
> **Ne pas hésiter à « ratisser large »**
> Il faut utiliser tous les moyens conseillés par le CRA. Je me suis beaucoup servi de Diane, en filtrant, dans ma région, les PME correspondant à ma cible et dont les patrons approchaient de l'âge de la retraite. C'est un excellent outil que le CRA met à la disposition de ses adhérents. J'ai envoyé des mails mais je me suis également présenté directement dans les entreprises. J'ai approché le réseau des experts-comptables.
> Sur Diane, j'ai pu regarder l'environnement économique des entreprises et comparer leurs résultats avec les ratios de leur secteur. J'ai utilisé des rapports de la Banque de France, des études européennes, régionales, de Pro BTP. Les perspectives pour 2013-2014 étaient en légère récession pour le secteur pavillonnaire et en légère progression pour le secteur énergétique.
> Il faut ratisser large et pratiquer la méthode de l'entonnoir : j'ai demandé plus de 50 dossiers, j'en ai étudié 27, j'ai visité 7 entreprises et écrit 3 LOI.
> J'avais bien entendu rédigé une annonce repreneur sur le site Internet du CRA. C'est grâce à cette annonce que j'ai été contacté pour un dossier qui n'était dans aucune bourse d'affaires.

> **À NOTER**
> **Un outil incontournable** L'annuaire de la transmission d'entreprises est pour les repreneurs actifs un outil incontournable : les 4 000 professionnels de la reprise d'entreprise (investisseurs, intermédiaires, relais institutionnels, conseils, professions réglementées) y sont répertoriés par grande région et par métier.
> Cet annuaire est édité par la revue *R&T*.

■ Les mandataires vendeurs

Il convient ensuite de contacter les professionnels de la transmission qui prennent des mandats vendeurs. Il faut comprendre que dès qu'une société dépasse une certaine taille (quelques millions d'euros), le cédant ne souhaite pas gérer la cession lui-même et fait pour cela appel à un professionnel, en lui donnant mandat de vendre son entreprise et en lui demandant de garder l'affaire très confidentielle.

Ce professionnel, que l'on appelle « intermédiaire », établit alors deux documents, un teaser anonyme qui est une note d'une page envoyée assez largement et un dossier de présentation, qui est un document de plusieurs dizaines de pages qui décrit l'entreprise de façon détaillée et en balaye systématiquement tous les aspects.

Ce professionnel va chercher à conclure la vente dans les meilleurs délais. Il a donc tout intérêt à piocher des coordonnées de repreneurs potentiels dans une base de données constituée au préalable. Il est donc naturellement prêt à recevoir les repreneurs potentiels qui le souhaitent afin de les introduire dans cette base. Mais il est très négatif vis-à-vis de ceux qui n'ont pas de projet précis car il ne sait pas quoi en faire, il est donc inutile d'aller le voir tant que ce n'est pas le cas, c'est même contre-productif. Ces professionnels veulent des repreneurs qu'ils peuvent mettre dans une case, avec une formation, une expérience et un projet qui sont alignés, cohérents et précis.

Un repreneur avec un projet bien identifié peut alors recevoir des dossiers portant sur des entreprises « cachées » très intéressantes et en général bien plus grosses que sur le marché ouvert.

> **ATTENTION**
> Il est cependant notoire que les intermédiaires testent leurs nouveaux repreneurs en leur soumettant, dans un premier temps, les affaires qu'ils n'arrivent pas à céder facilement.

On trouve la liste de ces intermédiaires auprès des syndicats professionnels que sont le CNCFA (Syndicat des professionnels des fusions et acquisitions) et l'ACIFTE (voir p. 363). Ils sont assez nombreux, plusieurs dizaines, de tailles assez variables, depuis le consultant qui travaille seul jusqu'à l'équipe d'une dizaine de personnes.

Enfin, il faut savoir que ces intermédiaires accompagnent les cédants jusqu'au *closing*.

> **MON CONSEIL**
> **Laissez des traces de votre passage chez les intermédiaires !** Après avoir présenté votre carrière, votre projet, vos capacités financières, n'oubliez pas de laisser un souvenir visible de votre passage : fiche-projet, carte de visite, tous éléments et références, qui, le moment venu, permettront à votre interlocuteur de penser à vous en cas d'opportunité et de vous retrouver rapidement.
> Et bien réfléchir au ciblage de son repreneur ou de son affaire est un plus !
> La cible définie en 3 critères (nombre de salariés, secteur géographique, niveau d'innovation), avec les raisons finales du choix de l'affaire, le choix des conseils extérieurs et la négociation bien préparée sont des points forts du témoignage en vidéo à découvrir :
>
>

■ Donner un mandat acheteur

Une autre démarche consiste à avoir l'approche symétrique et donner mandat à un intermédiaire spécifique pour qu'il vous trouve une entreprise à racheter et vous accompagne dans la négociation.

Un certain nombre des intermédiaires « vendeurs » ont également une petite activité « mandat acheteur » et il existe des mandataires acheteurs *pure players*. Ils sont assez peu nombreux car peu de repreneurs suivent cette voie. On en compte par exemple une dizaine seulement sur Paris, en ne considérant que les cabinets sérieux.

Les mandataires acheteurs sont la plupart du temps des consultants qui se sont mis à leur compte et éventuellement ont rassemblé une petite équipe autour d'eux. Le type de prestations qu'ils font le mieux est celle qui correspond à leur formation et expérience passée. On comprendra facilement qu'un ancien avocat sera bon en négociation, un ancien banquier obtiendra les meilleurs financements, un ancien expert-comptable fera les meilleures analyses, un ancien coach fera émerger le meilleur projet et un ancien commercial saura trouver l'entreprise idéale sur le marché gris. Avant de choisir son mandataire acheteur, il convient donc de bien s'interroger sur ses propres compétences pour en choisir un qui sera complémentaire.

> **À NOTER**
> Donner un mandat acheteur ne dispense pas de faire l'essentiel du travail soi-même. C'est bien le repreneur et non l'intermédiaire qui fera le chèque et sera à la barre ensuite.

■ Mener une approche directe

Les approches qui ont été décrites ci-avant sous-entendent que les entreprises dont on parle ont entamé une démarche de cession. Or il peut être très efficace d'approcher des entreprises qui ne sont pas en vente, car on peut alors faire émerger dans l'esprit du patron l'idée de céder. En effet, bien des patrons ne se lancent pas dans cette opération de cession parce qu'ils n'ont pas le temps ou ne savent pas comment faire, ou ont trop la tête dans le guidon et une proposition non sollicitée peut cristalliser un souhait latent. D'autres patrons sont très pragmatiques et sont disposés à faire toute bonne affaire, y compris vendre la société, s'ils trouvent l'opportunité bonne.

Pour toutes ces raisons, approcher directement des entreprises bien ciblées peut faire émerger des projets intéressants et alors le repreneur a toutes les chances de se retrouver seul à négocier, sans aucune concurrence, ce qui est une position très enviable, même s'il est notoire que dans le cas d'une approche directe le pouvoir de négociation sur le prix est plus faible, mais il y a bien d'autres sujets à négocier en dehors du prix.

Pour trouver les sociétés à approcher, vous pouvez suivre deux voies. Si vous connaissez très bien un secteur, vous pouvez vite cerner les cibles intéressantes, trouver sur Internet les informations manquantes et avancer. Sinon, plusieurs bases de données permettent de lister toutes les entreprises répondant à une série de critères.

> **MON CONSEIL**
> L'approche directe peut être faite directement par téléphone ou bien par courrier. Dans ce cas, il est préférable de l'envoyer au domicile du dirigeant plutôt qu'à l'adresse de l'entreprise. Ce domicile est facile à trouver : il figure au K bis. Le CRA, ainsi que certaines chambres de commerce peuvent envoyer ce courrier sur papier à leur en-tête.

TABLEAU RÉCAPITULATIF DES COÛTS INDUITS PAR UNE REPRISE POUR UN REPRENEUR	
Type de prestations	**Coût indicatif**
1. CRA	
Diffusion annonces/projets repreneurs (sur le site)	480 € (personnes physiques régions) 530 € (personnes physiques IDF) 800 € (sociétés)
Accès aux annonces cédants	
Accès base de données Diane	
Mise en relation avec les cédants du fichier	
Accès aux listes de repreneurs pour partenariats	
Accès aux listes d'experts en transmission	
Mise à disposition du réseau national de délégués	
Participation aux groupes de repreneurs	
Accès au club d'entrepreneurs	
Présent ouvrage offert à la première adhésion	
2. Stages sur la transmission : CRA Formation	
Paris 120 heures, étalées sur 3 semaines	2 500 € TTC
Lyon/Angers : 100 heures, étalées sur 3 semaines	2 400 € TTC
Nantes : 100 heures étalées sur 3 semaines	2 500 € TTC
Angers : sur 15 journées	2 500 € TTC
Axe méditerranéen : 13,5 journées sur 3 semaines consécutives	2 400 € TTC
Paris/Lyon/Angers/Nantes : cadrage/ciblage de la cible, 2 journées	380 € TTC
Île-de-France : négocier avec le cédant, 1 journée	250 € TTC
Paris/Lyon : les 100 premiers jours, 2 journées	490 € TTC
3. Avocats/experts-comptables (tarifs en usage dans la profession selon les cabinets et les prestations)	100 à 450 € HT/heure

Comment trouver les opportunités d'affaires ?

TABLEAU RÉCAPITULATIF DES COÛTS INDUITS PAR UNE REPRISE POUR UN REPRENEUR	
Type de prestations	**Coût indicatif**
4. CCI (exemple de la CCI de Paris/Île-de-France)	
Adhésion au réseau TransEntreprise/TransPme	350 € HT
Orientation et entretien individuel	
Accès aux offres de cession	
Mise en relation avec les cédants	
Clubs de repreneurs et informations thématiques	
Approche directe, recherche de cibles, aide au montage du business plan (sur devis)	5 000 € HT
Pack Reprise Premium offrant un accompagnement sur ces différentes phases, y compris l'adhésion et l'approche directe	10 000 € HT : 12 mois
5. Intermédiaires privés	
Frais de dossiers (forfait) avec éventuel « mandat-acheteur »	8 000 à 10 000 € HT
Constitution de dossier, recherche de cibles	
6. Coûts des visites d'entreprises sur le « terrain »	
(Hypothèses budgétaires)	
15 000 km	8 000 €
100 repas	2 000 €
40 nuits	4 000 €
Une dizaine de journées d'expert (audit social...) à environ 1 000 €/jour	10 000 €

N.B. : Ces tarifs sont donnés à titre indicatif et doivent être validés au cas par cas.

> **À NOTER**
> Le repreneur potentiel peut se faire une idée des bases de données sur les affaires à reprendre en France en consultant le site CRA « entreprises à reprendre », ou en interrogeant le site institutionnel de BPI France.
> Consultez le site CRA régulièrement mis à jour pour des entreprises à reprendre :
>
>
>
> Ou interrogez les franchises réseaux à créer ou reprendre :
>
>

Étape 3
Premières analyses et premières rencontres

Étudier le dossier

➤ Comment se préparer aux entretiens initiaux en se forgeant une première représentation de l'entreprise à partir des éléments qui auront été communiqués ?

➤ En effet, il est important pour mieux cerner son interlocuteur de préparer les bonnes questions, pour avoir des réponses pertinentes et adopter une attitude positive.

Établissez la carte d'identité de l'entreprise

Commencez par le commencement ! Une description précise et exhaustive de votre cible vous permettra de prendre les bonnes décisions.

■ Les notions de base

- La société : date de création, historique, principales étapes de son développement.
- Les actionnaires : qui sont les principaux actionnaires ? Sont-ils anciens ou récents ? Pourquoi veulent-ils céder leurs parts et, surtout, sont-ils tous prêts à le faire ?
- Le capital : comment a-t-il évolué au cours des années et pourquoi ? (financement d'un développement ou renflouement de la trésorerie…)

■ Son marché

Celui-ci sera étudié à la lumière des études économiques et sectorielles que le repreneur aura pris soin de collecter afin de déterminer comment évoluera le modèle économique de la cible envisagée.
Le bureau d'études Xerfi (voir *Prospecter le marché « caché »*, p. 86) sera d'un apport précieux.

■ Ses produits

- Quels sont-ils, quelle est leur nature (biens d'équipement, de consommation…), sont-ils des produits diversifiés ou non ?
- Comment sont-ils protégés (brevet, marque…) ? Existence de barrière(s) à l'entrée ?
- Comment est leur courbe de vie générique dans ce métier et à quel point de celle-ci se situent-ils ?
- Comment s'effectue la distribution (20/80) du chiffre d'affaires entre les produits, les clients, leurs zones géographiques (national, régions, export…) ?
- Quelle est la saisonnalité des ventes ?
- Quelle est la forme de la courbe des ventes (grands contrats, flux continu…) ?
- État de l'art technologique : quid de l'apparition de produits de substitution ?

■ Sa position concurrentielle

- Quel est le nombre des concurrents ? Quelle est leur importance (puissance) ?
- Quelle est la répartition du marché entre les différents concurrents ? Est-on en position dominante ou cette place est-elle déjà occupée par un concurrent ?

> **À NOTER**
> En fonction du niveau d'information contenu dans le dossier, le repreneur commencera à se faire une idée de l'entreprise dans les domaines de la recherche, du commercial, de la production, de l'organisation, des ressources humaines ainsi que de la perception par le cédant de ses forces et faiblesses. La marche à suivre pour ces éléments est détaillée dans la partie des diagnostics opérationnels.

Faites une pré-analyse financière

Elle porte essentiellement sur les grandes masses du bilan et du compte de résultat, ainsi que sur le calcul et l'analyse d'un certain nombre de ratios, permettant de comparer l'entreprise à ses homologues (activité et taille comparables).
Il demeure entendu que la valorisation définitive ne sera réalisée qu'après l'audit, qui, seul, permettra de procéder aux retraitements nécessaires.
Cet audit sera effectué par un expert-comptable qui devra peut-être se faire assister par des experts pour certaines estimations qui ne relèveraient pas de sa compétence.

■ Les notions de base

› Les comptes sociaux

Ils représentent la situation financière de la société à une certaine date, très souvent le 31 décembre, et couvrent une période d'en général 12 mois. On dit, dans ce cas, que l'exercice comptable est de 12 mois et que la date de clôture est le 31 décembre.

Ils sont composés d'un bilan, d'un compte de résultats et d'une annexe qui contient des éléments chiffrés mais également des informations de méthodes (politique d'amortissement, par exemple) et des informations sur les événements exceptionnels de l'exercice. Parmi les états établis par l'expert-comptable de l'entreprise, figurent notamment le tableau des soldes intermédiaires de gestion (SIG), qui présente une vision plus analytique que le compte de résultats, avec les notions de marge commerciale, valeur ajoutée, d'excédent brut d'exploitation (EBE)…, ainsi qu'un tableau d'emplois/ressources, équivalent du tableau de financement. Ces états sont indispensables pour juger, à travers des flux financiers, de la dynamique de l'entreprise.

› Les soldes intermédiaires de gestion

Voir tableau page suivante.

Étudier le dossier

TABLEAU SIMPLIFIÉ DES SOLDES INTERMÉDIAIRES DE GESTION (SIG)					
	Exercice n	%	Exercice n – 1	%	Variation n/n – 1
Vente de marchandises 1	1 000				
Coût des ventes	500				
Marge commerciale 2	500	50			
Production vendue 3	2 000				
Matières premières et sous-traitance directe	800				
Marge brute sur production 4	1 200	60			
Chiffre d'affaires 1 + 3	3 000				
Marge brute globale 2 + 4	1 700	56			
Services extérieurs et autres charges externes	200				
Valeur ajoutée 5	1 500	50			
Subventions d'exploitation et impôts	50				
Salaires et charges	600				
Excédent brut d'exploitation (EBE)	850	28			
Dotation aux amortissements et autres charges calculées	250				
Résultat d'exploitation (REX)	600	20			

Ce tableau comporte des lignes qui n'apparaissent pas directement dans le compte de résultat : marge brute, valeur ajoutée.

Les postes de charge de ce tableau sont ceux du compte de résultat qui présente en plus les résultats financiers, courants, exceptionnels, participation des salariés, impôts sur les bénéfices et enfin résultat net comptable.

> **À NOTER**
> Attention aux exercices décalés d'une durée exceptionnelle de 18 mois, qui peuvent masquer une baisse d'activité ou une contraction des marges.

› Les liasses fiscales

Ces documents, communiqués à l'administration, contiennent la plupart des informations nécessaires à une première analyse à partir du moment où elles sont données dans leur intégralité.

Pour procéder à une analyse un peu complète d'une société, il est indispensable de disposer de plusieurs exercices (3 au minimum). Des informations complémentaires pourront toujours être obtenues auprès de Diane, fichier des entreprises françaises (voir *Chercher dans les bases de données*, p. 87 et *Comparez avec les concurrents !*, p. 106).

■ L'analyse des états financiers

La pré-analyse doit envisager les points suivants :
- le niveau des fonds propres ;
- l'endettement bancaire et financier ;
- le fonds de roulement (FDR) ;
- le besoin en fonds de roulement (BFR) ;
- l'état de la trésorerie.

Rappelons au préalable la nécessité de disposer de plusieurs bilans afin de situer l'analyse dans le temps (un bilan fournit une image de l'entreprise à un instant « t », celle-ci est donc purement statique).

Le bilan se découpe, transversalement, en deux parties :
- une partie « haute » – dite « haut de bilan » – comprenant l'actif fixe et le passif fixe ;
- une partie « basse » – dite « bas de bilan » – comprenant l'actif circulant et le passif circulant.

Le niveau « bas » correspond au cycle argent/marchandise/argent : c'est le cycle d'exploitation de l'entreprise, c'est-à-dire le fait pour celle-ci d'acheter ce qui lui est nécessaire pour produire, payer des salaires, fabriquer les produits et les vendre… puis recommencer. Durant ce processus, on note généralement que l'argent sort plus vite qu'il ne rentre : les salaires doivent être payés sans délai, les fournisseurs à délai variable, les produits peuvent séjourner en stock quelque temps car les ventes tardent, le crédit accordé aux clients est supérieur à celui consenti par les fournisseurs… Il s'instaure donc automatiquement un décalage de trésorerie entre les entrées et les sorties, ces dernières étant, souvent, supérieures aux premières. Ce décalage doit être financé.

Le niveau « haut » correspond, quant à lui, à tout ce qui n'appartient pas au cycle d'exploitation. Il comprend les ressources financières dont a disposé l'entreprise, les capitaux permanents (au passif) et ce à quoi elle les a employées (à l'actif) ; l'actif comprend donc, entre autres, les immobilisations telles que bâtiment, outils de production, etc.

Étudier le dossier

› Représentation schématique du bilan

ACTIF IMMOBILISÉ 1 000	CAPITAUX PERMANENTS 1 200 Capitaux propres : 400 Emprunts MLT : 800	
ACTIF CIRCULANT 500		FONDS DE ROULEMENT 200
	PASSIF CIRCULANT 400	BESOIN FDR 100
TRÉSORERIE 100		TRÉSORERIE = FDR − BFR
TOTAL ACTIF : 1 600	TOTAL PASSIF : 1 600	

› Le fonds de roulement, le besoin en fonds de roulement et la trésorerie

On appelle fonds de roulement l'excédent des capitaux permanents (capitaux propres, provisions à caractère de réserves, dettes à long terme) sur l'actif immobilisé ; celui-ci sert à combler le décalage de trésorerie généré par le cycle d'exploitation.

En conséquence, le FDR se calcule :
Fonds de roulement = capitaux permanents − actifs immobilisés

ACTIF IMMOBILISÉ 1 000	CAPITAUX PERMANENTS 1 200 Capitaux propres : 400 Emprunts : 800
	FONDS DE ROULEMENT 200

Le FDR doit être positif : un FDR négatif n'est pas souhaitable, dans le cas d'un LBO, car au financement de la reprise, s'ajouterait celui de la cible (investissements + BFR).
Le BFR représente la partie de l'actif circulant hors trésorerie non couverte par le passif circulant d'exploitation, hors découvert et autres facilités à court terme.
Le niveau souhaitable du BFR se juge relativement à l'activité considérée.

ACTIF CIRCULANT 500	PASSIF CIRCULANT 400
	BESOIN FDR 100

La formule de calcul de la trésorerie se déduit de ce qui précède :
Trésorerie = fonds de roulement − besoin en fonds de roulement

> Le compte de résultats

Le compte de résultats fournit des informations financières sur le déroulement des opérations d'exploitation de l'exercice. Ses principales rubriques sont :
- le chiffre d'affaires (hors taxes), auquel s'ajoutent divers produits, l'ensemble constituant les produits d'exploitation ;
- les charges d'exploitation qui recouvrent principalement des dépenses de l'entreprise mais également des charges dites calculées, comme les dotations aux amortissements et provisions ;
- la différence entre ces deux rubriques constitue le résultat d'exploitation, solde important car il se situe avant les résultats financiers et ainsi fait abstraction de l'incidence du mode de financement (rapport capitaux propres sur fonds

empruntés) mais également avant le résultat exceptionnel qui a pu « perturber » l'exercice (voir *Les soldes intermédiaires de gestion*, p. 100) ;
- le résultat net est obtenu après prise en compte de ces derniers, de la participation et de l'impôt sur les bénéfices.

À partir de ces informations, on pourra se livrer au calcul des ratios de gestion suivants :
- la productivité : chiffre d'affaires/effectif ;
- la marge commerciale brute = ventes – achats correspondants, y compris les variations de stock ;
- le taux de marge = marge/chiffre d'affaires ;
- la valeur ajoutée/chiffre d'affaires ;
- les frais de personnel/valeur ajoutée ;
- l'EBE (excédent brut d'exploitation) = valeur ajoutée – frais de personnel ;
- la CAF (capacité d'autofinancement) = produits encaissables – charges décaissables ou = résultat net + dotation aux amortissements (voir *Flux financiers nets (free cash-flows)*, p. 116).

> **MON CONSEIL**
> Une lecture attentive de l'annexe s'impose. Cet état comptable, qui fait partie des comptes annuels, doit en effet comporter toutes les informations d'importance significative destinées à compléter et à commenter celles données par le bilan et le compte de résultat, en sachant qu'est considérée comme significative, toute information qui, si elle n'était pas communiquée, serait susceptible de modifier le jugement du lecteur des comptes quant au patrimoine, à la situation financière et aux résultats de l'entreprise.
>
> **Exemple avec les engagements de retraite :** Dans le cadre d'une gestion interne, l'entreprise a le choix, conformément aux dispositions du Code de commerce, d'inscrire ou non au bilan, sous forme de provision, le montant de ses indemnités de retraite.
>
> Si elle décide de les mentionner seulement en annexe, l'entreprise attend que l'événement survienne et finance au « coup par coup » le ou les départs à la retraite de ses salariés sur les résultats de l'exercice fiscal. Cette approche génère des à-coups de trésorerie délicats à gérer.
>
> En synthèse, elle prend alors le risque :
> - de présenter une valorisation de l'entité inexacte (aucun impact sur les capitaux propres) et de tromper des investisseurs si l'annexe est non exhaustive (c'est très souvent le cas dans les petites entreprises) ;
> - de ne pouvoir faire face à ses engagements lors du départ en retraite de ses salariés (aucun financement dédié) ;
> - d'impacter fortement ses capitaux propres et peut-être de les rendre négatifs, si elle décide de provisionner tardivement ses engagements.

> **À NOTER**
> Dans les entreprises de bâtiment et de travaux publics, le poste « travaux en cours » doit être examiné avec soin, car il peut cacher des litiges, une absence de rentabilité sur des chantiers, conduisant à des pertes futures, difficilement décelables si on ne fait pas un examen attentif de chaque dossier, en complément de l'audit d'un expert-comptable.

■ Comparez avec les concurrents !

L'évaluation d'une entreprise ne saurait se faire que par comparaison avec ses concurrents. La base de données Diane, par exemple, permet de « *benchmarker* » la cible : elle recense les chiffres et données des quelque 800 000 plus importantes entreprises françaises, qui déposent (en principe) leurs comptes au greffe du tribunal de commerce de leur siège social (obligation légale). Pour chacune d'elles, on y trouve (notamment) les informations suivantes :
- raison sociale, adresse, code NAF ;
- activités, marchés, position, effectifs ;
- noms et fonctions des dirigeants ainsi qu'un grand nombre d'informations (soldes intermédiaires de gestion, ratios…).

Diane permet de sélectionner les entreprises à partir des critères suivants (on peut croiser les critères de recherche) :
- géographie ;
- finances ;
- effectifs ;
- secteur d'activité.

Diane est également un logiciel d'interrogation et d'analyse qui permet de multiples analyses, notamment financières. On peut, par exemple, créer des grilles d'analyse et de ratios personnelles et procéder à de multiples comparaisons (*benchmarking*).

Étudier le dossier

Quel prix ?

« Évaluation », « prix de présentation ou d'annonce » et « prix de transaction » représentent trois choses bien différentes.

■ Le calcul de la valeur, ou évaluation

Il existe de nombreuses méthodes d'évaluation. En ce qui concerne les PME, pour lesquelles on ne trouve que très rarement des possibilités de comparaison avec des transactions similaires et publiques, nous présenterons trois méthodes, dont deux se fondent sur le passé et une sur l'avenir :
- le passé sera appréhendé à partir des chiffres des trois, voire cinq, derniers exercices et permettra de calculer la valeur patrimoniale et la valeur de rendement. La notion de goodwill permet de faire le pont entre ces deux méthodes ;
- le futur sera projeté à l'aide du business plan et conduira à l'estimation de la valeur actuelle des flux prévisionnels.
On voit déjà que le cédant sera plus tenté d'utiliser, sauf cas exceptionnel, les deux premières méthodes, alors que le repreneur devrait privilégier la troisième qui lui assurera un retour sur capitaux investis et le bon remboursement de ses emprunts, dans le respect du business plan bien entendu.

■ Le prix de présentation

Certains cédants peuvent être tentés d'afficher un prix de départ très supérieur à l'évaluation, dans le but de tester l'interlocuteur ou de se ménager une marge importante de négociation. Une telle pratique est à déconseiller dans la mesure où elle risque de faire fuir les candidats les plus sérieux et de faire perdre du temps.

■ Le prix de transaction

Ce prix est la somme convenue pour le bouclage de l'opération. Il peut être très différent du prix d'évaluation pour de multiples raisons, souvent liées aux personnalités des parties et/ou à la situation du marché.
À titre d'illustration, citons l'impact de la nature du marché : une entreprise accessible à des repreneurs personnes physiques sans connaissances particulières, située en région parisienne ou en PACA, se vendra probablement un prix très sensiblement supérieur à son prix d'évaluation ; *a contrario*, le cédant d'une entreprise techniquement très pointue dans une région peu attirante sera peut-être obligé de faire d'importantes concessions.

De la même manière, les conditions du financement sont des plus importantes, même parfois capitales. L'obtention d'un crédit vendeur peut, pour l'acquéreur, valoir beaucoup plus qu'une diminution du prix de quelques points dans la mesure où, par exemple, ce crédit va permettre de « bétonner » une garantie de passif et de rassurer le banquier (qui estimera à juste titre que consentir un crédit vendeur est signe que le cédant a confiance en son repreneur).

■ Le prix est-il négociable ?

La plupart des repreneurs souhaitent souvent connaître, avant même d'avoir présélectionné des affaires, la marge de négociation possible. Il est impossible de répondre à une telle question. Certaines affaires ayant fait l'objet d'une évaluation très « fantaisiste » se vendront à un prix sensiblement inférieur après avoir figuré parfois plusieurs années sur le marché. À l'inverse, on connaît de nombreux cas où acheteur et vendeur ont trouvé un accord très rapidement sur un prix très proche de l'évaluation de départ bien faite.

Étudier le dossier

Les méthodes d'évaluation à partir du passé de l'entreprise

Bien sûr, ce n'est pas le passé que vous allez acquérir, mais il vous permet de procéder à une première évaluation avec des méthodes simples. Patrimoine, récurrence des résultats, activité, outil de travail, autant d'éléments concrets vous permettant de comparer vos estimations.

■ La valeur de rendement

Le rendement s'apprécie à partir du résultat net du compte de résultat. Soit deux sociétés A et B à évaluer, dégageant chacune un résultat annuel net moyen identique de 100, mais réalisé de façon différente dans le temps.
Pour dégager le résultat moyen de référence, on part des résultats nets retraités annuels que l'on pondère au moyen d'un coefficient décroissant fonction de l'antériorité des exercices. Les retraitements concernent le plus souvent la mise au niveau du marché des loyers payés à une SCI détenue par le cédant, les *leasings* et la rémunération des dirigeants. On obtient une nouvelle évaluation des résultats, ainsi que l'illustre le tableau ci-après :

Exercice	Résultats initiaux		Pondération usuelle	Résultats pondérés	
	Société A	Société B		Société A	Société B
N – 2	80	120	1	80	120
N – 1	100	100	2	200	200
N	120	80	3	360	240
Totaux	300	300	6	640	560
Résultat moyen	100	100		107	93

Ainsi pour un même résultat net moyen, la pondération montre que la société A a une capacité bénéficiaire retraitée nettement supérieure à celle de B (sans parler de la baisse tendancielle de son résultat plutôt alarmante !).
À ce résultat moyen corrigé et pondéré, on appliquera ensuite un coefficient multiplicateur qui prend en compte la pérennité et les risques de l'entreprise. Ce coefficient multiplicateur s'apparente au fameux *price-earnings ratio* (P/E ratio) anglo-saxon.
Bien entendu, ce coefficient est assez subjectif, mais les valeurs retenues tendent à diminuer compte tenu de la rapidité d'évolution des techniques, de la volatilité de la conjoncture et des marchés, etc. Aujourd'hui, les coefficients les plus couramment admis oscillent entre 3 et 7.

Voir la grille d'analyse page suivante permettant de déterminer le multiple le plus adéquat.

Ainsi la valeur de rendement = résultat net annuel retraité moyen x coefficient multiplicateur
Dans notre exemple, pour des coefficients multiplicateurs de 5 et 7, la valeur se situera dans la fourchette de 535 à 749 pour la société A contre 465 à 651 pour la société B.
Cette valeur sera corrigée en plus de la trésorerie excédentaire et en moins de l'endettement net. Le repreneur doit adopter cette approche car elle est privilégiée par les banques qui financeront le montage LBO.

> **À NOTER**
> Une autre approche de la valeur de rendement peut s'appliquer à l'égard d'entreprises sociétaires qui pratiquent une politique régulière de distribution dans le but d'apprécier plus particulièrement la valeur des titres minoritaires. Le rendement du titre est calculé en capitalisant le dividende par un taux à déterminer.
> La mise en œuvre de cette méthode demande que soit appréciée sur plusieurs exercices la politique de distribution de la société et que soit calculé pour chaque année le pourcentage du bénéfice affecté à la distribution.

■ Évaluation par le multiple de l'EBITDA

Nous avons également la méthode, très appréciée, du multiple de l'EBITDA (l'équivalent de l'EBE – excédent brut d'exploitation). Ici, les valorisations oscillent entre 6 et 8 fois cet indicateur pour les PME-ETI.

> **À NOTER**
> EBITDA est l'acronyme anglais pour *Earnings before interest, taxes, depreciation, and amortization*, c'est-à-dire le bénéfice d'une société avant la soustraction des intérêts, impôts et taxes, les dotations aux amortissements et les provisions sur immobilisations.

En revanche, le recours à cette méthode implique certains retraitements du compte de résultat. Les principaux sont les suivants :
- ceux déjà évoqués dans le cadre du calcul de la valeur de rendement :
- loyers immobiliers,
- salaires et frais des dirigeants,
- crédits baux ;
- ceux qui n'ont pas d'impact direct sur l'EBE (excédent brut d'exploitation) :
- participation des salariés : elle apparaît juste avant l'IS (impôt sur les sociétés) alors que cette dépense est directement liée à la masse salariale,
- CICE (crédit d'impôt pour la compétitivité et l'emploi) : lorsqu'il n'a pas été constaté en diminution des charges de personnel (la transformation du CICE en une baisse de charges est toutefois attendue pour 2019),

Étudier le dossier

- CIR (crédits d'impôt recherches) : constaté en pied de résultat, il n'impacte pas l'EBITDA alors qu'il devrait venir en déduction des charges financées (à l'exemple du CICE quand la recommandation de l'Autorité des normes comptables est suivie),
- production immobilisée très pratiquée pour les entreprises qui souhaitent bénéficier du CIR par exemple.

Exemple : une menuiserie locale

DÉTERMINATION DU MULTIPLE POUR CALCULER LA VALEUR DE RENDEMENT			
Critères	Coefficient	Note de 3 à 7	Note pondérée
Marché			
Taille	2	3	6
Évolution	2	5	10
Localisation	2	3	6
Produits/services			
Marque/brevet	1	3	3
Pertinence gamme/qualité	1	6	6
Réputation	2	5	10
Clients			
Récurrence	2	7	14
Structure	1	3	3
Concurrence	2	5	10
Outil de travail			
Outil de production	2	5	10
Force de vente	2	6	12
Organisation/délégation	1	6	6
Personnel			
Compétence/formation	1	6	6
Attachement à l'entreprise	1	6	6
Facilité embauche	1	5	5
Total	23	113	Somme des notes
Multiple moyen = somme des notes divisées par le total des coefficients			Multiple moyen : 4,9

N.B. : Les critères sont donnés à titre indicatif ainsi que les coefficients de pondération pour trouver le bon multiple à appliquer ; ils pourront être modifiés en fonction de la pertinence des critères et coefficients retenus.

En appliquant ce tableau au résultat net de l'entreprise qui était de 1,5 M€, nous trouvons une valeur estimée de 7,3 M€ (1,5 M€ × 4,9).

■ La valeur patrimoniale

L'approche patrimoniale mesure la valeur d'une entreprise à partir des éléments du bilan pris à leur valeur économique.
Elle se calcule ainsi :
Valeur patrimoniale = valeur nette retraitée des actifs – dettes, également dénommé actif net corrigé (ANC)
Autrement dit, la valeur patrimoniale est égale au montant des capitaux propres auxquels s'ajoutent les retraitements d'actifs et de passifs pertinents.
Le problème central de la valeur patrimoniale réside dans les retraitements à apporter aux comptes. Cette méthode est simple et facilement applicable. Elle présente toutefois le gros inconvénient d'être uniquement statique, et d'être rarement représentative de la valeur d'une société ; de ce fait, d'après une enquête récente, cette approche ne serait utilisée que dans 20 % des cas.

■ La notion de goodwill

Il arrive très souvent que la valeur patrimoniale, même après retraitement, soit sensiblement inférieure à la valeur de rendement ; ceci est le signe de l'existence d'une survaleur (goodwill) dont il faut tenir compte en l'ajoutant à la valeur patrimoniale.
La méthode vise donc à donner une valeur à des actifs immatériels tels que la qualité des salariés et des éléments (marque, image, ancienneté, savoir-faire, brevets, notoriété…), dont on mesure ainsi toute l'importance, dans l'évaluation de l'entreprise.
La valeur du goodwill est obtenue en capitalisant :
- pendant une période donnée de 3-4 ans ;
- le surprofit qui est la différence entre le résultat annuel retraité et la rémunération normale sans risque d'un capital égal à la valeur patrimoniale ;
- à un taux égal à la différence entre la rentabilité des capitaux propres dans l'entreprise et le taux de rémunération du capital sur les marchés financiers sans risque (obligations du Trésor, par exemple).
En règle générale, une société de services, par définition peu capitalisée, avec une rentabilité satisfaisante, recèle un goodwill significatif.

> **À NOTER**
> À ce point, il convient de noter la relation entre multiples et taux de rendement. Ce dernier est en effet l'inverse du premier ; en d'autres mots, à un multiple de 6 correspond un taux de rendement de 16,66 %.

Étudier le dossier

Cas pratique
Prenons le cas d'une société dont l'ANC est de 1 000 et le résultat net de 300.

1. Calcul d'un goodwill d'une société C
– taux de rentabilité du capital investi : 16,67 % (correspondant à un coefficient multiplicateur de 6) ;
– taux des obligations sans risque : 4 % ;
– différence : 12,67 % ;
– période de capitalisation : 3, 4 ou 5 ans.
Le goodwill correspond à la valeur actualisée nette (VAN) du surprofit tel que défini précédemment au taux retenu de 12,67 % (différence entre 16,67 % et 4 %) sur la période considérée de 3, 4 ou 5 ans (voir définition de l'actualisation ci-après).

2. Résultats de l'entreprise C
Les calculs ci-après ont été faits en utilisant les fonctions financières appropriées d'Excel.

	2013	2014	2015	2016	2017	2018
Actif net corrigé (ANC)	1 000					
Résultats nets annuels	300	300	300	300	300	300
Valeur de rendement	1 800					
Surprofit = 300 – 4 % x 1 000		260	260	260	260	260

3. Valeur actualisée nette du surprofit

VAN à 12,67 %	Goodwill 2013		Valeur de l'entreprise = ANC + GW
	3 ans	617	1 617
	4 ans	779	1 779
	5 ans	922	1 922
Pour une valeur de rendement de			1 800

Valeur de la société = valeur patrimoniale + goodwill capitalisé
La méthode du goodwill, par construction, rapproche la valeur de la société de la valeur de rendement. Elle est fondée toutefois, contrairement à la valeur patrimoniale basée uniquement sur le passé, sur le fait que le futur saura assurer une rémunération de même ordre que le passé. Cette méthode dite hybride est à éviter de par le mélange des genres : valeur patrimoniale et valeur de rendement ;

selon l'enquête mentionnée ci-avant, elle ne serait utilisée que dans 10 % des cas d'évaluation de sociétés.

■ Cas particulier de la valorisation d'un fonds de commerce

Il convient ici de distinguer s'il s'agit de l'activité globale ou partielle (branche d'activité) de la société cédante ou bien d'un fonds de commerce au sens traditionnel du terme.

› Activité

Pour différentes raisons, le cédant (ou le repreneur) peut préférer céder (acquérir) l'activité plutôt que la société qui l'abrite ; dans ce cas, la cession prend juridiquement la forme d'une cession de fonds de commerce avec les différents éléments qui le composent dont notamment le personnel.

Dans ce cas, l'évaluation se fait sur les mêmes principes que pour une société en ne retenant pas les méthodes dites patrimoniales ; les valeurs de rendement seront calculées sur la base du compte de résultat de la société cédante (ou compte de résultat analytique s'il s'agit d'une branche d'activité) ; pour éviter toute interférence avec la structure capitalistique et financière de la société cédante, des multiples appropriés seront appliqués à l'excédent brut d'exploitation ou au résultat d'exploitation. Au rachat proprement dit du fonds de commerce, l'acquéreur devra reprendre et financer en plus les stocks (avec TVA) et prévoir le financement du besoin en fonds de roulement.

› Fonds de commerce au sens traditionnel du terme ou fonds artisanal

Cette appellation fait référence à des activités essentiellement commerciales dans lesquelles la transmission d'un droit au bail revêt notamment une importance primordiale. Deux méthodes d'évaluation peuvent être retenues :
- un pourcentage du chiffre d'affaires ; les chambres de commerce publient les barèmes utilisables en fonction de la nature de l'activité (plus d'une centaine) ;
- un multiple de l'ordre de 3 à 5 fois ; le bénéfice annuel moyen étant calculé sur les 3 derniers exercices.

> **ATTENTION**
>
> **Ne pas oublier de bien évaluer le stock** Généralement, l'estimation des fonds de commerce par les méthodes usuelles s'entend marchandises non comprises. Bien qu'évaluées à part, les marchandises, dans le cas le plus fréquent, sont cédées avec le fonds. Elles constituent un composant non négligeable. La vente d'un fonds de commerce constitue en effet la transmission d'une universalité de biens. Dans cette hypothèse et si la vente intervient entre deux redevables à la TVA, ce qui est généralement le cas, la vente du stock est dispensée de la TVA.

Évaluer à partir du futur de l'entreprise

Le repreneur s'attachera à bien définir le modèle économique de l'entreprise. Le business-plan, résultat de cette analyse, est le seul véritable outil pour établir la valeur vue du repreneur ; la méthode des flux prévisionnels prend donc une importance primordiale.

■ Quelques définitions

› Actualisation

C'est une méthode de calcul qui permet de déterminer la valeur qu'aurait aujourd'hui une somme (ou série de sommes) disponible dans n années en fonction d'un taux donné, appelé taux d'actualisation.

› Capitalisation

C'est l'inverse de la méthode précédente qui permet de calculer la valeur future dans n années d'une somme disponible aujourd'hui.

› Taux d'actualisation

C'est le taux que souhaite un investisseur en fonction d'un risque encouru : à un taux sans risque (emprunt d'État, par exemple), on ajoute différents taux représentant le risque activité et le risque entreprise. Ainsi pour ce dernier facteur, une PME justifiera un taux plus élevé qu'une grande entreprise jugée moins risquée ; il n'est donc pas rare de voir utiliser des taux d'actualisation de 10 à 25 % selon les projets.

› Taux de rentabilité interne (TRI)

C'est le taux d'actualisation qui égalise les flux de sortie et d'entrée des capitaux. Ainsi, quand un fonds exige ou anticipe pour un investissement donné (en LBO, par exemple) un TRI de 15 %, cela signifie que la valeur de revente actualisée au taux de 15 % est égale au montant de l'investissement initial. Inversement, l'investissement initial capitalisé au taux de 15 % est égal à la valeur de revente.

› Valeur actualisée nette (VAN)

Elle permet en fonction d'un taux d'actualisation retenu de calculer l'enrichissement (voire l'appauvrissement) d'un projet. Ainsi si le TRI d'un projet est de 15 %, tout taux d'actualisation inférieur permettra d'obtenir une VAN positive alors qu'un taux supérieur correspondra à une VAN négative (appauvrissement).

› Flux financiers nets (free cash-flows)

Les flux financiers nets, calculés annuellement, sont égaux à :
**Flux financiers nets = excédent brut d'exploitation (EBE) – IS
+/– variation du BFR – investissements de l'entreprise**
Ils représentent la trésorerie qui reste à la disposition de l'entreprise, c'est-à-dire de ses actionnaires.
Cette méthode est entièrement tributaire des prévisions faites par le repreneur (aidé ou non par le cédant) et reflète sa vision du monde et de l'avenir de l'affaire : elle repose donc sur le business plan et certains éléments du plan de financement, notamment le taux d'actualisation et la durée. Elle permet alors de comparer très rapidement et facilement différents scénarios d'investissement et de rejeter les dossiers ne présentant pas une rentabilité suffisante. Il faut rappeler néanmoins qu'il n'est pas question pour le repreneur d'acquérir une cible au prix correspondant à la valeur qu'il sera capable de lui donner par son action, mais au contraire à un prix évalué en fonction des capacités actuelles de l'entreprise, retraitées éventuellement.

› Pourquoi le TRI et la VAN ?

Le TRI s'impose à l'investisseur une fois conclu le prix de transaction et arrêté le business plan ; il se traduit par un taux annuel en pourcentage.
La VAN, à partir des mêmes éléments, va déterminer en fonction du taux d'actualisation propre de l'investisseur son enrichissement (appauvrissement) en valeur absolue en euros ; elle permet donc de mesurer l'enjeu financier réel.

> **ATTENTION**
> **L'intérêt des calculs en euros constants** Les flux sont calculés en euros constants, c'est-à-dire sans tenir compte de l'inflation ou des évolutions tarifaires, ce qui facilite l'approche par opposition à une prévision de trésorerie fine qui, elle, est faite en euros courants.

■ Exemples de calcul

Reprenons l'exemple précédent (entreprise C) dont les principales caractéristiques sont :
- montant de l'investissement (prix de la cible) et valeur de revente de 1 800 ;
- CAF N + 1 à N + 7 : 300 (pas de besoins d'investissement de la cible pendant la période) ;
- opération totalement financée par le repreneur, sans emprunt.

On détermine le TRI et la VAN qui se révéleront satisfaisants ou non par comparaison avec les objectifs des investisseurs (repreneur et financiers). On peut aussi tout à fait utiliser cette méthode pour calculer à partir d'éléments que l'investisseur s'impose, comme par exemple un taux de rentabilité, une valeur que le repreneur est prêt à payer pour la cible.

Étudier le dossier

Calcul des TRI et VAN

	2013	2014	2015	2016	2017	2018	2019
	Acquisition						Revente
Prix de transaction	− 1 800						+ 1 800
CAF annuelles	300	300	300	300	300	300	300
Solde des flux	− 1 500	300	300	300	300	300	2 100
TRI*	22 %						
VAN à 16,67 %*	257						

*Calculé en utilisant la fonction financière d'Excel appropriée.

Conclusion : l'acquisition de l'entreprise C se présente comme une affaire intéressante.

Ce TRI de 22 % peut satisfaire le repreneur, notamment s'il est le seul investisseur/décideur ; à l'inverse, il peut en fonction d'un TRI qu'il s'impose (ou qui lui est imposé par un co-investisseur) rechercher la valeur correspondante ; ainsi un taux de 25 % correspond à une valeur d'acquisition de 1 600 l'amenant à négocier le prix ; en revanche, un taux de 18 % correspond à une valeur de 2 100 lui donnant de ce fait une certaine marge de manœuvre.

Le même calcul avec un emprunt de 1 200 montre l'effet de levier : une affaire encore plus intéressante pour le repreneur.

	2013	2014	2015	2016	2017	2018	2019
	Acquisition						Revente
Prix de transaction	− 1 800						+ 1 800
Emprunt	1 200						
Investissement net	− 600						
CAF annuelles = 300 − 187*	113	113	113	113	113	113	113
Solde des flux	− 487	113	113	113	113	113	1 913
TRI	40 %						
VAN à 16,67 %	545						

*187 correspond à l'annuité constante d'un emprunt de 1 200 € sur 7 ans au taux de 3 % net d'impôt (cas d'intégration fiscale).

L'effet de levier s'illustre donc par une augmentation du TRI investisseur de 22 % à 40 %.

En effet, dans l'exemple ci-avant, comme dans tout montage de type LBO, la banque accepte une rémunération moindre que l'investisseur en raison d'un risque moindre (qualité du projet, garantie donnée…) ; la surrentabilité de la quote-part financée par la banque est transférée à l'investisseur.

Il ne faut toutefois pas imaginer que l'on peut pousser à l'extrême l'effet de levier, car en dehors de toute considération liée à la faisabilité par les banques, le remboursement de l'emprunt se traduit par un appauvrissement de la cible qui se rachète à elle-même ; cela peut donc poser problème, surtout en cas de besoin de financement d'investissement.

Cette dernière méthode devrait être privilégiée par le repreneur car, contrairement aux méthodes précédentes qui s'appuient, soit sur des valeurs patrimoniales (statiques), soit sur des valeurs de rendement (résultats du passé), elle se fonde sur ce qui intéresse véritablement le repreneur : l'avenir. Elle est donc basée sur les éléments du business plan et du plan de financement.

> **MON CONSEIL**
>
> **La bonne méthode pour le repreneur** La reprise s'effectuant par LBO, la cible doit dégager les résultats nécessaires pour le remboursement de la dette. On voit donc que seule la valeur de rendement, en dehors de toute autre considération, remplit ces conditions. À quoi bon racheter un actif qui ne dégage pas de résultat ?
>
> Ainsi, la bonne méthode consiste à évaluer la cible en utilisant la méthode exposée précédemment (voir *Les méthodes d'évaluation à partir du passé de l'entreprise*, p. 109), en prenant soin de dégager un résultat net retraité auquel on appliquera un multiple approprié. Cette approche est celle de la Bourse qui valorise les sociétés en appliquant un PER.
>
> Au résultat obtenu par cette méthode, un seul correctif s'impose, à savoir : en minoration, l'endettement existant, y compris les avances d'associés en compte courant, en majoration, la trésorerie excédentaire.
>
> Qu'est-ce qu'une trésorerie excédentaire ? Dans une entreprise financièrement bien gérée, il n'y a pas de trésorerie excédentaire car cette ressource précieuse n'est rémunérée qu'à 2 ou 3 %. La raison principale de cette anomalie réside dans la fiscalité qui incite les cédants sur le départ à privilégier la cession d'une entreprise ayant accumulé plusieurs années de résultats sans distribution de dividendes. Une rapide analyse des capitaux propres, et notamment des postes report à nouveau et réserves distribuables, confirmera ou non cette analyse. Une analyse fine du besoin de fonds de roulement avec étude de la saisonnalité permettra de calculer le montant exact de la trésorerie excédentaire.
>
> Dans tous les cas, le repreneur prendra soin de préciser au cédant les exercices de référence de sa valorisation ainsi que les hypothèses de politique de dividendes pouvant influer à la fois sur les capitaux propres et la trésorerie.
>
> Valeur de la cible = valeur de rendement + trésorerie excédentaire – endettement.

Quelques recommandations pratiques

Ne restez pas seul, vous n'êtes pas bon en tout et n'oubliez pas que toute transaction suppose précision, clarté et confiance.

■ À propos des experts

Un principe : les experts coûtent cher, mais ils sont inévitables ! On y inclut :
- un expert-comptable ;
- un avocat ;
- un fiscaliste (éventuellement, si ce n'est pas l'avocat) ;
- des experts spécialisés (marketing, brevets…) ;
- un notaire.

Cela posé, il faut absolument exiger au préalable des experts une convention d'honoraires afin d'éviter toute mauvaise surprise (conserver ici en mémoire que, si l'opération se fait, on pourra mettre tout ou partie des frais d'expertise à la charge de l'entreprise en respectant le formalisme suivant : annexe aux statuts pour dépenses antérieures à la constitution de la holding ou vote d'une résolution à l'AG qui suit la création). Il sera plus facile pour le repreneur et ses experts de définir cette convention d'honoraires avant tout début de travail, plutôt qu'après avoir commencé à traiter le dossier ensemble sans avoir précisé les modalités de l'intervention.

■ Recommandations aux cédants

Vous devez réunir les documents qui vont être immanquablement demandés (statuts, extrait K Bis, état des privilèges et des nantissements, 3 dernières liasses fiscales complètes avec annexes, 3 derniers comptes rendus des assemblées générales et des conseils d'administration, documentation commerciale…).

Ensuite, préparez un document présentant autant le présent que l'avenir : réformes à faire (éventuellement, investissements souhaitables, axes de développement possibles, produits, marchés…).

■ Recommandations aux repreneurs

Le réalisme est capital, à savoir :
- anticiper (surtout par rapport au banquier) ;
- ne pas viser une cible hors de portée ;
- éviter de poser des questions dont on a la réponse ;
- analyser avec soin les documents ;

- préparer très soigneusement chacun des entretiens ; ils doivent avoir un but bien précis permettant de progresser pas à pas dans la démarche ;
- bien se renseigner au préalable sur les produits, les marchés, les concurrents pour s'assurer que l'on est à l'aise avec ces éléments ;
- enfin et pour conclure, être séducteur : ce n'est pas le repreneur, mais le cédant qui choisit.

> **MON CONSEIL**
> **Les erreurs à ne pas commettre**
>
> *Pour le cédant*
> - sous-estimer systématiquement tous les candidats présentés ;
> - se croire irremplaçable ;
> - croire que seul un clone de lui-même peut réussir !
>
> *Pour le repreneur*
> - se passer des « experts » ;
> - se lancer tête baissée dans une recherche sans avoir défini son projet et sans connaître les conditions d'octroi des prêts bancaires ;
> - ne pas tenir compte des « frais annexes » ;
> - croire que bilans et comptes de résultats présentés permettront d'évaluer correctement l'affaire (l'audit est absolument nécessaire).

> **À NOTER**
> « Les deux choses les plus importantes n'apparaissent pas au bilan de l'entreprise : sa réputation et ses hommes ». Henry Ford

Réussir les premières rencontres

➤ Réussir la première rencontre est le souhait du cédant comme du repreneur.

➤ Cette première rencontre aidera chacun à mieux cerner le projet de l'autre et à se rendre compte s'il est possible d'aller plus loin dans les démarches.

La première impression est capitale !

Quelle étape importante, celle de la première rencontre ! Le cédant présentera son entreprise de façon attractive, le candidat-repreneur doit séduire le cédant... Comme dans toute rencontre ou toute découverte, la première impression est capitale. Quelquefois, elle annonce déjà l'issue.

■ Comment a été faite la mise en relation ?

L'approche est différente selon que la mise en relation est :
- directe par un acheteur potentiel qui a « repéré » une entreprise cible correspondant à sa recherche ou, à l'inverse, un entrepreneur ayant découvert son éventuel successeur par relation ou sur une annonce ;
- effectuée *via* un intermédiaire qui peut aider au succès de la rencontre, tel qu'un cabinet de conseils, ou une association de mise en relation, par exemple CRA, CLENAM (voir *Les magazines spécialisés,* p. 78)...
La seconde situation est la plus fréquente et la plus favorable dans la mesure où des informations ont été préalablement échangées de part et d'autre.

■ Attitudes et comportements

› Se mettre mutuellement en confiance

Les deux protagonistes sont sur la défensive, le cédant parce qu'il entend bien céder son affaire, dans les meilleures conditions possibles, et le repreneur parce qu'il vient à la découverte d'une nouvelle entreprise, souvent avec le souci de chercher ce qu'on ne voudrait pas lui montrer.
Aussi, les premiers instants de l'entretien seront consacrés à s'apprivoiser mutuellement, se connaître, tout en se jaugeant et appréciant le caractère de l'autre. Bref, il s'agit bien d'un entretien « d'échauffement » au cours duquel chacun des protagonistes devra déterminer s'il est prêt à aller plus loin avec l'autre.

› Respecter la confidentialité

Sauf exception, la cession d'une entreprise requiert une confidentialité absolue vis-à-vis de l'entourage extérieur (clients, fournisseurs, concurrents). En interne, cela dépend des relations de l'entrepreneur avec son personnel et de sa façon de communiquer. Très souvent, avant même le premier entretien, le cédant exigera l'établissement d'une lettre d'engagement de confidentialité, signée par le candidat à la reprise (voir le modèle de lettre *Accord de confidentialité,* p. 343).

De l'autre côté, nombreux sont les repreneurs potentiels qui restent en poste dans une entreprise avant de conclure et ne souhaitent évidemment pas que leur patron sache qu'ils veulent le quitter. Il est important de le signaler afin d'éviter au cédant de faire un impair, surtout si l'on provient du même domaine d'activité.

> **À NOTER**
> L'ordonnance n° 2016-131 du 16 février 2016 portant réforme du droit des contrats a instauré une obligation légale de confidentialité (art. 1112-2 du Code civil). Mais, les accords de confidentialité n'ont pas pour autant perdu de leur intérêt : fixation de la durée de la confidentialité, personne concernée, etc. (voir le modèle de lettre *Accord de confidentialité*, p. 343).

■ Cédants, ne rencontrez que les bons candidats !

La priorité du cédant est de trouver son repreneur idéal dans le délai qu'il s'est fixé et aux conditions prévues.

Il faut bien comprendre qu'un patron a pour premier souci de gérer son entreprise, ce qui ne lui laisse guère de temps libre. Il va recevoir et présenter son affaire à un, puis deux, peut-être trois repreneurs, rarement davantage. Tout simplement parce que ces entretiens successifs sont gros consommateurs de temps, ensuite parce que certains patrons les réalisent en dehors des heures de présence du personnel.

Mais aussi parce que la répétition des explications à différents interlocuteurs est lassante. Sans doute aussi parce qu'il ressent les questions, même naturelles, comme autant d'investigations qui s'apparentent à une espèce d'interrogatoire.

D'où la nécessité de procéder à une sélection des candidats et de recevoir un maximum d'informations sous forme de curriculum vitae, fiche projet de reprise ou lettre de motivation.

De ce point de vue, faire appel à un intermédiaire ou à un club de repreneurs type CRA permet d'opérer un premier tri sur les critères fixés par le cédant.

■ Repreneurs, ne visitez que les bonnes entreprises !

L'objectif du repreneur est de trouver sa cible le plus vite possible et d'aboutir rapidement. Pour éviter des contacts et des visites multiples, on ne répétera jamais assez l'intérêt de rédiger un projet de reprise qui servira de support à la recherche des bonnes cibles. Ainsi, il faut trouver le juste milieu entre la cible unique et une multitude de dossiers que l'on risque de survoler sans aller au fond des choses.

Définissez clairement vos objectifs, préparez les bonnes questions et les bonnes réponses !

C'est une règle professionnelle : un entretien se prépare. Vous gagnerez un temps précieux et vous entrerez plus facilement dans le vif du sujet.

■ Pour le cédant

> Apprendre à connaître le candidat

Le cédant démarre l'entretien en terrain connu, mais voudra approfondir les motivations de son interlocuteur à reprendre son entreprise et à la développer. Il va donc s'intéresser à la vie personnelle et familiale du candidat et essayer d'obtenir le maximum d'assurances sur sa moralité, ses compétences, son caractère, etc.
- Agit-il seul ou en association avec d'autres repreneurs ?
- Quel est le profil professionnel du postulant : formations, parcours professionnel, expériences, compétences et dispositions naturelles ?
- Les compétences du postulant sont-elles à la hauteur si l'entreprise réclame la maîtrise d'une technicité particulière ?
- Quelle est l'influence de l'entourage familial ?
- A-t-il une connaissance des grands groupes ou des PME ?
- Quel est le but de la reprise : première acquisition, croissance externe, diversification ?
- L'adéquation est-elle optimale entre ses désirs et la réalité de l'entreprise ?
- Est-il réellement décidé à franchir le pas de la reprise ? Est-il sincère ou souhaite-t-il seulement conduire une opération « d'intelligence économique », voire d'élimination pure et simple d'un concurrent ?
- À quel niveau se situent ses capacités financières personnelles ? Comment les banques, et les « financiers » en général, sont-ils susceptibles de considérer son cas ?

> Pouvoir lui répondre grâce à un dossier

Après avoir obtenu les informations souhaitées sur le candidat à la reprise, vous allez devoir répondre à ses questions. Pour être en mesure de le faire, il vous faut disposer d'un dossier complet (encore mieux, une « data room » où sont disponibles tous les documents). Parmi les questions initiales des repreneurs, citons le motif de la vente qui doit être clair, précis et univoque.

Même si le premier entretien est parfois purement formel, très rapidement, il faut en arriver à des informations plus détaillées dont la fourniture rapide est un gage de confiance et de volonté d'aboutir.

Aussi, la préparation d'un dossier le plus complet possible est-elle un préalable sachant que la remise des éléments détaillés se fera progressivement en fonction de l'avancement des discussions et du niveau de confiance qui se sera instauré.

■ Pour le repreneur

› Apprendre le plus possible sur l'entreprise

L'objectif est de se faire une idée précise, en un temps réduit, lors d'une première visite, afin de savoir si l'entreprise correspond bien à votre attente et si l'on doit poursuivre les discussions avec le cédant.

› Apprendre le plus possible sur le cédant

Obtenir le maximum d'informations sur le cédant, si possible avant le premier entretien, permet d'aborder la négociation en meilleure position.

Lors de la rencontre, faire parler le cédant de sa vie, sa carrière professionnelle, son avenir après la cession, est une marque d'intérêt qui pourra faciliter la suite des négociations.

Il convient ici de cerner au plus vite la réalité du cédant.

Le repreneur est – en principe – en possession du dossier de présentation : 3 derniers bilans et comptes de résultats, montant des prélèvements effectués par les cédants… Il peut donc procéder à une analyse préliminaire qui permettra de juger s'il y a adéquation entre projet de reprise et caractéristiques de l'affaire (taille, prix, activité…).

Quelques points essentiels :
- Pourquoi la cession ? (les raisons sont assez souvent complexes et difficiles à déterminer)
- Désir authentique de cession rapide et non à terme plus ou moins lointain ? (cas de figure assez fréquent)
- Le départ du cédant risque-t-il de nuire à l'entreprise ?

› Obtenir des précisions sur le dossier et les comptes

La qualité de ces dossiers est variable selon les sources et il faudra sans doute obtenir des précisions sur les points les plus importants. Il est recommandé, dès que l'on connaît le nom de sa « cible », d'en consulter les comptes sur une base de données comme Diane ou Societe.com.

En effet, mieux vaut avoir confirmation des données essentielles pour décider rapidement si l'on donne suite ou non. Tout en sachant, qu'à ce stade, il n'est pas conseillé d'entamer une quelconque négociation de prix.

› **Séduire le cédant**

Paradoxalement, la reprise d'une entreprise est un acte de vente de la part du repreneur. Il doit séduire et faire la démonstration qu'il est le meilleur candidat. De ce point de vue, le premier contact peut être considéré comme un « entretien d'embauche » au cours duquel on utilisera toutes les ressources des techniques d'entretien, quitte à s'y préparer avec une formation *ad hoc*.

> **Cas pratique**
> **Créer une relation de confiance dès le premier entretien**
> Quelques rencontres ont suffi pour recevoir tous les éléments nécessaires à la rédaction de cette offre, qui comportait comme il est d'usage un certain nombre de conditions suspensives. Et c'est là que réside à mon sens, la clef de ma réussite dans cette négociation que je peux résumer en trois points :
> – une grande humilité lors de la première prise de contact (je ne suis pas arrivé en conquérant, issu d'un grand groupe et jouant au technocrate : « Je sais tout et j'ai tout compris ») qui a d'emblée créé une relation de confiance et, je crois, d'estime réciproque avec le cédant ;
> – une grande rapidité d'analyse et de prise de position sur le dossier (donc de rédaction et de présentation d'une offre) liée à une expérience antérieure de ce type de transaction ;
> – un positionnement de mon offre à un prix qui ne soit pas ridiculement inférieur aux prétentions (qui m'étaient connues) des cédants (- 10 %). Cela a été favorisé par le fait que ces prétentions étaient fixées à un niveau cohérent, reflétant une grande lucidité des cédants quant à la valeur de l'entreprise.
> La négociation a donc abouti rapidement ; j'ai d'ailleurs été amené à faire la majeure partie du chemin qui nous séparait (de - 10 % à - 2 %) car, entre-temps, j'avais pu recalculer les plus-values latentes sur le parc roulant (qui sont importantes).
> (M. B., repreneur CRA)

Repreneurs, vendez votre projet... et vous avec !

Vous êtes le meilleur, évidemment ! Alors faites en sorte que le cédant en soit persuadé.

■ Obtenir le premier rendez-vous

La volonté du repreneur est d'obtenir un rendez-vous. Il ne doit pas s'imaginer que c'est gagné d'avance. C'est souvent un parcours d'obstacles qui demande pugnacité et persévérance. De plus, le repreneur a tendance à se sentir dans une position forte puisqu'il est acheteur. Il commet ainsi une erreur car souvent le cédant a déjà eu d'autres sollicitations de rencontres, voire en est déjà au deuxième ou troisième rendez-vous.

En particulier, il semblerait plus facile d'obtenir un premier rendez-vous grâce à l'intermédiaire puisque c'est précisément son rôle ! Cela étant dit, la réalité est moins idyllique car, chers candidats repreneurs, il vous faut « montrer patte blanche » et convaincre que vous êtes le bon successeur qu'attend son client.

Quant au contact direct, il demande beaucoup de patience, de doigté et de persévérance car il faut généralement passer le barrage du standard, de la secrétaire du patron. Ensuite, si le rendez-vous a été accordé, il faudra en résumer l'objet en quelques phrases bien préparées.

> **Cas pratique**
>
> **F. L. nominé Trophées CRA 2014 : un premier refus du cédant ne doit pas vous décourager**
>
> « Pour mener à bien son projet, F. L. s'appuie à la fois sur le CRA et le réseau Passer le relais des CCI ; la société présentée par ce dernier possède les critères requis en termes de taille et de positionnement ; lors des premières rencontres, F. L. essuie un premier refus du cédant, au motif que son profil n'est pas assez technique. F. L. n'hésite pas à revenir à la charge et met en avant sa connaissance du monde industriel, ses contacts et ses compétences commerciales et de gestion. Il fait valoir que ses atouts lui permettront de lancer l'entreprise sur de nouveaux marchés. Il est finalement retenu parmi les 4 candidats repreneurs et la reprise est bouclée en 5 mois. »

■ Présentez votre dossier personnel ou votre entreprise

Dès votre premier contact, agissez en professionnel. Venez avec votre dossier de reprise qui vous permettra de vous présenter avec avantage et de répondre aux questions.

› Dossier de repreneur personne physique

Curriculum vitae à jour : incontournable, mais document tourné vers le passé.
Fiche projet de reprise : votre passeport pour l'avenir.
Plan de montage financier : pour montrer au cédant que vous avez les moyens de financer votre projet.

› Dossier de repreneur personne morale

Fiche projet de reprise avec une partie plus étoffée sur le dirigeant.
Plaquette commerciale de présentation de la société.
Dossier résumant les chiffres clés de l'entreprise et sa situation financière.

■ Sachez observer !

La première impression est souvent la bonne ! Pour cela, soyez attentif et notez les points qui vous interpellent. Idéalement, il vaudrait mieux que cette rencontre se passe dans l'entreprise, ce qui n'est pas toujours facile à obtenir (confidentialité, tranquillité, etc.).
Ces observations sont fort utiles pour se faire une idée sur l'entreprise :
- le style de l'entreprise : moderne, vieillissante, organisation ;
- la qualité de l'accueil ;
- les publicités ou exposition de produits dans le hall d'entrée ;
- le style et l'état du bureau du dirigeant qui vous reçoit.

> **MON CONSEIL**
> Si l'entreprise visitée doit devenir « votre » entreprise, posez-vous ces questions :
> - Aurai-je du plaisir à venir chaque matin dans ce lieu, avec ce personnel ?
> - Les produits fabriqués et/ou vendus me plaisent-ils vraiment ou non ?
> - Serai-je fier de montrer cette entreprise à ma famille ou mes amis ?
> - Pourrai-je faire un bout de chemin avec le cédant en accompagnement ?
> Si l'une des réponses est négative, sans doute vaut-il mieux arrêter là les contacts et passer à un autre dossier.

■ Présentez-vous avec conviction et humilité

En résumant votre carrière, insistez sur les compétences qui seront utiles dans la nouvelle entreprise et soyez modeste sur votre carrière et vos expériences internationales. En revanche, montrez votre intérêt pour l'activité de la cible, surtout si votre projet de reprise marque une rupture en termes de domaine d'activité.

> **À NOTER**
> Le CRA vous propose, dans son programme de formation, un module : « Construisez un pitch de repreneur efficace » (voir *Le programme de formation CRA*, p. 359).

■ Ouvrez vos oreilles !

Ensuite, c'est au cédant de présenter son entreprise en résumant les points essentiels et d'expliquer la raison de sa décision de vendre. Ce point est primordial car il peut influer sur le bon déroulement de la transaction. Il ne faut donc pas le minimiser, mais au contraire aller au fond des choses, notamment en évoquant les projets du cédant après la transmission de l'entreprise. Écouter ce qu'il dit est essentiel car cela permet de comprendre les motivations profondes ou les freins éventuels.

Le cédant exprime également sa vision de chef d'entreprise sur son marché, le management, la gestion.

■ Sachez conclure

Si, comme nous vous le souhaitons, l'entretien s'est passé dans les meilleures conditions et que vous souhaitez poursuivre le dialogue, concluez d'une manière un peu formelle. À cette étape, il n'est pas encore temps d'entrer dans la phase active de la négociation.

Soyez direct et, si l'entreprise vous plaît et le cédant vous est sympathique, dites-le lui !

Puis essayez ensemble d'établir les prochaines étapes de la discussion et les éléments qu'il pourrait vous adresser. Ces décisions communes peuvent faire l'objet d'un échange de courrier (ou d'e-mail) qui permettra de marquer une première étape et de planifier les autres.

Dernier point : par correction, si vous ne souhaitez pas poursuivre l'analyse d'une affaire après cette rencontre, faites-le savoir par un simple coup de téléphone.

En conclusion : une bonne présentation, mettant l'accent sur votre expérience et vos motivations, un entretien bien préparé qui aborde l'environnement et l'avenir, une approche progressive de l'entreprise, excluant tout jugement ou toute critique, permettront d'obtenir un deuxième rendez-vous.

C'est ainsi qu'on avance dans la reprise d'une entreprise, comme dans toute négociation, pas à pas.

> **MON CONSEIL**
> **Erreurs à ne pas commettre**
> - Celui qui noierait le cédant sous un flot de détails sur ses diplômes, sa carrière, ses réussites et ses expériences internationales risque d'indisposer un patron de PME autodidacte dont le seul titre de gloire (et c'en est un) est d'avoir créé cette entreprise.
> - Celui qui utiliserait un vocabulaire « guerrier » (prise de contrôle, fusion, réorganisation, redéploiement, etc.) va peut-être heurter un entrepreneur qui souhaite une transmission en douceur.
> - Celui qui ferait ressortir les points faibles est mal parti : il va évidemment entraîner une réaction négative de défense de la part du cédant.
> - Celui qui ferait remarquer, lors de ce premier entretien, que le prix est élevé s'exclut de la négociation et peut étudier un autre dossier.

Cédants, mettez toutes les chances de votre côté

D'une manière générale, si vous voulez vendre votre entreprise, il faut vous en donner les moyens et surtout passer du temps à recevoir les candidats qui vont se présenter ou vous être présentés par un intermédiaire. Et ne croyez pas que le tapis rouge soit déroulé. Les agendas des repreneurs sont souvent plus chargés que vous ne le pensez !

■ Choisir le lieu de rencontre

C'est à vous de décider. Si vous recevez le futur repreneur dans votre entreprise, veillez aux détails qui donnent une bonne ou mauvaise impression dès le début : accueil, boissons, bureau en ordre, pas d'appels téléphoniques, etc.
Si visite d'atelier ou bureau il y a, assurez-vous que la visite montrera un aspect positif des conditions de travail, du bon entretien des équipements, de la propreté et de l'ordre.

■ Venir seul ou accompagné ?

Là encore, à vous de décider ! Pour la première rencontre, il vaut mieux un entretien seul à seul afin de pouvoir aller plus loin dans la connaissance réciproque.
N'oubliez pas que, dans le domaine de la cession de TPE/PME, la relation personnelle est primordiale et que la présence d'un tiers peut fausser la mise en relation, voire compromettre la suite.

■ Réussir l'entretien

Une fois réalisé l'accueil convivial (pensez au café !), commencez par résumer l'historique de l'entreprise, son activité, ses caractéristiques essentielles et la raison pour laquelle vous souhaitez la vendre.
Puis le repreneur est invité à se présenter à son tour en exprimant son intérêt et ses motivations, son parcours et son expérience.
Ensuite, vient le temps des questions, mais proposez d'en rester aux grandes lignes.

> **MON CONSEIL**
> **Erreurs à ne pas commettre**
> - Se lancer trop tôt sans être prêt : recevoir des candidats sans avoir préparé un dossier, défini un prix et le profil de votre successeur car vous allez décourager de bons repreneurs qui, eux, sont prêts et pressés.
> - Cacher des éléments importants qui seront découverts et donneront de vous une mauvaise image. Le monde de la transmission est un microcosme !
> - Rester flou dans le motif de cession ou en donner plusieurs : la crainte du repreneur est le « faux vendeur ».
> - Fixer des critères trop rigides pour la sélection des repreneurs ou chercher son « clone » : il n'existe pas.

■ Justifiez le prix de présentation

Même si, vraisemblablement, ce n'est pas le point fort d'une première rencontre, le cédant doit pouvoir justifier le prix en énonçant les méthodes utilisées pour arriver au prix de présentation.

> **MON CONSEIL**
> Il est impératif de réussir la première rencontre. Une transmission familiale qui tourne court, un cédant qui veut s'arrêter, avec un repreneur qui a su convaincre rapidement le cédant de transmettre à un repreneur extérieur sont les moments cruciaux du témoignage vidéo du cédant et du repreneur suivant :
>
>

Étape 4
Les premières négociations et la lettre d'intention

Psychologie de la négociation

➤ Après étude de plusieurs dossiers, le repreneur décide d'aller plus loin sur un ou plusieurs d'entre eux.

➤ De son côté, le cédant a fait un tri entre différentes candidatures d'acheteurs éventuels. Il a établi une « short-list » d'une petite demi-douzaine de candidats.

➤ Alors, comment aller plus loin dans la connaissance réciproque ? On entre là dans une phase particulièrement délicate, devant permettre de signer un engagement plus ou moins fort.

Quelles bases de discussion ?

C'est en définissant le plus précisément possible les bases de discussion que vous délimiterez la négociation.

■ De quoi parle-t-on ?

Les deux parties doivent d'abord s'entendre sur le périmètre de la cession :
- S'agit-il de la société sous forme de cession des titres (actions ou part sociales) ?
- S'agit-il de l'activité de l'entreprise (intégralité ou partie de l'activité) dont la cession revêtira la forme d'une cession de fonds de commerce ?
- Les actifs immobiliers font-ils partie de la vente ?

Tous ces éléments doivent être éclaircis dès le début de la discussion.

■ Les bases préalables

Ensuite, très vite, les échanges porteront sur la fixation d'un prix ou d'une fourchette de valorisation. Elle sera appuyée par les critères de détermination qui permettront d'expliquer les bases de la valorisation et les variations ultérieures : l'idéal est d'arriver à une formule dont les paramètres auront été définis d'un commun accord.

En effet, il ne sert à rien de maintenir les discussions et de continuer des négociations si le désaccord est trop important sur ce sujet ; c'est perdre son temps et risquer l'échec.

Toutefois, il sera essentiel dès ce stade d'évoquer les moyens de rapprocher les points de vue des parties, à savoir cession progressive, complément de prix, maintien du cédant au capital, etc.

Les premiers pourparlers

Sans aller trop vite, dans un climat de confiance, c'est le moment de négocier. Une négociation réussie est une négociation dans laquelle « il n'y a ni vainqueur, ni vaincu », chacun des deux partenaires ayant été reconnu et respecté par l'autre. Enfin, cette négociation doit aboutir à la rédaction d'une lettre d'intention.

▍ Quelques conseils de bon sens

Si la négociation d'une transmission d'entreprise présente des caractéristiques particulières, il n'en demeure pas moins que les pratiques habituelles de la négociation restent valables.

Sans prétendre à l'exhaustivité, certains points doivent être rappelés ; ils concernent tout à la fois le cédant et le repreneur :

- Se partager les domaines d'intervention si plusieurs interlocuteurs (experts notamment) des deux parties interviennent au débat.
- Bien préparer la négociation est essentiel, cette recommandation est valable pour les deux partenaires.
- Bien connaître le dossier, les acteurs en présence (leurs domaines de compétences, leur zone d'influence).
- Savoir entrer dans la psychologie de l'autre pour comprendre ses motivations, ce qui compte pour lui (pour le cédant, ce sont par exemple : ses revenus futurs, l'éventuel maintien des membres de sa famille dans l'entreprise, le devenir du nom de l'entreprise, le contrat de travail des collaborateurs), veut-il aboutir rapidement ? A-t-il des solutions de rechange ?
- Être en mesure de hiérarchiser les sujets, chiffrer les enjeux et marges de manœuvre, les points négociables et ceux sur lesquels un désaccord risque de faire achopper la négociation.

Il ne faut s'engager dans la négociation que lorsqu'on maîtrise tous les éléments permettant de contrôler, de réajuster ses positions et – *in fine* – de décider de la suite des échanges.

De manière très pragmatique, les conseils à donner, sur le plan tactique et comportemental, sont :

- savoir écouter et faire parler son interlocuteur (rester curieux et constructif dans son comportement et dans ses questions) ;
- garder la maîtrise du déroulement de la négociation, notamment de son calendrier, de l'ordre du jour (savoir éviter les débordements, pour ne pas se laisser entraîner sur des thèmes non maîtrisés) et des comptes rendus ou relevés de décision ;
- éviter les blocages (revenir au dernier consensus obtenu) ;
- laisser toujours une porte ouverte ;
- prévoir l'étape suivante (thèmes et dates).

- La négociation d'une transmission, pour particulière qu'elle soit, est une négociation comme une autre.

C'est pour vous, repreneur, votre premier acte réel de chef d'entreprise qui augure de ceux que vous aurez par la suite avec vos autres partenaires : clients, fournisseurs, banquiers.

Soyez conscients que pour réussir une bonne négociation, il faut faire passer le pragmatisme avant le dogmatisme : les recommandations que nous faisons peuvent aider à baliser le terrain.

■ Une transparence nécessaire

Sans être naïves et tout dévoiler dès le premier contact, les deux parties devront s'efforcer de faire preuve de transparence et de bonne foi. Rien n'est pire que de refuser de divulguer des éléments importants, cela peut assez vite entraîner la rupture des pourparlers.

Toutefois, à ce stade et jusqu'à la signature définitive, le repreneur doit accepter que le cédant ne dévoile pas des éléments stratégiques comme la liste des clients, les tarifs ainsi que les noms des collaborateurs.

■ Aller pas à pas

Tout en allant le plus vite possible, il convient de ne pas brûler les étapes. En effet, le cédant ne voudra se dévoiler qu'à coup sûr et le repreneur ne pourra boucler son projet qu'après avoir recueilli le maximum d'informations.

Les discussions sont toujours difficiles ; il faut donc, dès qu'un point a été acquis, l'acter pour ne plus avoir à y revenir. Ainsi le cheminement sera plus aisé car on ne reviendra pas sur les acquis.

L'idéal est de faire un compte rendu accepté par les deux parties et de prévoir la date et l'objet du rendez-vous suivant pour ne pas laisser l'impression d'un vide.

> **À NOTER**
>
> L'ordonnance n° 2016-131 du 16 février 2016 portant réforme du droit des contrats a consacré légalement une obligation de bonne foi et de loyauté dans la conduite des négociations. Le cédant aura intérêt à communiquer au repreneur toute information dont l'importance est déterminante pour le consentement du repreneur qui, légitimement, ignore cette information. En cas de manquement à ce devoir, le cédant engage sa responsabilité délictuelle, dans certains cas le contrat pouvant être annulé. Pour autant, cela n'exonère pas le repreneur de son devoir d'investigation.

Psychologie de la négociation

Comprendre l'autre

Pour bien communiquer, il faut se mettre sur la même longueur d'onde...

■ Cédants, gardez à l'esprit...

Le cédant ne doit pas oublier qu'il a en face de lui des repreneurs qui ont des impératifs, des priorités, voire des désirs. C'est surtout très net pour ce qui touche aux opérations financières.

› Des repreneurs méfiants

En effet, le repreneur se demande toujours pourquoi l'affaire est à céder : le cédant veut-il vraiment prendre sa retraite ? A-t-il réellement un problème de santé ? Que signifie « raison personnelle ou réorientation professionnelle » ?
N'y a-t-il pas une raison cachée, c'est-à-dire les risques d'une détérioration de la société (marché, produits) ?

› Des repreneurs exigeants

En effet, le repreneur engage pratiquement sa vie : son avenir, souvent sa famille (par exemple, en cas de déménagement), voire sa réputation professionnelle et en tout cas de l'argent. Il va donc demander beaucoup pour bien mûrir sa décision.

■ Repreneurs, soyez attentifs !

Le repreneur ne doit pas oublier qu'il n'est pas le seul à choisir, bien au contraire.

› Le cédant est décisionnaire

Sauf si l'affaire à céder est de mauvaise qualité ou opère dans un marché dégradé, c'est le cédant qui a la main. C'est un point très important car nombre de repreneurs pensent que la décision leur appartient : c'est faux. Le repreneur doit s'attendre à passer un quasi-entretien d'embauche au cours duquel il devra se vendre avec son projet de reprise.

› L'importance de l'*affectio personnae*

Nous rappelons l'importance du premier contact. De nombreux témoignages nous ont été donnés à ce sujet. Il n'est pas rare que le cédant décide de stopper toute nouvelle candidature lorsqu'il a eu le « fit » avec une des premières personnes qui lui ont été présentées, quitte, si la négociation ne va pas jusqu'au bout, à reprendre contact avec les candidats maintenus sur la liste d'attente.
De toute façon, un repreneur qui ne lui plaît pas n'aura jamais l'affaire.

> **MON CONSEIL**
> **Erreurs à ne pas commettre**
> - Manquer de psychologie.
> - Être impatient.
> - Vouloir dominer la situation et refuser les compromis.
> - Ne pas savoir écouter ni se mettre à la place de l'autre.
> - Manquer de lucidité.
> - Être indécis et ne pas trancher au final entre les avantages et les inconvénients.

> **À NOTER**
> Il est nécessaire pour un repreneur de plaire au cédant, clé d'une bonne négociation. Malgré un rythme soutenu d'étude d'un dossier par mois, d'élaboration de quatre lettres d'intention, le premier rendez-vous avec le cédant doit être considéré comme unique et toujours important et la lettre d'intention est le document déclencheur, « vendeur », pour le repreneur, entraînant une négociation en confiance, comme en témoigne cette reprise exemplaire :
>
>

Faites-vous aider

C'est toujours vous qui décidez, mais on est toujours plus intelligents à plusieurs...

■ Sur les questions techniques

Nous pensons que l'aide apportée par un conseil extérieur est primordiale, notamment celle d'un expert-comptable qui pourra discuter valablement avec son confrère sur les postes du compte de résultats et sur ceux du bilan. Entre l'expert-comptable du cédant, à même de répondre aux questions techniques et précises, et le conseil du repreneur, à même de poser les bonnes questions servant à l'évaluation de l'affaire et d'échanger sur la teneur de ces mêmes réponses, le dialogue sera plus riche, plus précis et dépourvu de considérations personnelles.
Il est donc recommandé de choisir un expert doté d'un sens évident de la négociation, pour éviter le « débat d'experts ».

■ Sur les questions générales

En revanche, pour ce qui est des questions générales ou en fin de négociation sur les points de désaccord, les parties concernées devront personnellement « monter au créneau » pour débloquer les situations difficiles et/ou tendues.
Nous sommes bien conscients des coûts entraînés par l'intervention des conseils ; ils peuvent atteindre des montants élevés. Mais l'assistance d'un expert qui vous évite une erreur n'a pas de prix.
Il convient de considérer ces dépenses comme un investissement :
- pour le cédant, une plus-value sur le prix ou une façon d'obtenir celui désiré ;
- pour le repreneur, une sécurité et l'apport d'une base de connaissances améliorées.
Pour être choisi par le cédant, le repreneur devra rédiger une lettre d'intention qui reprendra les éléments sur lesquels le cédant attend une réponse (voir le modèle *Lettre d'intention*, p. 345). Il est évident que c'est le repreneur qui doit s'exprimer avec sa personnalité et son projet de reprise et de développement de la cible ; le rôle des experts, à ce stade, ne peut être que technique pour s'assurer de l'emploi des termes appropriés, des éventuelles références comptables utilisées ainsi que du non-engagement formel de la lettre d'intention.

Un préalable pour négocier : la lettre d'intention

► Pour s'assurer de l'intérêt concret du repreneur et du sérieux de sa démarche, le cédant doit obtenir leur formalisation dans un engagement : la lettre d'intention (*Letter of Intent*, LOI).

► De son côté, le repreneur ne peut engager son temps et d'inévitables frais s'il ne dispose pas d'un engagement réciproque du cédant à son égard. Il doit obtenir une clause d'exclusivité.

► Bien que chaque cas de transmission soit différent, la rédaction de la lettre d'intention comporte des éléments incontournables.

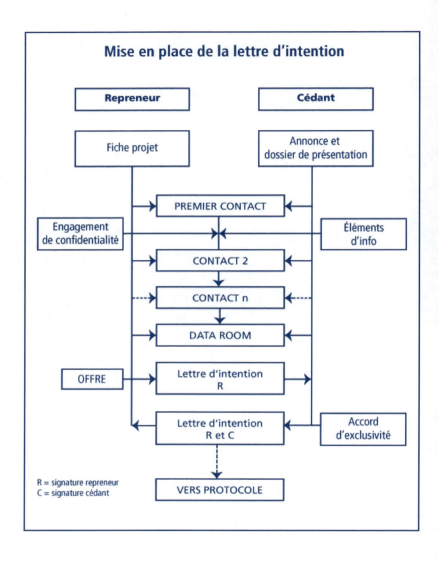

Un préalable pour négocier : la lettre d'intention

Choisir qui va concourir

En fonction de l'attractivité de son entreprise, le cédant va agir de deux façons différentes pour sélectionner celui avec lequel il va engager des négociations approfondies.

■ « Au fil de l'eau »

L'intérêt du cédant est de ne pas passer à côté d'un repreneur potentiel, même si celui-ci ne correspond pas exactement au profil recherché. Un premier entretien lui permettra de s'assurer de l'opportunité de le rencontrer à nouveau et d'avancer. Recevoir une première lettre d'intention ne le bloquera pas pour autant en cas de nouvelle candidature, notamment s'il ne s'est pas engagé dans une période d'exclusivité.
Évidemment, cette façon de faire lui demandera d'y consacrer plus de temps et de « recommencer » à chaque fois.

■ « Le concours de beauté »

Il est de plus en plus commun de rencontrer des cédants qui organisent consciemment ou non des « concours de beauté » entre repreneurs.
Les méthodes utilisées par les banques d'affaires qui permettent de mettre en concurrence des repreneurs et de garder la maîtrise du calendrier peuvent tout à fait s'appliquer dans une cession de PME sans l'intervention de telles institutions. Elles requièrent comme préalables que l'affaire soit attirante sur un plan commercial et économique et qu'elle soit valorisée à son juste prix.
Le cédant entouré de ses conseils habituels ou retenus pour l'occasion devra à la fois fournir les informations nécessaires à la prise de décision des repreneurs, économiser son temps et, dans un délai approprié, retenir le candidat avec lequel il aura de bonnes assurances d'aller jusqu'à la réalisation de la cession.
Le processus recommandé est alors le suivant (voir *schéma*, p. 44) :
- Rédaction d'un dossier de présentation et de l'annonce.
- Mise en place parallèlement chez son expert-comptable d'une « data room » et d'un calendrier qui spécifiera notamment les dates de remise des lettres d'intention.
- Recueil et tri des manifestations d'intérêt des candidats repreneurs.
- Sélection de 4, voire 5 candidats avec lesquels le cédant aura un dialogue et qui auront accès à la data room.
- Recueil des lettres d'intention des candidats qui devront notamment s'engager sur les points importants spécifiés par le cédant, tels que prix, capacité de financement…
- Examen des lettres par le cédant et ses conseils en vue de sélectionner le candidat qui bénéficiera de l'exclusivité.

La sélection du repreneur peut se faire dans un délai court et amener à retenir le candidat qui présente les meilleurs atouts et garanties de finaliser la transaction ; elle permet de ne pas consacrer plus de temps que nécessaire aux différents postulants et, par le biais d'une mise en concurrence affichée, de garder la maîtrise du calendrier et d'amener les candidats à muscler leur lettre d'intention, facilitant de ce fait le choix du lauréat et la réalisation de la transaction.

> **Cas pratique**
> **Rigueur et méthode caractérisent une cession réussie**
>
> **E. M., 43 ans, cède la société d'installation électrique qu'il a créée et dirigée pendant 23 ans.**
> Ma charge de travail quotidienne ne me permettait pas de partir pour cette ultime aventure sans être en confiance et très bien conseillé.
> Après avoir fait quelques recherches sur Internet, j'ai décidé d'appeler le CRA auquel j'ai adhéré après un entretien avec mon futur parrain. Le principe de l'association et la qualité humaine de ses membres m'ont séduit. J'ai senti que je pouvais m'exprimer, que l'on me comprenait et que l'expérience du CRA me serait très utile.
> Comme mon entreprise était susceptible d'intéresser de nombreux entrepreneurs, nous avons décidé de limiter l'examen des candidats sur papier à 10 et de choisir parmi ceux-ci 4 repreneurs potentiels qui seraient invités à suivre l'ensemble de la procédure, ayant manifesté par leur approche une réelle compréhension du métier, des marchés, avant de se livrer à l'étude de l'entreprise.
> Quelques semaines après l'annonce, je recevais, à la date fixée par moi-même, 4 lettres d'intention dûment motivées.
> L'analyse des lettres d'intention fut faite conjointement par moi-même, mon expert-comptable et surtout mon avocat qui souhaitait y voir déjà inscrits les fondamentaux du « DEAL ».
> Le facteur humain entrant dans le choix, il était donc crucial pour moi d'être conseillé sur la qualité des offres et d'être bordé techniquement.
> Pour la rédaction du protocole, mon avocat s'est attelé à la tâche avec rigueur et bon sens, bref en véritable allié.
> Afin de ne pas susciter d'inquiétude chez le personnel et d'interrogations chez les clients, j'ai décidé d'informer mes collaborateurs le jour de la présentation des repreneurs que j'ai accompagnés pendant 3 mois pour, essentiellement, les aider à construire une relation de confiance avec le personnel et les clients.
> **Due diligence, data room, closing**… ne sont pas des opérations réservées aux seules transactions à plusieurs millions d'euros. Ce sont des dispositifs efficaces et relativement simples à mettre en œuvre lors de cession d'entreprise à taille humaine. Au départ de tout processus de transmission se trouve un calendrier des opérations. Ce document, remis à tous les acteurs (cédant, repreneurs et conseils), mentionne les principales étapes du processus de cession et les délais impartis pour leur réalisation.

Un préalable pour négocier : la lettre d'intention

Au travers de l'organisation d'une data room chez un conseil extérieur, les repreneurs prennent connaissance des caractéristiques juridiques et financières de la société à reprendre, et ce dans un temps préalablement défini, afin de limiter la gêne que peut occasionner cette opération et garantir la confidentialité pour le cédant.

L'organisation d'une data room est une source d'efficacité pour le repreneur, car tous les documents nécessaires à l'appréciation de l'entreprise à reprendre sont réunis dans un lieu unique.

La préparation des protocoles et la réalisation de la vente (*closing*) correspondent à la dernière phase importante du processus de transmission en présence des conseils extérieurs. Cette dernière étape ne doit pas être négligée, son bon déroulement étant la garantie d'une cession réussie, tant pour le cédant que pour le repreneur.

Les éléments essentiels

La profession recommande au repreneur d'adresser une lettre d'intention plutôt structurée. Pour ce faire, une partie des diagnostics opérationnels (voir étape 5) aura été conduite avec plus ou moins de profondeur.

■ Bien structurer

Votre lettre devra porter sur les éléments essentiels, à savoir :
- les conditions essentielles et déterminantes de l'acquisition ;
- le prix offert ou une fourchette de prix avec les bases de calcul ;
- le calendrier projeté et/ou le cheminement envisagé des discussions devant mener au protocole d'accord ;
- l'accompagnement sollicité par le repreneur ;
- les modalités de paiement ;
- le cas échéant, le sort du compte-courant d'associé du cédant ;
- la garantie d'actif et de passif.

Au préalable, le repreneur aura pris soin de manifester sa bonne compréhension de l'activité de l'entreprise et de l'adéquation de son profil et de son projet au devenir de celle-ci ; il veillera dans sa lettre à répondre à l'ensemble des points auxquels le cédant attache une grande importance (voir le modèle *Lettre d'intention*, p. 345).

Il faut faire attention à ce que cette lettre n'apparaisse pas comme ayant été totalement rédigée par des conseils.

L'aboutissement logique de cette lettre d'intention sera l'établissement d'un protocole d'accord entre les parties, qui en reprendra les termes essentiels, complétés par des conventions convenues en complément entre les parties. Si elle est bien faite, cette lettre proposera non seulement les conditions de la cession mais elle définira aussi le cheminement proposé.

■ Les engagements

La lettre d'intention du repreneur est la première expression écrite de sa volonté d'entrer en négociation. Un tel document matérialise les pourparlers entamés, les grandes lignes d'une future collaboration : portée, forme et durée, notamment. S'il marque dans bien des cas une position de principe, un tel document ne vaut pas formation d'un contrat définitif.

Attention à la rédaction de la lettre d'intention : celle-ci ne doit pas constater des engagements mais une volonté de poursuivre les négociations.

Sans avoir tous les attributs d'un contrat, puisqu'il s'agit d'un acte unilatéral, aussi longtemps qu'elle n'a pas été expressément contresignée par le cédant, la lettre d'intention peut constituer, à la charge de celui qui l'a souscrite, un engagement contractuel de faire ou de ne pas faire. Le juge sera, dans les cas de contentieux, à même de lui restituer son exacte qualification, dans la mesure où repreneur et/ou vendeur auront clairement exprimé leurs objectifs généraux (objet de la cession, modalités générales de fixation de prix et de paiement, de délais, de rupture éventuelle, etc.).

Du point de vue des banquiers, la signature du document par les parties est la marque du sérieux de la démarche de leur futur client.

Devant les tribunaux, le souci des juges sera de déterminer quelle force les partenaires entendaient donner au document ; il reste que sa signature est le point à partir duquel une rupture des pourparlers est, si elle est jugée brutale, porteuse d'une éventuelle responsabilité délictuelle pour son auteur.

L'article 1112 du Code Civil (modifié par l'ordonnance du 10 février 2016 portant sur la réforme du droit des contrats) dispose que : « L'initiative, le déroulement et la rupture des négociations précontractuelles sont libres. Ils doivent impérativement satisfaire aux exigences de la bonne foi.

En cas de faute commise dans les négociations, la réparation du préjudice qui en résulte ne peut avoir pour objet de compenser la perte des avantages attendus du contrat non conclu. »

Le repreneur veillera à ne pas être engagé définitivement par sa lettre d'intention, en subordonnant son accord définitif à l'obtention :

- d'un financement ;
- aux résultats de l'audit ;
- à la rencontre avec les hommes clés de la société, éventuellement un ou plusieurs clients et/ou fournisseurs, etc.

Le cédant cherchera, pour sa part, à engager le repreneur à qui il vient d'accorder une exclusivité.

Clauses et conditions

À ce stade de ses contacts, le repreneur n'a pas obtenu du cédant toutes les informations nécessaires sur l'entreprise. Il va donc rédiger son engagement sous condition de les connaître et de les valider.

■ Le diable est dans les détails

En plus des conditions essentielles, il existe beaucoup de conditions accessoires dont on ne peut donner une liste exhaustive. Citons par exemple les conditions de départ du dirigeant, le maintien du bail si le cédant conserve les biens immobiliers, ce qui est fréquent, l'obtention éventuelle d'un crédit-vendeur ou le maintien au capital, etc.

Si elles ont été discutées pendant la négociation, autant les inclure dans la lettre d'intention car ainsi elles ne seront pas remises en cause lors de l'élaboration du protocole.

■ La clause d'exclusivité

La lettre d'intention est écrite et adressée par le repreneur au cédant. En échange, le repreneur devra exiger une acceptation avec engagement d'exclusivité pendant la période ouverte par la lettre d'intention. Évidemment, celle-ci n'est valable qu'avec cette contrepartie qui permet de poursuivre des discussions plus approfondies, de rencontrer des acteurs clés et d'engager des frais avec des chances sérieuses de succès.

> **MON CONSEIL**
> Accéder à des modèles de lettre d'intention sur Internet ne dispense pas de faire attention aux chausse-trappes juridiques.

■ La clause de sincérité

C'est une clause contraignante pour le cédant l'obligeant à révéler l'existence de négociations parallèles en cours ou à venir.

Étape 5
Les diagnostics opérationnels

TRANSMETTRE OU REPRENDRE UNE ENTREPRISE

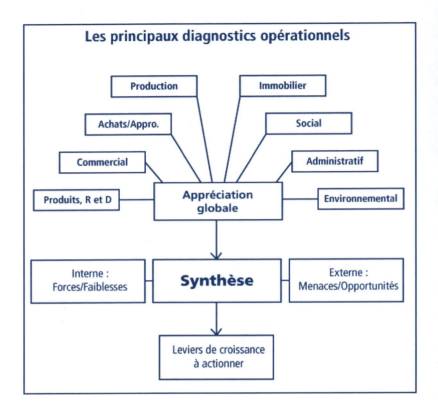

Des informations pour la décision

➤ Il est conseillé au repreneur de prendre le temps de réaliser de nombreux diagnostics au vu desquels il aura une vision plus complète de l'entreprise, de ses possibilités de développement futur et de son financement.

➤ Les diagnostics opérationnels sont effectués tout au long de l'examen d'une affaire, à partir du dossier reçu, des informations disponibles sur les bases de données ainsi que celles remises par le cédant.

➤ Ils se différencient des audits d'acquisition (*due diligences*) réalisés après la signature du protocole et qui vont engager la responsabilité des experts, notamment comptables, qui interviennent.

Cédants, devancez les questions en constituant des dossiers complets

Même s'il est difficile de collecter les informations en toute discrétion, le cédant doit montrer qu'il est organisé et bien préparé. Il a tout intérêt à présenter son entreprise sous son meilleur jour pour justifier le prix demandé. Il doit préparer un certain nombre de documents pour pouvoir répondre aux questions que se pose le repreneur. Il doit savoir qu'il aura vraisemblablement des discussions avec plusieurs candidats successifs et aura tout intérêt à disposer dans son dossier de présentation d'un budget prévisionnel, d'un business plan, et d'éléments de comptabilité analytique.

> **À NOTER**
> **Concernant le devoir précontractuel d'information** Il est ici précisé que l'article 1112-1 du Code civil (créé par l'ordonnance du 10 février 2016 portant réforme du droit des contrats) a instauré un devoir précontractuel d'information qui, à défaut d'avoir été satisfait par le client, pourra entraîner l'application de l'annulation de la vente, conformément aux dispositions des articles 1130 et suivants du Code Civil.
> Le cédant qui connaît une information dont l'importance est déterminante pour le consentement de l'acquéreur, doit l'informer dès lors que, légitimement, l'acquéreur ignore cette information ou fait confiance au vendeur.

Repreneurs, questionnez avec tact, courtoisie et intelligence

Au vu des dossiers qui lui ont été remis (présentation de l'affaire, dernières liasses fiscales, bilans et comptes de résultats, produits, types de clients, etc.), le repreneur posera des questions sur l'évolution du chiffre d'affaires et du résultat opérationnel, des frais de personnel, des comptes clients ou fournisseurs, des stocks, des provisions constituées, de la trésorerie, etc.

Plus le repreneur sera courtois et montrera que ses connaissances et son expérience correspondent aux besoins de l'entreprise, plus il pourra obtenir de renseignements car il doit s'attendre à une certaine réticence du cédant à communiquer certaines informations à ce stade de la négociation. Le cédant ou les dirigeants de l'entreprise n'ont pas toujours, pour des raisons historiques, financières ou du marché, pu faire mieux que ce qu'ils ont réalisé. Ce sera au repreneur de le faire, ce sera sa valeur ajoutée, mais inutile de le dire avant le *closing* et peut-être même quelque temps après...

> **MON CONSEIL**
> **Repreneur, faites vous-même votre estimation !** Repreneurs, ne consultez pas trop vite le budget prévisionnel ou le business plan de l'entreprise. Faites-vous votre propre opinion grâce aux diagnostics que vous allez effectuer et votre propre estimation du futur à 3 ans.

Repreneurs, évaluez le marché et les risques de rupture

Il est indispensable de faire aujourd'hui de la prospective pour évaluer une entreprise. Michel Tudel, alors nouveau président de la Compagnie nationale des experts-comptables de justice nous expliquait dans un entretien toujours d'actualité (Hérault Juridique & Économique du 3 novembre 2016) que l'on voit apparaître depuis 3 à 4 ans, un phénomène nouveau : « **les risques de rupture dans le développement des entreprises** », risques majeurs désormais. Exemple avec Kodak qui a disparu subitement après l'émergence de la photographie numérique. En synthèse, l'auteur nous explique qu'« **on n'évalue plus une entreprise sur sa performance chiffrée ; on l'évalue avec son marché et ses risques de rupture** ». Ce phénomène concerne aussi bien les grandes entreprises que les petites.

Les produits et l'organisation commerciale

➤ Il ne faut pas oublier que reprendre une entreprise, c'est avoir le projet de la développer. Le marché présente-t-il des opportunités ?

➤ Les produits appuyés par une bonne organisation commerciale sont les moteurs de l'entreprise.

➤ C'est le point sur lequel le repreneur doit déployer le maximum d'énergie et de compétence pour juger de l'intérêt du modèle économique de la cible.

Le marché, le positionnement, la concurrence

L'entreprise est-elle sur un marché porteur ou en régression ? Quelle est la croissance annuelle ?
Le marché est-il atomisé ou plutôt concentré ? L'entreprise est-elle leader ou en bonne position sur le marché ? Quelle est sa part de marché ?
La concurrence est-elle locale, nationale ou internationale ?
Quel est le type de concurrents ? Y a-t-il des concurrents dans des pays à faible coût de main-d'œuvre ?
Quelles sont les forces et les faiblesses de l'entreprise par rapport à la concurrence ?
Y a-t-il des marchés non abordés par l'entreprise par manque de moyens humains ou financiers ?

Les produits et l'organisation commerciale

Les produits

Quel est le type de produits ? Leur technicité ? Sont-ils protégés par des brevets, des modèles déposés ? Qui en sont les propriétaires ?
Quelle est leur part respective dans le chiffre d'affaires ? Quelle est leur rentabilité ?
Quel est leur positionnement dans le cycle de vie ? Peuvent-ils évoluer ?
Y a-t-il des litiges qualité connus ? Sont-ils provisionnés ?
Y a-t-il des produits complémentaires ou de négoce qui pourraient compléter la gamme ?
L'entreprise consacre-t-elle suffisamment de ressources à la recherche et au développement des produits ?
Toutes ces questions doivent être abordées pour mieux connaître l'entreprise.

> **MON CONSEIL**
>
> **Quelques recommandations au cédant** L'entreprise doit être préparée à répondre à ces questions, documents à l'appui, pour démontrer le potentiel de l'entreprise. Certaines interrogations ou remarques du repreneur peuvent faire prendre conscience que l'on aurait pu mieux faire dans certains domaines. Ne pas les prendre pour une critique, mais comme un argument en faveur des possibilités de croissance future.

> **MON CONSEIL**
>
> **Quelques recommandations au repreneur** Lorsque le repreneur envisage une croissance de l'entreprise dans certains domaines, il ne doit pas présenter cette perspective comme une critique du cédant.
> Ces renseignements sont à compléter par des informations que le repreneur pourra recueillir auprès des organisations professionnelles ou d'études de marché sectorielles, dont Xerfi (voir *Prospecter le marché caché*, p. 86).

REPRENEUR	ENTREPRISE CÉDANTE
Interrogations ?	Réponses à donner Documents à préparer
État du marché Positionnement de l'entreprise Concurrence Produits Marques	Information sur l'entreprise et son marché Concurrence Les produits : – part dans le CA ; – part de marché ; – rentabilité/produit ; – positionnement dans le cycle de vie. La protection des marques

Les clients

Quel est le type de clients ? B to B ? B to C ? Administrations, collectivités ? La clientèle est-elle diversifiée ou concentrée ? Quel est le nombre de clients ? Leur répartition 80/20 ? Nombre de commandes total et par client ? Y a-t-il un client très important (plus de 20 à 30 % du CA) ?
Les clients passent-ils des commandes hebdomadaires/mensuelles/trimestrielles ?
Les marchés sont-ils négociés au coup par coup ? Tarif et remise, sur devis ou par appel d'offres ?
S'il faut faire des devis, qui en a la compétence ? Quelle est la volatilité de la clientèle ?
Quel est le délai moyen et le mode de paiement, le risque client ? Y a-t-il des impayés ? Quelle est la provision pour clients douteux ?
S'il y a des litiges en cours, quelles sont les raisons et l'entreprise a-t-elle constitué des provisions pour risques suffisantes ?
Ces informations devront être comparées avec les éléments portés au bilan.
Le repreneur pourra se renseigner sur les raisons de l'évolution du chiffre d'affaires constatée au bilan. Y a-t-il eu croissance de la clientèle, pour quelle raison, ou inversement, la perte d'un gros client explique-t-elle la baisse de l'activité ?
La clientèle est-elle sensible à la certification produit, à l'assurance qualité ou à la certification environnementale ?

> **MON CONSEIL**
>
> **Quelques recommandations au cédant** À ce stade du contact, il est fort possible et même vraisemblable que l'entreprise ne veuille pas dévoiler le nom de ses clients. Elle est méfiante, le repreneur n'est-il pas envoyé par un concurrent ? Le repreneur ne va-t-il pas contacter un client pour obtenir des informations ? C'est pourquoi nous conseillons d'indiquer le type de clients plutôt que leurs noms (balance clients masqués). Le listing de la clientèle sera communiqué après la signature du protocole dans le cadre des audits d'acquisition.

Les produits et l'organisation commerciale

L'organisation commerciale

Comment l'entreprise est-elle structurée sur le plan commercial ?
Y a-t-il un directeur commercial ou un chef des ventes ? Ou le chef d'entreprise assure-t-il cette fonction ?
La force de vente est-elle composée de commerciaux salariés ou de représentants exclusifs ou multicartes ?
Quelle est la politique des rémunérations (salaires + primes) ?
Le repreneur s'attachera à obtenir des renseignements sur le nombre de commerciaux ou de représentants et leur coût, frais compris. Quelquefois, compte tenu de leur ancienneté, ces derniers peuvent avoir une rente de situation et leur rémunération n'être plus en rapport avec les résultats de l'entreprise. Dans certains cas, ces commerciaux peuvent ne plus correspondre à la politique que le repreneur entend mener et il faudra envisager une modification de statut (voire un licenciement) que le dirigeant n'a pas osé faire et qui aura un coût non négligeable. C'est toutefois une dépense non récurrente qui, à terme, doit s'avérer bénéfique pour l'entreprise.

La stratégie commerciale

L'entreprise privilégie-t-elle la croissance, peut-être au détriment d'une meilleure rentabilité ou le contraire ?
Quels sont les réseaux de distribution de l'entreprise, a-t-elle des revendeurs ou cible-t-elle l'utilisateur final en direct ? Est-il nécessaire d'élargir ou de modifier ses réseaux de distribution ?
L'entreprise a-t-elle une volonté de diversification de la clientèle ou ces dernières années s'est-elle concentrée sur le maintien de la clientèle existante ?
Y a-t-il des opportunités perceptibles, mais non exploitées, faute de moyens humains ou financiers, ou résultant d'une évolution récente des habitudes de consommation ?
L'entreprise a-t-elle une politique d'exportation ? Y a-t-il un responsable ? Qui pratique les langues étrangères ?

La communication

L'entreprise communique-t-elle par catalogue, par annonces presse, radio, TV, par mail ou e-mailing ? Sur quel fichier ?
Fait-elle appel à une agence de publicité ? Participe-t-elle à des salons ?
Quel est le budget de publicité et de promotion ?
Si l'entreprise a un site Internet, le repreneur l'aura consulté dès la connaissance du nom de la société. Il est indispensable qu'un site soit mis à jour régulièrement et au minimum que l'entreprise ait pris soin de le faire en préparant la cession. Par qui se fait cette actualisation ?

REPRENEUR	ENTREPRISE CÉDANTE
Interrogations ?	Réponses à donner Documents à préparer
Clientèle : – type de clients ; – part relative dans le CA ; – mode de paiement.	Clientèle : – répartition des clients ; – rentabilité par client ; – qualité.
Organisation commerciale : – structure ; – stratégie ; – communication.	Organigramme commercial : – politique de rémunérations ; – stratégie commerciale ; – plan ; – marketing ; – politique et communication.

Les achats et la production

➤ Il y a souvent des gisements d'économies avec une politique d'achats méthodique. Sachez en identifier l'existence ou l'opportunité.

➤ Pour une entreprise industrielle, l'analyse de l'outil de production est capitale. Aurez-vous des marges de manœuvre ou serez-vous obligé d'investir rapidement ? Votre plan de financement ne sera pas le même.

Les fournisseurs

Les fournisseurs potentiels sont-ils nombreux ou en nombre limité correspondant aux critères de qualité, de service ou de prix souhaités ?
Quelle est leur localisation, nationale ou étrangère ?
Quelles sont leur place et leur valeur stratégique dans l'entreprise cédée ?
Quel est leur taille et poids relatifs par rapport à l'entreprise ?
Sont-ils audités ? Au moins les plus importants ou stratégiques.
Sont-ils certifiés en assurance qualité (ISO 9000) ou en environnement (ISO 14000) ?
Quel est le délai d'approvisionnement pour les principaux fournisseurs ?
Comment sont maîtrisés les coûts d'approvisionnement ? Y a-t-il un tableau de suivi ?
Existe-t-il des engagements contraignants ? Contrat d'achat d'un certain volume sur une période donnée par exemple.
L'entreprise pratique-t-elle le juste à temps, les flux tendus ?
Y a-t-il des litiges en cours ?
Un approvisionnement dans des pays à bas taux de main-d'œuvre a-t-il été envisagé ? Est-ce possible ? Ce n'est jamais très simple et peut demander du temps et de l'énergie.

Les achats et la production

Les conditions d'achats

Y a-t-il des volumes minimums suivant les fournisseurs ou les produits ? Quels sont les délais de paiement ? L'entreprise, si sa trésorerie le permet, préfère-t-elle avoir recours au crédit fournisseur ou obtenir une meilleure remise en réduisant son délai de paiement ?
Toutes les informations recueillies seront comparées au nombre de jours du crédit fournisseur inscrit au bilan.
En cas de variation de ce crédit, le repreneur se renseignera sur les raisons qui ont amené cette augmentation ou réduction.

> **MON CONSEIL**
> **Quelques recommandations au cédant** La même remarque faite à propos des clients s'applique aux fournisseurs : l'entreprise ne voudra peut-être pas indiquer le nom de ses fournisseurs, bien que certains soient faciles à identifier. Le candidat pourra en contacter certains à ce stade de la négociation. Le cédant, après la signature du protocole, pourra accompagner le repreneur chez ses principaux fournisseurs.

REPRENEUR	ENTREPRISE CÉDANTE
Interrogations ?	Réponses à donner Documents à préparer
Fournisseurs : – nombre par matière première ou produit ; – taille ; – localisation ; – conditions d'achat.	Listing des fournisseurs Conditions d'achat, contrats

L'outil de production

Une visite d'atelier permet de se faire une idée des équipements et de l'organisation. Il est indispensable d'en voir son fonctionnement et l'usage que l'on en fait, même si le cédant veut garder une certaine confidentialité. Il peut toujours vous présenter comme un fournisseur.

La crise actuelle doit nous amener à nous poser des questions sur la flexibilité de l'outil de production et sa possibilité de reconversion partielle pour fabriquer d'autres produits, peut-être même changer d'activité.

Si le repreneur a des doutes, par manque de connaissances techniques, sur sa propre capacité à juger de la qualité de l'outil de production, il peut se faire accompagner par un expert, un ami technicien, voire un fournisseur d'équipement. Il se posera la question de savoir si l'outil est suffisamment compétitif. Que faut-il améliorer ? Quels sont les investissements à prévoir ? La maintenance est-elle préventive ou seulement corrective ? Un entretien négligé depuis quelques années obligera à une remise à niveau.

REPRENEUR	ENTREPRISE CÉDANTE
Interrogations ?	Réponses à donner Documents à préparer
Évaluation de l'outil de production : – taux d'utilisation ; – état de l'entretien ; – investissements à prévoir ; – productivité ; – qualité ; – coût de revient ; – stocks ; – savoir-faire ; – coût de la mise en conformité des machines ; – valeur des matériels sur le marché.	Listing du parc machines (dates d'acquisition) Tableau des amortissements Investissements en cours ou à prévoir Suivi de la productivité Taux d'utilisation des machines Contrat-qualité Certifications ISO 9000, QUALIBAT, AFAQ… Comptabilité analytique Coût de revient État des stocks Suivi de la maintenance

MON CONSEIL

Quelques recommandations pour le cédant Il est très important de présenter les ateliers sous leur meilleur jour, démontrer la cohérence des flux de production et la bonne organisation générale. Quelquefois, un nettoyage général et un petit coup de peinture peuvent nettement améliorer l'aspect général. Les « reliques », matériels ou divers matériaux et produits obsolètes ou inutilisables, ont davantage leur place à la ferraille ou dans les décharges spécialisées que dans les bâtiments, ou pire, à l'extérieur des locaux d'une entreprise. Les bureaux participent aussi à l'image de la bonne organisation.

Les achats et la production

> **MON CONSEIL**
> **Repreneur, pensez à sonder les équipements principaux !** Un cédant proche de la retraite peut avoir, soit par habitude (ça marche bien comme ça), soit par souci d'économie (on a assez dépensé en équipement), négligé l'outil, son entretien, voire son remplacement. L'évolution du montant des immobilisations est importante à cet égard. Il n'est pas inutile à ce stade de vérifier par sondage que les équipements principaux ne sont pas portés au bilan à une valeur supérieure à leur valeur vénale et que les règles d'amortissement n'ont pas été modifiées.

L'organisation

■ Quel est l'organigramme et le profil des postes ?

La connaissance technique est-elle concentrée entre les mains d'un tout petit nombre, voire d'une seule personne ?
La productivité est-elle mesurée ? En volume ou en valeur ajoutée par personne ?
Quelle est la politique de rémunération ? Primes individuelles ou par groupe ?

■ Les méthodes de production

La production est-elle organisée selon une méthodologie ?
Kanban, Juste à temps, flux tendu, 5S, etc., sont des méthodes de production. Il en existe d'autres. Ce qui est important, c'est de vérifier si ces méthodes existent, si les personnels ont été formés et si la méthodologie de production est partagée et reconnue par tous.

Les prix de revient

Même si cela est très important, tous les prix de revient ne pourront pas être vérifiés en détail faute de temps.
Toutefois, il est judicieux de procéder par sondage sur les principaux produits et particulièrement sur ceux qui constituent le carnet de commande ou les engagements futurs.
Le carnet de commande peut avoir été artificiellement gonflé par des commandes à bas prix.
Et il est nécessaire de savoir comment et par qui sont établis les prix de revient.

Les achats et la production

Les stocks

L'inventaire contradictoire des stocks peut être laborieux, il ne se fera qu'après la signature du protocole ou du *closing* et fera partie des éléments de la garantie du passif.
Toutefois, pour permettre l'évaluation de l'entreprise, les stocks, au même titre que les comptes clients, ont une importance certaine et il faut approcher aussi correctement que possible leur valeur réelle, et apprécier si la valeur portée au bilan paraît correcte.
Comment est valorisée la part de la main-d'œuvre dans les en-cours et dans les produits finis ? Reflète-t-elle bien la réalité ou le stock est-il surévalué ? Qui gère les stocks et comment sont-ils gérés ?
Applique-t-on la méthode du FIFO (premier entré – premier sorti) ou LIFO (dernier entré – premier sorti) ?
De même, comment sont valorisés les en-cours ?
Examinez l'aspect physique des stocks, matières premières ou produits finis.
Examinez rapidement le listing et surtout les principaux produits. Effectuez si vous le pouvez un inventaire physique de quelques produits pour les comparer avec le stock mentionné.
Vérifiez que des provisions pour dépréciation ont été constituées. Dans l'industrie, une provision inférieure à 10 % de la valeur du stock doit être expliquée.
Penchez-vous sur la rotation. Posez des questions sur les produits à rotation lente ou nulle. Quelle est la probabilité d'utiliser le stock ?
Une dépréciation future n'est pas à exclure.
Si les en-cours sont importants, vérifiez la cohérence avec la durée du cycle de fabrication. Une commande spécifique annulée peut-elle générer des en-cours ou des produits finis inutilisables ?
Bien entendu, suivant les métiers, les évaluations, les niveaux ou les rotations peuvent être différents. Il faut se renseigner sur les pratiques de la profession.
On n'a pas les mêmes règles dans les maisons de vin ou de champagne que dans l'industrie de transformation ou la grande distribution.
Essayez aussi de vous faire une idée du stock théorique des matières premières ou de produits finis nécessaires en fonction des quantités économiques, de l'éloignement des fournisseurs ou des pratiques et des conditions de vos clients.
Il y a peut-être là un gisement de trésorerie, même si l'entreprise est bien gérée.

L'environnement de l'entreprise

➤ Il s'agit là d'analyser des risques et des contraintes pour l'activité de l'entreprise. L'immobilier est un outil. Est-il adapté ?

➤ La sécurité, sous toutes ses formes, et l'analyse des risques doivent faire partie de votre réflexion.

➤ La vérification des risques couverts.

L'immobilier

■ Propriétaire ou locataire

L'entreprise est-elle propriétaire ou locataire d'une SCI associée ou d'un tiers ? Il est souvent conseillé au cédant de sortir l'immobilier de son activité.
Le bâtiment fait-il l'objet d'un crédit-bail ?

> **À NOTER**
> **Dans le cas d'une SCI, le cédant souhaite-t-il la conserver ou la céder ?** Il est quelquefois intéressant pour lui de la garder pour avoir des revenus ou pour des raisons fiscales. Pour le repreneur, l'investissement initial est moins important. La durée d'amortissement des bâtiments étant très longue, la location des locaux est souvent préférable à leur propriété, notamment sur le plan de la fiscalité.

■ L'adéquation des locaux

Les locaux sont-ils adaptés à l'activité, ainsi que leur localisation, la facilité d'accès, le stationnement ? Quel est leur état ? Quelles sont les possibilités d'extension ?
Un déménagement doit-il être envisagé ? Une opération immobilière est-elle possible à terme ?

REPRENEUR	ENTREPRISE CÉDANTE
Interrogations ?	Réponses à donner Documents à préparer
Propriété du bâtiment Adéquation des locaux Servitudes	Plan des terrains et bâtiments Titres de propriété ou de la SCI Baux Loyers Propriété du terrain et du bâtiment

Les risques et la sécurité

Dans un premier temps, le repreneur pourra se contenter d'interroger les responsables et de consulter les documents. Mais si les réponses sont imprécises, ou s'il n'y a pas de preuve que la réglementation a été respectée ou que des provisions pour risques ont été constituées, il conviendra d'effectuer un audit approfondi sur ces questions en se basant sur la réglementation spécifique à l'activité, car le coût du non-respect de la législation est de plus en plus élevé et peut être préjudiciable au futur de l'entreprise. En outre, les assureurs peuvent fonder le montant des primes sur un résultat d'audit ; de même, les banques peuvent conditionner l'obtention d'un prêt aux certificats de respect des règles en vigueur. De plus, un certain nombre de donneurs d'ordre exigent que l'entreprise soit certifiée.

■ Les risques environnementaux

L'entreprise a-t-elle un classement ICPE (installation classée par environnement) au regard de son activité ?
Y a-t-il eu une visite de contrôle ou de certification des organismes compétents ?
Est-elle certifiée ISO 14000 ?
Procède-t-elle à un tri sélectif des déchets ? Comment se fait la récupération et l'élimination ?
Quel est le coût ou la ressource éventuelle ? Y a-t-il un risque en relation avec les nouvelles réglementations (amiante, plomb…) ?

> **MON CONSEIL**
> **Repreneur, posez les bonnes questions !** L'entreprise est-elle la première utilisatrice du terrain sur le plan industriel ou a-t-elle racheté un bâtiment existant et quel est l'historique de l'utilisation de ce dernier ? A-t-il été utilisé par des industries polluantes au niveau du sol ?
> Si les réponses ne sont pas convaincantes, le repreneur aura intérêt à faire procéder à un carottage pour analyser le sol, voire à exiger un audit par des organismes compétents.
> Le repreneur vérifiera également si l'entreprise est en zone inondable, exposée à un risque d'éboulement, sur le tracé d'une future route ou touchée par un plan d'urbanisme.

Il est nécessaire de vérifier la conformité des matériels destinés au stockage (gasoil, éléments de traitement des effluents après production…).

La sécurité

› La sécurité des équipements

Les machines et équipements récents sont présumés conformes à la législation sur la protection des utilisateurs et la sécurité en général. Le repreneur vérifiera, mais surtout prêtera attention aux équipements plus anciens : ont-ils été mis aux normes ?
De quand date la dernière visite de l'inspecteur du travail ? A-t-il fait un rapport, des recommandations ou des injonctions de mise en conformité ? Est-ce effectivement mis en conformité ?

› La sécurité du fait des produits

L'usage d'un produit par son utilisateur final engage le producteur dans sa responsabilité du fait du produit. Il faudra vérifier que les notices d'utilisation ont été bien rédigées et que l'utilisateur final a bien été averti des éventuels aspects dangereux de l'utilisation du produit. En cas d'accident, un utilisateur pourrait se retourner contre le fabricant.

› La sécurité incendie

L'entreprise est-elle bien protégée et par quel système ?

REPRENEUR	ENTREPRISE CÉDANTE
Interrogations ?	Réponses à donner Documents à préparer
Risque environnemental Pollution des sols Conformité des équipements Sécurité incendie Assurances souscrites Bassin ou cuve de rétention	Certificat d'audit environnemental Certification ISO 14000 Audit ou rapport de mise en conformité des équipements Police d'assurances Risques industriels et environnementaux Notifications DREAL (ex DRIRE)

Les assurances

Pour faire face à ces risques, même si l'entreprise semble protégée, quelles sont les assurances souscrites et pour quel montant ?
Il convient de faire l'inventaire de ce qui existe ou de se faire conseiller par un intermédiaire d'assurances (courtier ou agent) car c'est un domaine technique qu'il ne faut pas négliger.
• Les **assurances de biens** concernent la multirisque entreprise, l'assurance flotte, l'assurance construction, celle des machines, la perte d'exploitation, les stocks.

L'environnement de l'entreprise

- Les **assurances de responsabilités** couvrent la responsabilité civile d'exploitation, la responsabilité civile professionnelle et la responsabilité civile avant ou après livraison.
- Pour les **assurances de personnes**, il convient de distinguer les assurances couvrant le chef d'entreprise de celles couvrant l'ensemble du personnel.

› Les assurances du personnel

Depuis le 1er janvier 2016, la loi A.N.I. (Accord National Interentreprises) oblige toutes les entreprises, quelle qu'en soit l'activité, la taille ou la forme, à mettre en place au bénéfice de tous leurs salariés un contrat collectif « complémentaire santé » qui devra leur apporter des garanties minimums (dites « socle ») qui sont les suivantes, l'employeur prenant en charge 50 % minimum du coût de la complémentaire :
- l'intégralité du ticket modérateur ;
- le forfait journalier hospitalier ;
- les dépenses de frais d'optique tous les deux ans ;
- les dépenses de soins dentaires, soit environ 125 % de la base de remboursement ;
- les mêmes garanties pour les ayants droits.

Pour ce qui concerne les autres garanties collectives, elles ne sont pas obligatoires et concernent les indemnités de fin de carrière (IFC), les indemnités de licenciement et la retraite.

› Les assurances couvrant le chef d'entreprise

Elles concernent :
- la couverture de la responsabilité civile des mandataires sociaux (RCMS) ;
- les couvertures dites « homme-clé » vous assurant en cas de décès ou d'invalidité permanente totale ;
- les garanties couvrant la prévoyance individuelle (décès, invalidité, rentes…), la complémentaire santé, la retraite ou le chômage.

> **MON CONSEIL**
> Sur cette dernière garantie du chômage, il faut rappeler que si votre statut est celui de dirigeant et associé majoritaire et plus particulièrement celui de travailleur non salarié (TNS), vous n'êtes pas couvert par Pôle Emploi. Dans ce cas, il serait prudent de rechercher une couverture *ad hoc* : certaines compagnies d'assurances offrent de telles garanties (comme la Garantie Sociale des Chefs d'Entreprises (G.S.C.), proposée par le GAN).

Les fonctions supports

➤ Vous ne rencontrerez certainement pas le personnel avant d'avoir repris. Raison de plus pour en savoir le plus possible sur lui…

➤ Le système d'information est crucial pour l'entreprise, sa gestion commerciale et industrielle, mais aussi pour vous qui aurez besoin de tout savoir…

Les ressources humaines

■ Les données de base

Comment fonctionne cette entreprise, quelles sont les fonctions occupées, quelle est la qualification, quel est le degré de formation, l'âge et l'ancienneté du personnel ? On essaiera de se faire une idée de la productivité à tous les niveaux et évaluer si le personnel est excédentaire ou juste suffisant.

À cette étape, le cédant pourra préférer ne pas fournir au repreneur un listing nominatif, pour des raisons de confidentialité, mais seulement décrire les postes occupés avec la qualification du titulaire.

Il est important de connaître la politique de rémunération et les habitudes, particulièrement dans les petites entreprises.

- L'entreprise a-t-elle un système de primes (productivité, de fin d'année ou 13e mois, de bilan pour les comptables, de transport, etc.) ?
- Le dernier contrôle URSSAF ou la dernière visite de l'inspection du travail ont-ils donné lieu à une notification de redressement ?
- Quel est le taux des accidents du travail ?
- La formation du personnel est-elle une priorité du chef d'entreprise ? Existe-t-il un plan de formation ? Quel est le budget ? Est-il en progression ou a-t-il été écorné pour améliorer le résultat ?
- Les engagements comme les indemnités de départ à la retraite sont-ils prévus et font-ils l'objet d'une assurance ?
- L'étude des contrats de travail et des avantages fera l'objet d'un audit plus approfondi dans un stade ultérieur.
- Une vérification avec les pratiques de la profession ou de la région peut être faite auprès des organismes professionnels.

La propreté, l'état des vestiaires, des sanitaires, l'environnement des machines, l'éclairage ou le chauffage, peuvent donner une idée du soin apporté au confort du personnel et aux conditions de travail.

■ Climat et psychologie

› Le climat social

L'entreprise a-t-elle procédé à des changements récents dans l'organisation et pour quelle raison ?
Le personnel est-il réceptif au changement ?
Y a-t-il eu récemment des démissions, un plan social ou des licenciements ? Ou inversement de nouvelles embauches de jeunes plus diplômés par exemple ?
Les prud'hommes sont-ils saisis de certains litiges ? Quel est le risque ? Une provision a-t-elle été constituée ?
Quelle est la forme de la représentation syndicale ?

Les fonctions supports

Quel est le nombre des arrêts maladie dans l'année ?
De quelle convention collective dépend l'entreprise ?
Quels sont les horaires ? Fixes ou flexibles ?
Un conflit ou une grève récente ont-ils été réglés sans trop de problèmes ?

> **MON CONSEIL**
> **Déterminer les personnages clés** Au cours de ces entretiens, le repreneur essaiera aussi de déterminer quels sont les personnages clés et d'obtenir de les rencontrer avant le **closing**. Si des membres de la famille sont dans l'entreprise, quels sont leur degré de responsabilité, leur position dans le processus de vente et leur souhait éventuel de rester dans l'entreprise ?

Il est important de vérifier la politique salariale vis-à-vis des proches collaborateurs. Leur dernière promotion était-elle justifiée ? Ou ont-ils été favorisés en vue d'un licenciement éventuel ?

› L'audit « psychologique »

Un facteur très important est souvent négligé : l'audit « psychologique » des ressources humaines. L'audit ne peut pas être effectué uniquement sur la base de documents, de dossiers ou de statistiques, mais doit l'être au travers d'entretiens avec les salariés concernés afin de s'assurer de leur adhésion au projet de reprise. À défaut, le repreneur peut être confronté à des déboires importants.

REPRENEUR	ENTREPRISE CÉDANTE
Interrogations ?	Réponses à donner Documents à préparer
Fonctions Nombre de personnes Qualifications Salaires et avantages Engagements (retraite, non-concurrence) Conventions Climat social Existence et rôles des syndicats	Organigramme fonctionnel Liste du personnel Salaires et avantages Contrats ou engagements futurs Conventions Rapports du comité d'entreprise Rapports du comité hygiène et sécurité Rapports de visites de l'inspection du travail

> **Cas pratique**
> **L'importance des hommes clés**
> J'ai rencontré un repreneur d'une société de conseil qui avait été lâché par ses principaux consultants : ceux-ci avaient tenté de reprendre l'entreprise par LMBO et étaient frustrés de ne pas y être parvenus, alors qu'un repreneur extérieur avait pu lever les fonds. Démotivés, ils ont quitté l'entreprise, la conduisant ainsi à la faillite. Dans un autre cas, l'audit a été effectué et a mis en évidence une profonde inimitié entre un des cadres du repreneur et le principal cadre de la société cible. Poursuivre l'acquisition aurait poussé l'entrepreneur à prendre le risque de déstabiliser soit sa propre entreprise, soit la société cible. Il a abandonné son projet.
> (Philippe D., expert-comptable)

La gestion

Les diagnostics précédents auront permis de se faire une idée de l'organisation générale.
Le repreneur a pu noter qui pouvait donner les réponses : le dirigeant seul, le comptable ou d'autres collaborateurs, et si les documents étaient issus de l'informatique.
Il est clairement apparu si la comptabilité était traitée en interne ou externalisée. Si le service comptable est interne, quelle est la qualification du ou des responsables ?
Quel est le coût de l'administration ?

> **MON CONSEIL**
> **Connaître les banques de l'entreprise** Il est aussi intéressant de connaître les banques de l'entreprise, le niveau des rapports et quel est l'interlocuteur interne.
> Si les contacts sont bons et l'affaire saine, vous trouverez peut-être un accueil favorable pour votre plan de financement auprès de ces banques, surtout si elles veulent conserver le client.

■ L'informatique

L'entreprise a-t-elle une informatique performante ou tout au moins adaptée à ses besoins ?
Un audit informatique portera sur les points suivants :
- état des lieux ;
- inventaire des matériels avec date d'achat et version des logiciels ;
- inventaire des applications informatiques et licences utilisées (responsabilité pénale du dirigeant en cas de piratage) ;
- liste des prestataires, des prestations fournies et des contrats (site Internet, gestion des clients et logiciels opérationnels, messagerie) ;
- politique de sauvegarde et de protection des données (lieux, contrôle d'accès, antivirus) ;
- sécurité informatique ;
- conformité des logiciels aux règles fiscales ;
- plan d'actions et investissements informatiques existants.
En cas de développement interne, identifier celui qui possède le savoir informatique, les codes sources, l'historique...

■ La comptabilité

Qui tient la comptabilité ? Est-elle sous-traitée chez un expert-comptable ou bien assurée par un parent du chef d'entreprise ?
Par ailleurs, celle-ci est-elle fiable ? Existe-t-il une comptabilité analytique ? Quelles sont les informations sorties par la comptabilité ?

REPRENEUR	ENTREPRISE CÉDANTE
Interrogations ?	Réponses à donner Documents à préparer
Organisation administrative Comptabilité Relations avec les banques Informatique	Organigramme fonctionnel Qualifications Coût de l'administration État de l'informatique Listing des équipements et des logiciels

Le management

➤ **Logiquement, la phase d'observation se termine par l'analyse du rôle du patron... Évidemment si vous envisagez de le remplacer !**

➤ **Passez-vous à l'étape suivante ?**

Le dirigeant

■ La fonction de management

Enfin, arrivant à la fin de ces diagnostics, le candidat repreneur a pu apprécier le type de management du dirigeant.
- Est-il l'homme omniprésent et responsable de tout dans l'entreprise, et comment reprendre ses fonctions ?
- Ou bien a-t-il délégué des responsabilités à ses collaborateurs ? Il est donc important de rencontrer les hommes clés de l'entreprise pour bien comprendre leur rôle, évaluer dans la mesure du possible leur compétence, leur degré d'autonomie, s'assurer de leur collaboration future et les rassurer sur vos intentions.

■ Le salaire du dirigeant

Un point important à connaître est le salaire et les avantages du dirigeant (ou de sa famille), particulièrement dans les petites entreprises.
- Quelle est la politique suivie : salaire plus important ou distribution de dividendes ?
- Est-il toujours payé par l'entreprise ou est-il retraité ?

Avant le *closing*, il faudra négocier avec le dirigeant les conditions (délai et rétribution) de son accompagnement ou de sa collaboration future.
Cela fera partie des conditions d'achat (voir *Le départ et l'accompagnement du cédant*, p. 297).

Le management

Et maintenant, que décidez-vous ?

Si les entretiens se sont déroulés dans le climat de confiance souhaitable, vous avez obtenu des informations pour vous convaincre de poursuivre ou non. Faites la synthèse des éléments positifs et négatifs en utilisant les diagnostics réalisés. Pour cela, nous vous recommandons de réaliser une analyse « Forces, faiblesses, menaces et opportunités » (SWOT en anglais) :
- les forces et faiblesses sont constituées par des éléments internes à l'entreprise, comme l'outil de production, les produits, le commercial, l'informatique ou le personnel ;
- les menaces et opportunités sont constituées par des éléments externes à l'entreprise, comme la concurrence, la législation, les prix des matières premières, les aides publiques réservées à certains secteurs, les avancées technologiques, un gros client qui délocalise ou un marché émergent (Internet, énergies nouvelles, NTIC…).
Intéressez-vous aux éléments essentiels. Ce sont ceux pour lesquels la maîtrise est plus délicate. Faites-vous un tableau simple. Vous serez alors en mesure de prendre une décision.
Si vous sentez que vous n'êtes pas en mesure de maîtriser la situation, alors renoncez. Ce n'est pas un drame, même si vous avez eu un bon contact avec le cédant, que vous avez passé du temps et engagé quelques frais. En revanche, si vous sentez que vous avez les armes pour résoudre les différents éléments de votre tableau, alors n'hésitez pas. Ce tableau sera votre guide d'action ultérieur.

> **À NOTER**
> **Soyez vigilant** N'oubliez jamais que vous engagez votre argent, que le remboursement des emprunts doit se faire par le maintien des résultats et que vous vous rémunérerez grâce à la valeur ajoutée que vous apporterez.

Si les éléments positifs l'emportent et si vous sentez bien l'entreprise, vous décidez de poursuivre.
Vous avez pu vous faire une idée de la véracité du compte de résultats. Vous avez évalué l'impact éventuel d'un changement de règles comptables. Les éléments recueillis sur les clients, fournisseurs, stocks, le personnel et les provisions constituées ou à constituer, ainsi que la réalité des immobilisations ou autres valeurs portées au bilan, vous permettent de le retraiter et de calculer un actif net corrigé qui vous servira à affiner la valeur que vous estimez de l'entreprise. Il faut rédiger votre business plan que vous pourrez comparer aux projections faites par l'entreprise et définir le prix et les conditions d'achat que vous allez proposer. Le plan de financement que vous discuterez avec les différentes banques en découlera. À ce niveau, l'aide d'un conseil expert-comptable est fortement conseillée.

> **Cas pratique**
> **Importance des audits de pré-acquisition**
> **L. J. reprend M., société d'éditions de cartes et articles touristiques.**
> Même si les relations avec le cédant étaient excellentes, et qu'il s'est montré très coopératif et transparent durant les négociations, j'ai eu quelques surprises concernant

les stocks. En effet, dans cette activité, un chiffre ne signifie pas grand-chose, car encore une fois, notre matière première, c'est l'image. On peut avoir un fonds de plusieurs milliers de clichés, si une bonne partie n'est plus au goût du jour, elle perd toute sa valeur. C'est le cas, par exemple, d'une collection qui n'aurait pas été exploitée au bout de 3 ou 4 ans. Toute la difficulté est alors d'évaluer le prix réel de l'entreprise, surtout quand on ne connaît pas le métier, comme c'était mon cas. Résultat : sur une valorisation de 280 K€, environ 80 K€ de stock se sont avérés bons… à jeter.

Donc, même avec une analyse correcte au plan comptable – données exactes et assistance par un ami expert-comptable –, j'aurais dû faire appel à des spécialistes du secteur pour réaliser cette évaluation. Pas si facile à trouver…

Ce témoignage pose également le problème de connaître l'incidence de cette dépréciation post-reprise sur la capacité bénéficiaire de l'entreprise.

Malgré tout, il restera des questions sans réponses ou oubliées. Le repreneur précisera dans la lettre d'intention quels audits d'acquisition, comptable, juridique, fiscal, social, environnemental ou autres seront à effectuer avant le *closing*.

MON CONSEIL
Petits rappels pour le cédant
- Se rendre disponible. La cession, cela prend du temps.
- Préparer soigneusement ses dossiers. C'est professionnel et cela fait gagner du temps.
- Ne pas juger trop vite des capacités ou insuffisances du repreneur.
- Savoir créer un climat de confiance.
- Dévoiler uniquement les informations nécessaires à ce stade.
- Agir de bonne foi.
- Ne pas donner de réponses évasives ou fausses.
- Ne pas se sentir agressé si votre interlocuteur s'interroge sur les raisons de certaines faiblesses de l'entreprise.
- Valoriser les points forts.
- Ne pas hésiter à interroger le repreneur sur ses intentions.

Petits rappels pour le repreneur
- Bien préparer les visites et les questions.
- Ne pas être trop sûr de soi ou arrogant.
- Montrer que l'on est le bon candidat.
- Poser les bonnes questions sans se disperser.
- Bien écouter les réponses et prêter attention aux détails.
- Faire répéter si des réponses n'ont pas été bien comprises.
- Si un point est obscur, reposer la question.
- Prendre un maximum de notes : il est si facile d'oublier un détail qui s'avérera important.
- Se faire assister par un expert si l'on n'a pas la connaissance suffisante dans un domaine.
- Ne pas hésiter à dire non ou à renoncer si l'on « ne sent pas » l'opération.
- Mais ne pas tergiverser trop longtemps si l'on s'est fait une opinion favorable des possibilités de l'entreprise et que l'on pense pouvoir apporter une réelle valeur ajoutée.

Étape 6
Construire son business plan

Pourquoi établir un business plan ?

➤ Travail d'analyse et de réflexion, le business plan (BP) est l'outil essentiel de référence du repreneur.

➤ Le repreneur s'appuie sur ce document pour présenter ses projets de développement aux partenaires financiers et monter son plan de financement.

➤ Même après la reprise, le repreneur peut se référer aux différents scénarios qu'il avait imaginés dans son business plan.

Quels objectifs pour le repreneur ?

Tout simplement communiquer son projet !

■ S'approprier l'entreprise

Après les premiers entretiens et les informations successives qui auront abouti à s'engager dans l'acquisition, il faut en effet passer d'une position de candidat acheteur ayant encore une vision externe, à celle de propriétaire avec une vision interne. D'où l'importance d'y consacrer du temps, car une omission dans la réflexion peut faire courir autant de risques qu'une imprécision dans l'évaluation. En cela, le business plan est un véritable document de travail.

■ Communiquer avec les partenaires internes ou externes

Le business plan devient alors un outil de communication. Mais il ne se limite pas à la reprise. Il accompagne chaque étape significative de la vie de l'entreprise (réorientation, investissement de production…) et doit être actualisé, voire repensé. C'est donc un document vivant, un tableau de bord en quelque sorte, ou la « feuille de route » du repreneur. Il s'agit d'écrire ce que l'on va faire pour pouvoir ensuite faire ce que l'on aura écrit.

Qui est concerné ?

Tout le développement qui va suivre concerne bien évidemment au premier chef le repreneur. Pour autant, le cédant est aussi concerné.

Bien que construit, pour la première fois, par le repreneur, le business plan a pour finalité, entre autres, d'aboutir à l'obtention du financement et donc à la cession de l'entreprise. Il s'agit donc bien là d'un objectif commun au cédant et au repreneur.

La consultation du cédant par le repreneur peut s'avérer alors judicieuse, au moins dans la partie analyse et diagnostic du business plan.

- L'un (le repreneur) apporte une analyse exhaustive et neuve de la situation interne de l'entreprise, de ses produits et des évolutions possibles, de son marché avec une vision stratégique tournée vers l'avenir.
- L'autre (le cédant) apporte l'expérience et le vécu et donc une connaissance concrète des réalités tant de l'entreprise que de son environnement, c'est-à-dire une vision enrichissante du passé.

> **MON CONSEIL**
>
> **Un BP en adéquation avec la conjoncture** Le business plan, pour être crédible, devra tenir compte de la conjoncture et chiffrer une hypothèse « au fil de l'eau » dans un environnement en croissance 0, ou en baisse. Une analyse de sensibilité aux aléas des variables majeures de l'économie (prix de l'énergie, des matières premières, variation d'activités…) déterminera le caractère robuste ou non du BP.

> **MON CONSEIL**
>
> **Faire intervenir le cédant dans l'élaboration du BP ?** Entre la définition d'un objectif de développement et la façon de le réaliser au quotidien, il y a une valeur ajoutée et une culture bien spécifique qu'est le savoir-faire du pilote de l'entreprise, acquis sur le terrain (faculté d'analyse des comportements des partenaires, délais de réaction, particularités régionales, interprétation du non-dit…).
>
> L'intervention du cédant peut à cet égard être un complément d'information précieux que vous ne trouverez dans aucune base de données…

La trame du business plan

➤ Après les entretiens entre cédant et repreneur, vient le moment de synthétiser : le projet, les hypothèses chiffrées et le plan de financement.

➤ Le business plan représente l'outil de communication indispensable du repreneur. Il doit en plus le rendre convaincant.

L'existant et le diagnostic

C'est sur cette base que repose votre projet, autant être clair et complet.

■ La présentation de l'entreprise et de son métier

› Sa « carte d'identité »

Il s'agit d'un historique complet des différentes étapes de son développement incluant une ou plusieurs photos des établissements et installations.
D'un historique transparaît toujours l'orientation voulue par son manager. On pourra déjà évoquer le maintien ou le changement d'orientation pressenti par le repreneur.

› Son métier

Ce point est important : de la compréhension du métier découlera, chez le partenaire financier notamment, la compréhension des besoins pouvant découler du cycle d'exploitation. Quelques plaquettes techniques fournies hors BP illustreront utilement les explications fournies, ou le site Internet.
Dans le cas d'un métier de technologie, privilégier l'explication « à quoi ça sert » en regard du « comment ça fonctionne ».
Expliquer son *business model*, c'est-à-dire la façon qu'a l'entreprise de créer de la valeur, son savoir-faire spécifique en quelque sorte.
Situer l'entreprise sur son marché qui va être analysé plus loin.
Ce *business model*, défini avant la préparation du BP, cernera précisément ce qui permet à l'entreprise de générer une valeur ajoutée et donc un revenu.

› Son (ses) produit(s)

Analyser les produits et leur adéquation/obsolescence par rapport au marché ou leur avantage concurrentiel.
Identifier les menaces technologiques sur ces produits.
Quels nouveaux produits peuvent être envisagés ?
Protection par des brevets ?
Sensibilité des produits aux prix de revient des matières premières (énergie, métaux, etc.).

› Sa politique commerciale et marketing

Comment est organisé le réseau de vente ? Vente directe ou par des distributeurs ? Politique de rémunération des commerciaux…
Y a-t-il un suivi de la prospection et des prévisions de commandes ?

Y a-t-il un plan de communication sur les produits et au-delà sur l'entreprise elle-même ?
Quelle est globalement l'image externe de l'entreprise ?
Existence d'un système de communication moderne, tel un site Internet par exemple.

› Ses clients et fournisseurs

Vers quelle typologie de clients est exercée son activité ? En donner une liste significative avec le chiffre d'affaires pour les principaux. Attention au client prépondérant (au-dessus de 25 % environ).
Y a-t-il de la sous-traitance ? Pourquoi ?
D'où viennent les approvisionnements ? Répertorier les fournisseurs et analyser la dépendance de l'entreprise envers eux (ou l'inverse !).

› Ses partenaires financiers

Nombre de banques : deux, voire plus, est souvent souhaitable. Lignes de crédit en place pour pouvoir s'assurer de leur maintien après la reprise.

› Son organisation générale

Un organigramme fonctionnel est utile pour la compréhension de qui fait quoi.

› Ses moyens humains

L'effectif (liste souhaitable par catégorie), âge moyen, *turn-over*, niveau de technicité, facilité de recrutement, recours à l'intérim ?
Quelle politique salariale prévue ?

› Ses moyens matériels

Moyens de production : le niveau technologique, l'obsolescence et son impact sur les investissements futurs.
L'immobilier : propriétaire/locataire, réserve d'extension ? Aménagements à prévoir en fonction de l'orientation souhaitée ? Caractéristiques du bail et loyers ?
La gestion : parc informatique et système de gestion et de suivi en place.

› Identification de ses forces et faiblesses

Si elles sont bien analysées et expliquées pour chacun des postes qui précèdent, la stratégie future, qui s'en inspirera forcément, sera plus crédible.
Une première approche sommaire permettra de classer l'entreprise entre :
- les affaires à spectre ouvert : métier pouvant évoluer aisément vers un élargissement de produits, de compétences, de parts de marché et disposant d'une initiative commerciale ;
- et, à l'opposé, les affaires à spectre fermé : métiers très spécialisés ou à fort *intuitu personae* dépendant de donneurs d'ordre qui ont l'initiative commerciale.
Dire que les premières sont les opportunités à retenir, et que les secondes sont condamnées, serait excessif. Toutefois, le repreneur partant de cette analyse

mettra en évidence les atouts dont dispose l'entreprise et les adaptations/évolutions envisagées avec le délai pour y parvenir.

> **À NOTER**
> **L'analyse de sensibilité de l'entreprise** À l'occasion de l'identification des forces et faiblesses, le repreneur aura tout intérêt à effectuer une analyse de sensibilité aux cinq forces principales susceptibles d'influer sur le devenir de l'entreprise : pouvoir de négociation des clients, pouvoir de négociation des fournisseurs, produits de substitution, menace de nouveaux entrants, rôle de l'État. Ceci afin de déterminer la « robustesse du plan d'affaires » vis-à-vis de tels facteurs extérieurs (analyse de sensibilité du professeur E. Porter).

■ La présentation et l'analyse du marché et de la concurrence

Vous devez prouver dans cette partie que vous connaissez bien le marché.
Cerner le marché, ou segment de marché concerné. Taille, tendance, quels sont les facteurs clés de succès ?
Cerner et identifier la concurrence. Leurs atouts et faiblesses comparés à ceux de l'entreprise.
Il sera judicieux de faire un comparatif chiffré entre l'évolution du marché et celle de l'entreprise et de ses principaux concurrents.
Faire de la prospective pour l'entreprise sur ce marché.
« Les poubelles de l'histoire sont remplies de tendances prolongées », aphorisme bien connu qui met en évidence le fait que beaucoup d'erreurs ont été commises suite à un diagnostic erroné de l'existant et de son évolution probable.
C'est donc une nouvelle réflexion, prélude à la stratégie adoptée par le repreneur, sur ce que pourrait être l'avenir.
Elle prend tout son sens dans cette période de mutation économique où les modèles existants sont sensiblement modifiés voire remis en cause.

> **Cas pratique**
> **Étude de marché : un outil indispensable**
> **J.-L. M. reprend A., une société fabriquant des brûleurs à gaz.**
> Pour préparer un BP réaliste et surtout réalisable, l'étude des marchés de l'entreprise cible est essentielle. Pour ma part, j'ai utilisé toutes les ressources à ma disposition :
> – les bases de données Xerfi pour les études de marché sectorielles dans toute l'Europe ;
> – les bases de données Diane pour les chiffres sur les concurrents du secteur et le positionnement de la société cible ;
> – le conseil de spécialistes du secteur sur l'état du parc machines, sur la sécurité des installations, etc. ;
> – des prestataires de services, soit dans la préparation du BP, soit dans l'audit d'acquisition :
> – une société spécialisée dans les études de marché de niche ;

– un cabinet d'audit environnemental pour analyser l'état des risques environnementaux.

Toutes ces informations sur les marchés adressées par l'entreprise et sur d'autres domaines essentiels m'ont été très utiles pour construire mon BP et surtout pour la reprise de l'entreprise.

■ La présentation et l'analyse de la situation financière

Les bilans et comptes de résultats seront fournis séparément, mais un commentaire est bienvenu.

L'analyse portera au moins sur les trois derniers exercices, mais pour des métiers à cycle long, un historique des chiffres clés sur 5 à 7 ans n'est pas superflu. Elle comprendra la présentation évolutive des grandes masses du bilan, fonds de roulement, besoin en fonds de roulement, trésorerie.

Le compte de résultat sera retravaillé pour mettre en évidence la formation du résultat en attirant l'attention sur les postes susceptibles d'être retraités en fonction des économies possibles ou des réorganisations à mettre en place.

Une large place devra être faite à la détermination des coûts fixes et variables et au point mort de l'entreprise.

En effet, la stratégie adoptée touchera forcément les coûts variables ou les coûts fixes, voire les deux. La connaissance précise de ces coûts permettra donc de mesurer l'incidence de l'action à venir ou les conséquences d'une évolution dans un scénario pessimiste.

Une analyse de la situation de trésorerie sera également bienvenue pour voir le degré d'indépendance financière et le potentiel de génération de nouvelle trésorerie de l'entreprise.

À NOTER

Le tableau de financement Le repreneur aura intérêt à se faire communiquer, s'il existe, ou à le faire établir par un expert-comptable dans le cas contraire, le tableau de financement, appelé également tableau des emplois et ressources, des exercices présent et antérieurs afin de mieux appréhender les flux financiers de l'entreprise.

Cas pratique
Conseil d'expert : intégrer une charge dite supplétive
Dans le cadre d'une reconversion, il est fréquent que le repreneur perçoive des indemnités ASSEDIC qui lui permettent de vivre un certain temps sans percevoir aucune rémunération de la société reprise. Le risque est alors, comme je l'ai vu à plusieurs reprises, de considérer, dans le contrôle de gestion et dans le calcul des coûts et des prix, que le travail du repreneur est gratuit et que les prix peuvent être diminués pour gagner des parts de marché. Les prix des produits ou prestations sont alors sous-évalués. La société n'est que faiblement rentable. Quand le repreneur, arrivé en fin de droits, doit se rémunérer sur la société, il lui faut alors réviser les prix à la hausse, ce qui est rarement aisé.

Pour éviter de telles erreurs, il faut intégrer dans le calcul du coût une charge dite supplétive, correspondant à la rémunération normale chargée qu'aurait dû percevoir le repreneur de la société. En fin d'année, le bénéfice doit au moins correspondre à cette rémunération.
(Philippe D., expert-comptable)

La trame du business plan

Le projet

C'est là que vous devez convaincre !

■ Du point de vue du repreneur

Le repreneur devra joindre un CV en annexe de son business plan.

> **MON CONSEIL**
> **Bien expliquer ses choix professionnels** Si vous n'étiez pas dans le métier de la cible, expliquez les raisons de votre choix : vous n'avez pas acheté un métier, mais une entreprise dans laquelle vous avez donc trouvé de quoi mettre en pratique vos compétences et le complément à ce que vous ne savez pas faire.

Les partenaires, financiers notamment, préfèrent les repreneurs issus du métier de la cible. Si cela est quasi indispensable dans une toute petite entreprise où le manager est aussi l'homme métier, c'est de moins en moins vrai dès que la taille de la cible augmente, puisque les compétences techniques sont alors présentes dans le personnel. Néanmoins, et dès lors que le manager doit s'impliquer commercialement, cela restera un atout : on ne vend bien que ce que l'on connaît bien.

> **MON CONSEIL**
> **Un CV pertinent** Reprenez votre parcours professionnel. Mettez en avant, sans prétention, mais sans modestie non plus, l'expérience acquise valorisable dans la nouvelle fonction. Expliquez les motivations et convictions qui vous ont amené au choix de cette cible.

Un repreneur poursuit un ou des objectifs personnels qui devront également être commentés : réalisation d'un mode de vie par goût de l'entrepreneuriat, constitution d'un patrimoine à transmettre à des enfants, valorisation pour une recherche de plus-value à plus ou moins court terme…

■ La stratégie développée

L'entreprise a été analysée, comparée à son marché, ses concurrents. Ses points forts, faibles, ses coûts fixes et variables sont identifiés. Tout est maintenant prêt pour les choix stratégiques du repreneur qui vont orienter les années à venir. Donnez alors votre vision de l'entreprise, éventuellement reconfigurée, à moyen terme (3-5 ans) en fonction de l'objectif que vous vous fixez : parts de marché ? évolution du chiffre d'affaires et du résultat ?

Un développement expliquera comment cet objectif sera atteint, en chiffrant les prévisions :
- Développement commercial : gains de parts de marché, relais de croissance, moyens à mettre en œuvre, politique tarifaire…
- Optimisation du fonctionnement actuel : mesures à prendre et chiffrage concernant la gestion, la logistique, rationalisation des dépenses…
- Redéfinition éventuelle de l'équipe de la cible : modification de la répartition, embauches, remplacement des départs en retraite proches…
- Et enfin, incidences financières avec une projection détaillée : un compte de résultat prévisionnel, un plan de financement qui font l'objet de la seconde partie de ce chapitre.

L'analyse des risques du projet

Toute entreprise avance dans un environnement évolutif. Il faut donc :
- identifier les risques : inhérents au marché, à la concurrence, au produit ;
- mesurer leur impact sur les coûts (fixes et variables) et donc le résultat, puis envisager déjà l'attitude à adopter, ou les mesures pouvant être prises s'ils se réalisent.

L'élaboration de plusieurs scénarios s'appuiera sur les analyses de sensibilité décrites ci-avant et sur un outil simple de modélisation développé sous Excel.

> **ATTENTION**
> **Erreurs à ne pas commettre !** Repreneur, attention de ne pas sous-évaluer les investissements futurs ou les durées d'études et de développement, de ne tabler que sur une amélioration du chiffre d'affaires sans effort de productivité ou de qualité.

Chiffrer

➤ Rechercher des ressources financières pour son projet représente pour le repreneur une phase déterminante.

➤ Tous les interlocuteurs qu'il rencontrera auront besoin d'explications claires et de chiffres réalistes.

➤ Le repreneur valide ainsi, et d'abord pour lui-même, la cohérence entre le projet et son financement.

Le compte de résultat prévisionnel

Le compte de résultat prévisionnel va permettre de déterminer la CAF qui est une des lignes clés du plan de financement ; les hypothèses retenues pour l'évolution du compte de résultat devront également servir à l'établissement de la variation du BFR.
Une analyse poste par poste du compte de résultat passé et la mise en œuvre de la stratégie définie à cet égard au business plan aboutiront à une projection chiffrée de chaque rubrique dans l'avenir.
Le prévisionnel d'exploitation doit donc être crédible et pour cela argumenté.

■ Période couverte

Pour la cohérence avec le financement recherché, le plan de financement sera donc établi pour la même durée.
En partant des années connues, N – 1, voire N – 2, il faut s'attacher à donner des chiffres précis sur l'année en cours, N, à partir de situations intermédiaires.
L'année N + 1 est la plus importante et doit être soigneusement analysée. C'est celle qui va comptabiliser la nouvelle stratégie du business plan : gains de productivité, restructuration, action de développement commercial, nouveaux produits, incidences financières des emprunts…
L'année N + 2 peut encore être concernée par la poursuite de la « reconfiguration ».
L'année N + 3 verra plutôt la poursuite du développement commercial.
Dans des métiers à long cycle de production (études, confirmations de commandes, fabrication, installation), la visibilité peut aller jusqu'à 3 ans. Dans d'autres (négoce, sous-traitance), elle est plutôt de quelques mois. Ce qui signifie que le degré de crédibilité d'un prévisionnel ne sera pas le même, 1 an dans le dernier cas, jusqu'à 3 ans dans le premier.
En tout cas, à cet horizon, le plan de financement devra avoir trouvé son équilibre.

■ Soldes annuels et cumulés et trésorerie de départ, interprétation des soldes sur la durée

Le plan de financement, rappelons-le, permet de connaître les besoins de financement de l'entreprise.
On part donc de la trésorerie de départ telle qu'elle ressort au dernier bilan. Chaque année donne lieu à des ressources et des emplois se traduisant par un solde annuel positif ou négatif, puis par un solde cumulé depuis le départ. On

peut tout à fait concevoir des soldes annuels négatifs dès lors que le solde cumulé année après année reste positif.

En revanche, le solde cumulé peut-il être négatif ? Idéalement, non bien sûr.

Si cela était toutefois le cas sur une ou deux années, il faudrait alors se poser la question du financement du déficit de trésorerie que cela signifie.

C'est là que l'étude du « bas de bilan » prend son importance pour mesurer le potentiel de mobilisation de nouvelle trésorerie de l'entreprise.

Il s'agit tout d'abord et principalement du poste clients : les créances sont-elles exigibles pour la totalité (acomptes clients au passif) ? Quelle est la part déjà mobilisée (escompte ou Dailly en banque, ou affacturage) ?

Le poste fournisseurs présente-t-il une marge de négociation vers un délai plus favorable ?

> **À NOTER**
>
> **Anticiper les déficits passagers** Encore faut-il négocier ce déficit passager avec le partenaire financier au moment de la présentation du projet et non pas lorsque le besoin apparaîtra quelques mois plus tard.
> L'imprévu est traumatisant pour un gestionnaire de risques et donc facteur de détérioration de la relation. La négociation au moment de l'accident sera alors difficile.
> Même chose pour le crédit fournisseur. Une élévation de son encours entraînera une augmentation de ligne chez l'assureur-crédit du fournisseur qui découvrira à cette occasion que l'assuré vient de changer de propriétaire, donc nouvelle source d'inquiétude.
> Un partenaire financier souvent inconnu de l'entreprise est l'assureur-crédit auquel ont recours les fournisseurs. Renseignez-vous à cette occasion sur les encours assurés chez chaque fournisseur. C'est un bon indicateur de la cote de solvabilité de l'entreprise qui circule sur le marché (où le bouche-à-oreille fonctionne très bien).
> Dans le même ordre d'idées, vérifier avec l'aide du banquier – à moins que le cédant ne vous la communique – la cotation attribuée par la Banque de France, qui est aussi un facteur d'évaluation du risque utilisé par les autres banques classiques. Cette cote peut changer après la reprise, le poids du nouvel endettement augmentant le coefficient risque.

■ Faut-il faire plusieurs scénarios ?

La prévision n'est pas une science exacte. Dès lors, il est plus sage de parler de « fourchette » en présentant une hypothèse normale et une hypothèse dégradée en fonction des risques identifiés lors de l'élaboration de la stratégie au BP.

En présentant une hypothèse dégradée, il y a de fortes chances qu'elle soit retenue par le prêteur comme base de son analyse quand il ne la dégrade pas lui-même encore davantage. L'argumentation développée au business plan sur la base de ces hypothèses devra donc être convaincante.

En présentant un plan de financement en hypothèse dégradée, qui ne serait pas équilibré rapidement, il est sage d'avoir une solution de rechange pour emporter la décision. Cela peut être un engagement d'apport complémentaire à terme, une ouverture du capital à un nouvel associé…

Mais présenter plusieurs hypothèses peut aussi servir à négocier les conditions du financement. Il est devenu assez courant, en effet, que les prêteurs introduisent des covenants financiers dans leurs contrats, stipulant entre autres que les conditions (taux) évolueront en fonction des ratios futurs de structure et/ou de rentabilité. Ces ratios pourront alors être discutés à partir des hypothèses présentées et si, dans l'esprit des créateurs de ces covenants, il s'agissait plutôt d'alourdir le prix du risque en cas de dégradation, pourquoi ne pas négocier un allégement dans le cas inverse ?

Ne pas oublier que le prêteur fait le plus souvent le même parcours que le repreneur, mais à l'envers : c'est-à-dire qu'il part du résultat (plan de financement) et qu'il cherche ensuite les explications. À ce stade, il est important d'avoir un dialogue qui complétera les commentaires et détails apportés par le business plan et les annexes explicatives au plan de financement.

> **Cas pratiques**
> **Envisager plusieurs scénarios dans son business plan**
> Il faut particulièrement soigner la réalisation de son business plan. Dans mon cas, j'avais étudié et chiffré trois scénarios, reposant sur trois hypothèses d'évolution du chiffre d'affaires :
> – l'une, au fil de l'eau ;
> – la deuxième, optimiste, reposait sur une croissance modérée des recettes ;
> – la troisième, pessimiste, envisageait une baisse de l'activité et ses conséquences sur mes capacités de remboursement.
> Les banques ont particulièrement apprécié que j'envisage les trois cas.
> Ce business plan (qui faisait finalement 70 pages) ne m'a pas seulement permis d'obtenir les prêts nécessaires des banques, mais m'a aidé aussi dans ma gestion courante puisque encore aujourd'hui (deux ans après la reprise), je m'y réfère comme à un tableau de marche pour vérifier dans quel cas de figure je me situe et ainsi envisager les conséquences et remèdes à apporter.
>
> **Le business plan : ambition prudente**
> Le business plan est un exercice obligatoire pour forcer le repreneur à poser par écrit les grandes lignes de son projet et en même temps un outil pour vendre son projet aux bailleurs de fonds. Il se doit donc d'être prudent dans les chiffres et ambitieux dans les mots. Je conseille un BP qui démontre que la banque est remboursée même avec une faible progression du CA.
> Depuis la reprise, je suis concentré sur les moyens de faire progresser le CA et les profits, tout en gardant en tête les grandes lignes de mon BP.

Le plan de financement

Il s'agit de la mise en chiffres de la stratégie élaborée et des solutions financières qui permettront sa réalisation. Le financement d'une reprise se faisant en général sur 7 ans, le BP sera établi sur la même période.

■ Deux formules

Il existe deux techniques pour reprendre une entreprise (voir étapes 7 et 8) :
• Rachat de l'activité industrielle ou commerciale (qui prend alors la forme juridique d'un rachat de fonds de commerce), soit par une personne physique, soit par une structure juridique existante ou à créer.
• Rachat, le plus souvent, par le biais d'une société holding propriété du repreneur qui achète les titres de l'affaire du vendeur, appelée société cible.
Cohabitent dans ce dernier cas deux entités juridiques :
• La société holding qui doit assurer, dans l'immédiat, le financement de l'acquisition, et, dans le futur, le remboursement de la dette avec des recettes tirées de la cible.
• La société cible qui poursuit son développement avec ses besoins propres et la ressource générée par son activité, la capacité d'autofinancement (CAF) qui permettra de faire vivre la société cible et la holding.

Dès lors, il y aura logiquement deux plans de financement : un sur la société holding et un sur la société cible. En fait, sur un projet simple, on peut dire que les deux plans sont quasiment confondus et il est tout à fait possible de n'en faire qu'un seul en faisant attention aux points suivants :
• Quand il y a recours à une holding, il faut déplacer de la cible vers la holding la trésorerie nécessaire au remboursement de la dette. Le moyen légal le plus naturel est la distribution de dividendes, qui ne remonte alors généralement que le résultat net du dernier exercice. Cette distribution ne peut intervenir qu'après la clôture de l'exercice. D'où un décalage de trésorerie entre la réalisation du résultat par la cible tout au long d'un exercice « N », et sa remontée sous forme de dividendes vers la société holding au cours de l'exercice « N + 1 ».
• Exceptionnellement et notamment la première année, on puisera dans le report à nouveau et les réserves distribuables si elles existent.

Construire le tableau emplois-ressources

Le plan de financement est intégré dans le tableau prévisionnel des emplois et des ressources de l'entreprise. La nature des emplois et des ressources est listée ci-après. Bien qu'il existe des modèles, il ne s'agit pas d'un document comptable « normé », les rubriques qui le composent sont donc directement la conséquence de la réflexion entamée lors du business plan.

Ce plan mesure l'évolution de la structure du haut de bilan (le fonds de roulement) ainsi que l'évolution du cycle d'exploitation (le besoin en fonds de roulement) dont le solde donnera la variation de la trésorerie.

Il est bâti sur une référence annuelle, c'est-à-dire qu'il ne fait pas apparaître les éventuels décalages qu'il pourrait y avoir entre les recettes et les sorties de trésorerie en cours d'année. Il faudra analyser les besoins ponctuels de trésorerie dans le cas d'une affaire à caractère saisonnier.

Les emplois

- Le coût d'acquisition de la cible ;
- les investissements prévisionnels des exercices suivants ;
- la charge de remboursement des anciens emprunts (en capital seulement, les intérêts étant déjà déduits de la ressource CAF – capacité d'autofinancement – au compte de résultat) ;
- la charge de remboursement du (des) nouvel (aux) emprunt(s), en capital seulement, sous réserve que les intérêts soient bien déduits de la CAF prévisionnelle ;
- la charge de remboursement du crédit-vendeur (si c'est le cas), en capital seulement comme pour les nouveaux emprunts ;
- les éventuelles distributions de dividendes aux actionnaires.

Les ressources

- L'apport en capital ou en compte courant d'associé du repreneur ;
- celui des éventuels partenaires (investisseurs) en capital ou compte courant d'associés ;
- le crédit-vendeur éventuel ;
- le(s) emprunt(s) nouveau(x) pour le projet sur l'exercice en cours ;
- les emprunts futurs pour les investissements des exercices suivants ;
- la CAF prévisionnelle.

À ce stade, toutes ces rubriques affectant la structure du haut de bilan, les ressources moins les besoins, vont laisser un nouveau fonds de roulement (ou le diminuer si les besoins sont supérieurs).

Tableau emplois-ressources

Périodes	N-2	N-1	N	Périodes	N-2	N-1	N
EMPLOIS				RESSOURCES			
Investissements corporels				Capacité d'autofinancement			
Investissements incorporels				Cessions d'immobilisations corporelles et incorporelles			
Investissements financiers				Cessions d'immobilisations financières			
Distribution de dividendes				Augmentation de capital en numéraire			
Remboursements de dettes financières				Nouvelles dettes financières à long et moyen terme			
TOTAL (A)				**TOTAL (B)**			

La variation du BFR

En plus de la variation du fonds de roulement, il est indispensable de parvenir à un solde de trésorerie et donc d'appréhender également le nouveau BFR. Dès lors, on pourra ajouter la ligne : variation du BFR, dans les besoins s'il s'agit d'une augmentation, et dans les ressources s'il s'agit d'une diminution.

Cette évolution du BFR sera fonction de la stratégie adoptée au business plan : toute croissance génère normalement un nouveau BFR, sauf dans quelques cas comme, par exemple, la grande distribution qui vit avec un large crédit fournisseurs et un poste clients quasiment nul et dont la croissance va donc générer une ressource supplémentaire.

> **MON CONSEIL**
>
> **Étudier les éléments du BFR** Dans l'appréciation du BFR prévisionnel, vous serez bien avisé de faire en premier lieu une analyse fine de la situation de trésorerie réelle de départ de l'entreprise, qui ne se limite pas à la lecture du poste banque et titres de placement du bilan, mais bien à l'étude des éléments du BFR.
>
> Un stockage exceptionnel de fin d'année, un délai fournisseurs ou sous-traitants anormalement long, un poste clients anormalement faible (affacturage) sont à analyser avec le vendeur.
>
> Le retour à des ratios d'exploitation normaux, imposés ou subis à la suite du changement de propriétaire, peut en effet générer des besoins en fonds de roulement importants, sources d'inquiétudes pour ne pas dire plus auprès des partenaires banquiers s'ils se révèlent à l'improviste au cours du premier exercice. Mieux vaut l'avoir prévu…

> **À NOTER**
> Le compte de résultat enregistre les produits et charges hors taxe ; le bilan et le tableau de financement présentent notamment les comptes clients et fournisseurs, TVA incluse.

■ La notion de capacité d'autofinancement

La capacité d'autofinancement est le volume de trésorerie que l'entreprise est capable de générer chaque année. Plus pragmatiquement :
CAF = résultat net (ligne HN de la liasse fiscale)
+ dotation aux amortissements (ligne GA)
+ dotation aux provisions (lignes GB, GC et GD)
− reprises sur amortissements et provisions (ligne FP − A1 transferts de charges)
+ moins-values de cession (ligne HA ou HB)
− plus-values de cession (ligne HE ou HF)
− subventions d'investissement inscrites en compte de résultat
+ retraitement du crédit-bail (lignes HP et HQ).

La capacité d'autofinancement n'est pas l'autofinancement qui mesure, lui, la trésorerie effectivement maintenue dans l'entreprise : CAF − dividendes.

Pour être complet, il faut en plus tenir compte des annuités de remboursement de crédit-bail (mobilier ou immobilier). En effet, ces annuités comprennent l'intérêt prélevé par l'établissement financier, et le remboursement du capital investi sur la durée de vie du bien, équivalant à peu près à son amortissement. Le tout est comptabilisé en charges d'exploitation.

En toute logique, la part de l'annuité de crédit-bail correspondant à l'amortissement constitue donc bien un élément de la CAF.

Faute de connaître la répartition des annuités de crédit-bail entre capital et intérêts, on pourra retenir forfaitairement un pourcentage de 90 % de l'annuité payée, à réintégrer dans la CAF.

Bien entendu, dans ce cas de figure, le plan de financement reprendra, dans les besoins, les charges annuelles de remboursement en capital du crédit-bail, ce qui signifie que le solde annuel en trésorerie sera inchangé.

> **À NOTER**
> **EBITDA, c'est quoi ?** EBITDA (*earnings before interest, taxes, depreciation and amortization*) est une notion anglo-saxonne équivalente à l'EBE (excédent brut d'exploitation) de notre plan comptable. On peut dire que l'EBITDA ou EBE mesure le flux potentiel de trésorerie généré par le seul métier de l'entreprise (recettes moins dépenses « d'exploitation » uniquement). Il néglige la manière dont l'entreprise se finance à court ou long terme (résultat financier), la politique d'amortissements et provisions, et les éléments exceptionnels. Cette notion colle assez bien à la démarche d'une reprise d'entreprise où la mesure de la performance économique précède la stratégie de financement. Mais au stade du dépôt du dossier de financement, cette stratégie aura été définie et chiffrée, ce qui sera bien pris en compte si l'on retient la notion de CAF. Ce n'est donc qu'une question de présentation. Pour en savoir plus, voir *Évaluation par le multiple de l'EBITDA*, p. 110.

Le plan de trésorerie

Il est important de compléter l'analyse avec le plan de trésorerie ou le *Tableau emplois-ressources*, p. 207. Celui-ci est primordial au moins la première année car il permettra au repreneur de mettre en exergue, chaque mois, les flux financiers et le solde de trésorerie.

TRANSMETTRE OU REPRENDRE UNE ENTREPRISE

Vendez votre business plan

Le business plan est maintenant terminé, il tient en 30-40 pages, et vous êtes donc devenu le pilote d'un projet que vous maîtrisez totalement à défaut d'être déjà le pilote de l'entreprise elle-même. Il reste une étape cruciale : le vendre.

■ La synthèse de présentation

C'est maintenant seulement que doit être rédigée la « dernière partie » du BP, à savoir une synthèse de la présentation ou « *executive summary* », à mettre en introduction du dossier (une ou deux pages).
Elle reprendra la description de la reprise et son plan de financement résumé, un paragraphe sur l'entreprise cible et le repreneur, et un paragraphe valorisant les atouts du projet par rapport aux risques.

> **À NOTER**
> **S'assurer de l'adhésion du banquier** Attention, les financiers n'aiment pas le suspense ! Dévoiler de suite les conclusions de votre BP en expliquant ce que vous attendez de votre banquier est la meilleure façon de vous assurer :
> - qu'il est bien le bon interlocuteur ;
> - qu'il manifeste un intérêt pour votre projet.
> Alors, la poursuite de la lecture du BP sera constructive, sinon il ne vous reste plus qu'à changer d'interlocuteur, donc souvent de banque.

■ Une dernière recommandation

Portez-le vous-même à l'interlocuteur concerné. Commentez-en la synthèse. Et comme vous débordez évidemment d'enthousiasme sur votre projet, faites-le partager. L'accord du prêteur que vous obtiendrez (soyons optimistes !) en quelques semaines devra faire l'objet d'un écrit sur les conditions d'octroi et les éventuelles garanties. N'hésitez pas à demander à rencontrer vos interlocuteurs bancaires.

> **Cas pratiques**
> **Déposer plusieurs dossiers : banque de l'entreprise, banque personnelle, plus une ou deux autres selon le projet**
> Les conseils et témoignages que j'ai pu recevoir au CRA m'ont été d'une grande utilité, car ils m'ont permis de me situer et d'estimer la situation dans laquelle j'étais. On m'avait dit par exemple que sur dix banques, cinq diront non, trois diront « Oui, mais… » et deux diront oui. C'est exactement ce qui s'est passé et cela m'a permis de garder le moral lorsque j'ai reçu trois réponses négatives le même jour.

Les témoignages de repreneurs évoquaient le fait que le moral d'un repreneur en période de pré-acquisition est très fluctuant au cours d'une même journée. C'est précisément ce qui m'est arrivé et je suis parvenu à me rassurer en me remémorant ces témoignages.
(G.S., repreneur d'une entreprise en juillet 2008)

Exemples de montages financiers

1) M. A. reprend E., une société spécialisée dans la construction de bâtiments industriels et commerciaux : l'efficacité de la holding de reprise au service de la continuité de l'entreprise.

Nous avons rédigé le business plan avec mon expert-comptable, lui me conseillant et rédigeant la partie chiffrée et moi concevant la partie rédactionnelle. J'ai ensuite rencontré les banques historiques d'E., leur indiquant que je ne sollicitais pas la concurrence à la condition d'avoir des propositions intéressantes. J'ai ensuite demandé à Bpifrance un contrat de développement. Les deux banques concernées ont été très réactives et ont confirmé leur accord avant la signature du protocole d'accord qui s'est déroulée fin juillet. Bpifrance, pour sa part, m'a confirmé son accord au début du mois d'août.

Les banques ont surtout été séduites par le fait qu'en dehors de la dette senior, il n'y a aucun affaiblissement de la cible car 100 % du personnel, extrêmement compétent, reste dans l'entreprise.

Nous avons fait un montage juridique simple avec constitution d'une holding de reprise, SARL au capital de 300 K€ souscrit par les 5 actionnaires. Cette holding lève la dette senior et détient 100 % des actions d'E. Nous avons fait une intégration fiscale entre la holding et la cible au 1er janvier 2010.

Je suis donc dans la société depuis le 1er octobre 2009 et je rencontre un accueil formidable dans une ambiance chaleureuse et professionnelle.

2) J.-L. M. reprend A., une société fabriquant des brûleurs à gaz.

La mise en place du plan de financement : « faire feu » de toutes les sources de financement.

Elle a été particulièrement difficile parce que les fonds d'investissement sont très prudents en cette période et les banques n'aiment pas les modifications du plan de financement. Je n'ai pas constaté de manque d'argent ou de frilosité dans le système bancaire.

Le prix initial a été revu en baisse d'environ 14 %.

La reprise s'est faite en LBO. La SA créée pour l'occasion a acquis auprès du cédant les actions d'une holding possédant 100 % des titres d'A.

Le financement est assuré de la manière suivante :
– apport personnel : 19,5 % ;
– crédit vendeur : 12 % ;
– Avenir Entreprises : 24,5 % ;
– banques (dont Bpifrance) : 44 %.

Le crédit vendeur est un gage de crédibilité pour les fonds et les banques. En effet, le cédant montre sa confiance dans le repreneur et dans l'avenir de son entreprise. Le plan de financement présente alors des ratios qui sont appréciés par les banques. Par ailleurs, j'ai signé avec des banques qui n'imposent pas de covenants. Je suis actionnaire majoritaire avec 66 % du capital.

Les négociations
J'étais accompagné d'un conseiller acheteur. Son aide a été cruciale tout au long de la recherche, permettant d'éviter l'isolement et soutenant mon moral à chaque échec. Il est essentiel dans la construction du plan de financement et du dossier de reprise, et particulièrement utile dans les négociations. J'ai par ailleurs utilisé les compétences d'un expert-comptable et d'un avocat spécialistes de la transmission d'entreprises et d'experts en environnement et en sécurité des postes de travail. Toutes ces compétences sont coûteuses en honoraires mais plus qu'utiles. Les honoraires font partie du prix d'achat et sont amortissables sur 5 ans permettant une économie d'impôts bienvenue.

Le business plan est un bon support pour réfléchir et pour construire une offre cohérente. Sa réalisation en période de crise économique est aléatoire. Cependant, j'avais prévu une partie des difficultés et surfinancé la reprise, ce qui laisse des marges dans la trésorerie du groupe pour passer la crise et rembourser les dettes.

> **MON CONSEIL**
> **De l'intérêt d'un bon business plan**
> « Avec mon business plan, moi, repreneur, je décroche un crédit », car un bon business plan permet de vérifier qu'un projet est cohérent et qu'il se finance sans risque.

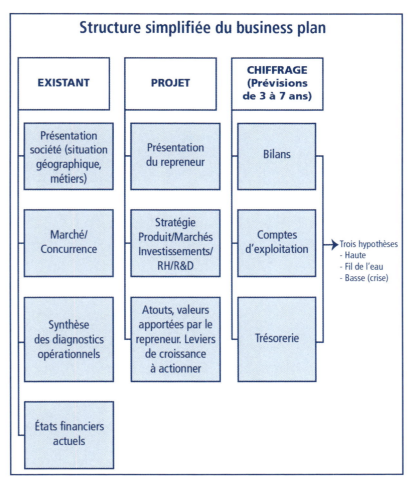

Voir le modèle « *Exemple de trame d'un business plan* », p. 346.

Étape 7
Financer la reprise

TRANSMETTRE OU REPRENDRE UNE ENTREPRISE

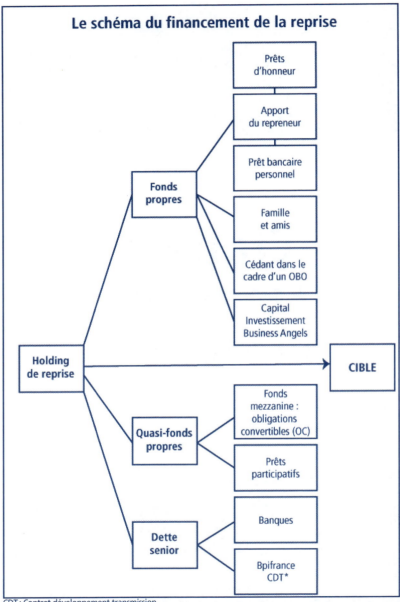

CDT : Contrat développement transmission.
N.B. : Le remboursement du crédit vendeur, de même que le paiement d'un éventuel complément de prix (*earn out*) devront être intégrés dans le bilan de financement global, en raison de leur échéance courte (2 à 3 ans).

Les fonds propres

➤ À cette étape de la reprise, trouver le financement pour reprendre l'entreprise visée est l'objectif principal du candidat repreneur.

➤ L'apport du repreneur, élément essentiel des fonds propres, conditionne le montage financier.

Les apports

L'épargne personnelle du repreneur (son apport), les apports de la famille et amis constituent les fonds propres de la reprise.

■ L'apport personnel

En premier lieu, il s'agit de l'apport dont le repreneur dispose à titre personnel. Ce dernier veillera à placer cet apport sur un support rapidement disponible et sans risques.

■ Les apports financiers de la famille ou des amis

L'intervention peut revêtir deux formes : soit accorder un prêt au repreneur personne physique ou morale, soit prendre une participation au capital de l'entreprise, la seconde solution étant préférable pour la sécurité financière de l'entreprise.

Elle requiert pour le repreneur de bénéficier de leur confiance totale. Il lui faudra les convaincre d'investir en leur présentant son business plan et leur faire part de la manière dont ils pourront sortir du capital. Cela paraît légitime car ces investisseurs n'ont probablement pas l'intention d'immobiliser leur mise de fonds très longtemps.

En ne leur masquant pas les risques encourus dans ce type d'investissement, il y aura lieu de leur présenter le projet d'acquisition sous une perspective rassurante et intéressante financièrement (possibilité de réaliser une plus-value de cession). Cette présentation du business plan permettra au repreneur de réaliser un galop d'essai, avant de plancher devant des investisseurs institutionnels.

■ Le maintien du cédant au capital

Il peut être intéressant d'obtenir que le cédant reste minoritairement au capital, notamment en cas d'impossibilité financière du repreneur de racheter 100 % de la cible ou de souhait du cédant d'obtenir une valeur tenant compte du développement futur. S'il est vrai que les clauses de type *earn out* permettent de régler le second point, la participation au capital présente également des avantages sous réserve qu'elle soit de courte durée et que la sortie soit organisée.

Les difficultés que peut engendrer le maintien du cédant au capital nécessitent de bâtir un pacte d'actionnaires réaliste accepté par les parties. Cette difficulté surmontée, il peut être intéressant de lui proposer de rester minoritaire au niveau de la cible.

La participation du cédant dans la nouvelle holding présente plusieurs avantages : en premier lieu, la possibilité d'opter pour l'intégration fiscale (holding détenant au moins 95 % de la cible), en second lieu, la possibilité de faire bénéficier le cédant des incitations fiscales des dispositions de la loi TEPA (théorique en raison de nombreuses contraintes liées à la « holding animatrice »), de l'effet de levier du LBO et de satisfaire ainsi « sa » recherche d'un complément de valorisation de l'entreprise.

> **MON CONSEIL**
> **Cas particulier : cession échelonnée au capital** Signalons que, dans le cadre d'un pacte d'actionnaires, un repreneur peut reprendre une part minoritaire dans un premier temps. Dans ce cas, le pacte d'actionnaires doit prévoir la montée en capital du repreneur, ainsi que les rôles respectifs du cédant et des repreneurs dans la direction de l'entreprise.

Les intervenants en fonds propres

Les besoins de financement peuvent conduire le repreneur à ouvrir son capital de façon minoritaire ou majoritaire à des apporteurs de capitaux.

■ Le capital investissement institutionnel

Ce vocable reprend l'ensemble des sociétés dirigées par des professionnels chargés de lever des capitaux dans le cadre d'un tour de table privé et de les investir en prises de participation dans des entreprises. Ce tour de table est constitué par des compagnies d'assurances, des banques, des fonds souverains, des fonds de pension ou des caisses de retraite, ou des investisseurs privés qui agissent soit à titre personnel, soit au titre de structures juridiques qu'ils ont créées à cet effet. Ces investisseurs financiers sont à la recherche de la meilleure rentabilité et d'une diversification de leurs placements. Présents sur les marchés boursiers, dans l'immobilier, ces financiers réussissent, grâce à ces investissements, à doper les performances de leur portefeuille. Ce type d'activité est, bien entendu, très encadré par une réglementation définie par les autorités de tutelle. Ces groupements doivent très souvent rendre des comptes à leurs clients. Cela n'est pas sans conséquences pour le repreneur qui, lorsqu'il fera appel à ce type d'organisme, devra peaufiner son reporting (plan de développement, budget et réalisations, prévisions, etc.). C'est donc pour le repreneur une contrainte importante, mais également un bon outil d'introspection. Parmi les fonds les plus connus, on retrouve :

› Les fonds communs de placement à risques/ d'innovation (FCPR/FCPI)

Ils appartiennent à la famille des OPCVM (organismes de placement collectif en valeurs mobilières). L'originalité de ce type de fonds communs réside dans son obligation de détenir au moins 50 % de son actif investi dans des sociétés non cotées. Il est intéressant de savoir que le FCPR peut placer des sommes en compte courant dans des sociétés dont il détient plus de 5 % du capital. Ces montants ne doivent pas excéder 15 % de l'actif total. Le repreneur qui prendra contact avec un FCPR devra s'engager à respecter le règlement du fonds et ne devra pas éluder la sortie de ce partenaire du capital de son affaire entre la 5e et la 8e année.

› Les fonds d'investissement de proximité (FIP)

Leur nature est identique à celle des FCPR, ainsi que leur mode de gestion. Ils ont vu le jour le 1er août 2003 au travers de la loi sur l'initiative économique (loi Dutreil). Ces organismes interviennent en fonds propres dans de petites entreprises, grâce aux fonds recueillis auprès de particuliers épargnants intéressés par les avantages fiscaux que procure cette sorte d'investissement. La souscription au FIP est aussi ouverte aux investisseurs institutionnels publics et privés. Les banques régionales sont les principales animatrices de ces fonds, grâce à leurs réseaux de collecte de capitaux et par leur implication au sein de l'économie régionale.

› Les sociétés de capital-risque (SCR)

Ce sont des sociétés de capitaux qui bénéficient de la transparence fiscale édictée par la loi de 1985 qui en a fixé les modalités. Ces sociétés interviennent dans le domaine de la transmission d'entreprise, avec prises de participation minoritaires.

■ Les acteurs

› Bpifrance Investissement

Avec 300 collaborateurs et 20 milliards d'actifs sous gestion au travers de 60 véhicules (FIP, FCPI…), Bpifrance Investissement est un acteur majeur dans le capital investissement destiné aux PME/PMI et aux ETI.

Cette création récente constitue une vraie simplification dans l'accès au capital investissement en regroupant des entités détenues antérieurement par la Caisse des Dépôts. Cette disposition facilite l'accompagnement des entreprises de toutes tailles et de tous secteurs dans la recherche de financement de haut de bilan, notamment les opérations liées à la transmission d'entreprise.

Pour en savoir plus sur le détail des différents produits de Bpifrance, voir *Les interventions de Bpifrance*, p. 228.

› Sopromec

Elle compte parmi les précurseurs du capital investissement. Créée en 1964, Sopromec a accompagné et financé des centaines d'entreprises dans leur développement ou leur transmission, dont plus de 50 sont aujourd'hui ses partenaires.

Elle intervient par la mise en œuvre de tous les instruments financiers adaptés. Sopromec investit de 100 000 à 500 000 € ; au-delà, elle intervient en association avec des confrères préalablement agréés par l'entrepreneur. Sopromec intervient dans tous les secteurs d'activités en France métropolitaine. Plus d'informations sur www.sopromec.com.

› L'Union nationale des investisseurs en capital (UNICER)

L'Union nationale des investisseurs en capital pour les entreprises régionales intervient en fonds propres dans la transmission de petites entreprises, au travers d'une trentaine d'agences régionales. C'est donc un établissement susceptible d'intéresser bon nombre de repreneurs, d'autant que son ticket d'entrée minimum est ajusté à la taille d'une PME : apport en fonds propres à partir de 30 000 €.

■ Les investisseurs privés ou « business angels »

Le *business angel* est une personne physique qui investit une part de son patrimoine dans une entreprise innovante à potentiel et qui, en plus de son argent, met gratuitement à disposition du repreneur ses compétences, son expérience, ses réseaux et une partie de son temps.

On estime qu'il existerait actuellement 7 000 *business angels* en France contre 40 000 au Royaume-Uni et 400 000 aux États-Unis.

On distingue plusieurs profils de *business angel* :
- l'ancien chef d'entreprise, le cadre supérieur et le jeune retraité, dont la fourchette d'investissement est comprise entre 5 000 et 200 000 € par an ;
- l'entrepreneur « récidiviste » dont l'investissement se situe entre 50 000 et 500 000 € par an.

Les *business angels* interviennent à tous les stades de vie de l'entreprise : création, développement, reprise.

Le projet financé doit être réellement « innovant ». Ce terme s'entend au sens large et ne renvoie pas forcément à une innovation à caractère technologique.

Les *business angels* sont généralement structurés en réseaux.

■ Le crowdfunding

Ces nouvelles formes de financement allant du prêt participatif à l'intervention en fonds propres, sont construites sur le principe d'une multiplicité de prêteurs ou investisseurs par projet.

La collecte suppose la diffusion du projet qui peut être en conflit avec l'obligation de confidentialité du porteur de projet dans le cas de la reprise. Le repreneur devra donc veiller à cette contrainte en fonction de l'intervenant. Par conséquent, le crowdfunding ou financement participatif n'est pas le financement adapté pour une reprise d'entreprise, en raison de son absence de confidentialité. Il peut mettre en difficulté le repreneur qui a signé une lettre de confidentialité, face à son cédant, qui souhaite que son affaire ne soit pas mise sur le Net.

L'endettement et ses différentes formes

➤ L'examen du projet par les prêteurs constitue une épreuve qu'il faut bien préparer.

➤ Le financement est constitué par le prêt proprement dit mais aussi par les garanties qui l'accompagnent.

« L'effet de levier »

Le dosage entre ces deux options, fonds propres et endettement, constituera la politique de financement que le repreneur s'efforcera de mettre en place pour réaliser le montage financier de son acquisition.

Pour que l'effet de levier existe, il faut que le repreneur ait recours à un emprunt ; dans ce cas, l'effet de levier résulte de la différence entre la rémunération attendue par le repreneur et le taux du prêt. C'est une création de valeur pour l'actionnaire.

Le recours à la dette constitue pour le repreneur un apport de financement plutôt bon marché. En effet, le coût de la dette contractée par une entreprise se situe actuellement à des niveaux de 2 à 3 % hors assurances.

En revanche, le recours à des fonds propres induit une rémunération du capital bien plus importante pour l'entreprise. Il implique que, tout d'abord, les investisseurs (les partenaires et le repreneur) se mettent d'accord sur un taux de rentabilité que doit servir l'entreprise à ses actionnaires. Il n'est pas rare que des actionnaires souhaitent obtenir un rendement de 15 à 25 % de rentabilité des fonds propres.

En plaçant en parallèle les deux types d'apport de fonds, on voit tout l'intérêt d'avoir recours à l'endettement pour augmenter la rentabilité de l'investissement personnel du repreneur et de ses associés éventuels. C'est ce qu'on appelle l'effet de levier.

Dans le cas où une entreprise ne se financerait qu'avec des fonds propres, la rentabilité des fonds propres serait égale à la rentabilité économique. Le ratio dettes/fonds propres correspond au bras du levier.

Dans l'exemple donné (voir *Exemples de calcul*, p. 116), les premières analyses et évaluations sur dossier, le TRI sur un investissement de 1 800 ressort, dans les conditions énoncées, à 22 % ; dans le cas où le repreneur s'endetterait à hauteur de 1 200 (soit 2 fois ses fonds propres de 600), le TRI ressort à 40 % ; on voit donc tout l'intérêt d'un tel recours à l'endettement.

Toutefois, il ne faut pas oublier que les fonds propres sont un gage de sécurité pour les différents créanciers de l'entreprise (banques, fournisseurs et organismes sociaux). Dans la conjoncture actuelle, un trop fort effet de levier est mal perçu par les établissements financiers et bancaires, qui privilégient les dossiers dotés de fonds propres significatifs.

La politique de financement de la reprise sera donc un compromis entre rentabilité pour le repreneur et sécurité pour les prêteurs et cautions.

L'endettement et ses différentes formes

Le point de vue du banquier

Comme nous l'avons mentionné plus haut, investisseurs et banquiers sont dans des positions différentes : le banquier est plutôt enclin à se pencher sur l'appréciation de la capacité d'autofinancement de la société cible et son évolution dans le temps, alors que l'investisseur cherchera à détecter les pôles de croissance, qui permettront d'améliorer ses résultats.

Avant d'aborder l'étude du dossier, le banquier rencontrera le ou les dirigeants de l'entreprise qu'il visitera pour « sentir » le climat qui y règne. La lecture du business plan lui permettra de vérifier si les informations obtenues au cours de la visite concordent avec son contenu. L'analyse détaillée des différents audits est une bonne source d'appréciation.
Au cours de l'étude du dossier, le banquier examinera la situation financière de l'entreprise cible, la rentabilité qu'elle dégage, qu'il rapprochera inévitablement de la valorisation affichée par le cédant de l'affaire. Il analysera les documents prévisionnels fournis par le repreneur, comptes de résultat, tableau d'emplois/ressources et plan de financement. Il se penchera surtout sur la capacité future d'autofinancement de l'entreprise (CAF) et sur la trésorerie prévisionnelle.
Il aura en tête bien entendu que :
- le ratio fonds empruntés sur total de financement de l'opération (emprunts court, moyen et long terme) < 0,7 ;
- les annuités de remboursements soient < 0,7 de la CAF.
Puis il analysera, grâce à ses propres simulations, un cas dégradé de plan de financement et de trésorerie, de manière à tenter de mesurer le degré de résistance de l'entreprise face à des aléas d'ordre économique et financier.
Mais le dossier reposera avant tout sur l'idée que le banquier se fera du repreneur, sa capacité à porter le projet dans les meilleures conditions. Son principal souci sera de s'assurer « qu'un pilote sera bien dans l'avion, en cas de grosses turbulences », en questionnant le repreneur sur ses capacités à anticiper et à trouver des solutions en situation difficile.
L'aspect humain est l'une des composantes du dossier qui ne sera pas à négliger, il sera probablement lors de l'acquisition de TPE /PME une des clés du financement bancaire.

Le prêt d'honneur

C'est un succédané de fonds propres qui est attribué aux personnes physiques, futurs participants au capital d'une société. Ce concours présente les avantages de ne comporter aucune garantie personnelle et de n'être grevé d'aucune rémunération. De plus, il peut agir comme catalyseur pour le financement de la reprise.

Deux structures sont chargées de distribuer ces prêts d'honneur : Réseau Entreprendre et Initiative France.

Réseau Entreprendre

L'offre d'accompagnement de Réseau Entreprendre est caractérisée par :
- la présence d'un chef d'entreprise expérimenté à vos côtés pendant deux à trois ans ;
- un prêt et un accès facilité aux banques ;
- un prêt d'honneur de 15 000 à 50 000 € (jusqu'à 90 000 € pour les projets innovants) remboursable sur cinq ans, attribué à l'issu d'un comité d'engagement ;
- des échanges et une entraide entre entrepreneurs.

Initiative France

Ce réseau associatif, se composant de 230 plates-formes régionales, accompagne la création, la reprise ou la croissance des petites et moyennes entreprises et se caractérise par :
- une organisation très décentralisée ;
- l'attribution de prêts d'honneur d'un montant moyen de 8 900 € sans intérêts ni garantie ;
- l'accueil, l'orientation et l'accompagnement des porteurs de projet ;
- depuis 2014, le réseau propose un complément au prêt d'honneur classique avec un prêt de 5 000 à 25 000 €, dédié aux entreprises qui placent la création d'emplois, la solidarité et la responsabilité au cœur de la réussite de leur entreprise.

Le prêt d'honneur abondera vos fonds propres et facilitera l'obtention d'autres financements bancaires (en moyenne, 1 € de prêt d'honneur permet l'octroi de 13 € de financements bancaires).

Le crédit vendeur

Le cédant peut être amené à consentir au repreneur un crédit-vendeur basé sur un contrat précisant les termes et conditions du prêt. C'est une opération relativement courante mais qui est un pis-aller pour le repreneur. En effet, le prêt consenti est octroyé sur une très courte durée (2 ans), période pendant laquelle la trésorerie de l'entreprise est très sollicitée. Ce dernier se retrouve à la tête de l'entreprise avec toute son autonomie. En contrepartie, le cédant devra demander une garantie au repreneur telle qu'un nantissement, à son profit, de titres de la société jusqu'au complet remboursement du prêt ou une garantie bancaire. Cet emprunt est assimilable à un crédit bancaire, le repreneur devra en faire mention auprès de ses partenaires financiers lorsqu'il « montera » son dossier de financement car, outre l'aspect garantie (nantissement d'actions), ce crédit alourdira la structure de la dette, notamment dans les premières années.

Le crédit vendeur peut s'avérer pour le cédant une grosse désillusion, car en cas de difficultés rencontrées dans les premières années de la cession, il peut faire l'objet d'une contestation entre les parties et servir à compléter une garantie de passif jugée insuffisante.

Pour les entreprises individuelles de moins de 10 salariés, l'impôt sur la plus-value de cession n'est dû qu'au fur et à mesure des remboursements du crédit vendeur par le repreneur.

Les interventions de Bpifrance

Depuis sa création en 2013, Bpifrance s'est affirmé comme l'acteur public de référence dans le domaine du financement des entreprises. La banque publique agit en appui des politiques conduites par l'État et les régions et en partenariat étroit avec tous les établissements financiers. Parmi ses missions figure l'accompagnement de la reprise d'entreprise. Face au risque élevé que présente la cession-transmission, Bpifrance met en œuvre trois grands types d'interventions susceptibles d'entraîner le marché : la garantie, le cofinancement et l'investissement en fonds propres. La banque propose également des prestations de services sans cesse élargies.

› La contre-garantie apportée au secteur bancaire pour les prêts à moyen et long terme

La garantie porte sur les prêts à moyen ou long terme, y compris les prêts personnels aux dirigeants qui réalisent des apports en fonds propres. Sont également couvertes les cautions bancaires de crédit-vendeur et les interventions en fonds propres. Elle facilite l'accès au crédit, aux fonds propres et aux quasi-fonds propres des entreprises répondant à la définition de la PME européenne.
Les banques commerciales conservent ainsi 100 % du financement tout en réduisant significativement leur risque, de 60 % à 30 % en cas d'intervention de la région d'implantation du repreneur.
Les bénéficiaires de ces crédits accordés par les banques commerciales avec la contre-garantie de Bpifrance peuvent être des TPE se créant lors d'un rachat de fonds de commerce. Les entreprises de tous secteurs sont éligibles, hormis celles de l'intermédiation financière ainsi que les entreprises en difficulté. Ces prêts concernent également les opérations de transmission d'une majorité du capital ou d'acquisition d'une minorité lorsque celle-ci est essentielle au développement de l'entreprise.

› Le cofinancement accompagne un financement bancaire ou un apport en fonds propres

Au-delà des cofinancements classiques mobilisables pour les rachats d'entreprise, le **contrat de développement transmission (CDT)** permet au repreneur potentiel de financer l'acquisition d'une PME *via* une société holding constituée de personnes physiques ou au travers d'une société existante dans le cadre de sa croissance externe. Sans garantie et plafonné à 400 000 €, il accompagne un crédit bancaire au moins égal à 1,5 fois le CDT, lequel peut lui-même bénéficier de la garantie de Bpifrance.
Sa durée peut atteindre 7 ans avec un maximum de 24 mois de différé d'amortissement en capital. D'autres prêts de développement permettent également de

L'endettement et ses différentes formes

cofinancer des opérations de croissance externe comme le **Prêt Croissance** ou le **Prêt d'Avenir** qui peuvent atteindre 5 M€.

Le **Prêt de Développement Territorial**, défini avec les collectivités territoriales qui le souhaitent, peut cofinancer, pour sa part, des opérations de croissance externe.

› Le capital-transmission pour financer la cession ou la réorganisation du capital

Bpifrance intervient en capital-transmission, directement ou *via* des fonds partenaires. Les entreprises bénéficiaires de tous secteurs et réalisant plus de 2 M€ de chiffre d'affaires peuvent ainsi conclure des opérations de croissance externe, de cession ou de réorganisation du capital.

Cette intervention est toujours minoritaire en fonds propres (actions) ou quasi-fonds propres (obligations convertibles ou obligations à bons de souscription d'actions). Investisseur de long terme, Bpifrance reste en moyenne 5 à 8 ans, voire plus, dans l'entreprise.

L'investissement direct – entre 0,25 et 4 M€ – se fait *via* les **Fonds France Investissements Régions**. Au-delà interviennent les **Fonds France Investissements Croissance** jusqu'à 10 M€. Ces derniers peuvent aussi être des fonds sectoriels comme les Fonds Bois, Patrimoine et Création, etc.

Au-delà de 10 M€, les ressources sont fournies par le **Fonds ETI 2020**, un fonds à très long terme (jusqu'à 99 ans), doté de 3 milliards d'euros, pour accompagner les ETI à fort potentiel. Enfin, des interventions directes dans les grandes entreprises sont possibles pour assurer la stabilisation de leur actionnariat.

› Un accompagnement renforcé des repreneurs

Au titre des services, la **Bourse nationale de la transmission** opérée par Bpifrance rassemble sur un site Internet des offres de cession de 35 sites partenaires sélectionnés selon des critères de neutralité et de qualité : plus de 120 000 annonces labellisées sont aujourd'hui consultables tandis que 10 000 repreneurs potentiels sont inscrits aux alertes.

Pour sa part, le service **Appui aux fusions et acquisitions (AFA)** s'adresse aux TPE, PME et ETI qui souhaitent se développer par croissance externe et qui recherchent un accompagnement dans leur projet, depuis sa conception jusqu'à sa réalisation et son financement. Par symétrie, il vise aussi les entreprises en phase de cession.

Dernier né des services aux acquéreurs, le **Pass Repreneur** lancé en février 2016, propose aux acquéreurs potentiels soutenus en fonds propres, la réalisation d'un *check-up* transmission suivi de l'établissement d'un plan d'action pour réussir les 100 premiers jours de la reprise. Le recours au service du département **Initiative Conseil de Bpifrance** est également à la disposition du repreneur pour réussir son opération.

Le prêt bancaire

Les prêts consentis dans le cadre d'acquisition de société n'excédant pas 7 ans sont des crédits dits à moyen terme à taux fixe ou taux variable (pour des entreprises de taille modeste, le taux fixe est recommandé en raison des taux d'intérêt historiquement bas). Actuellement, ces taux s'échelonnent entre 2 et 3 %.

N'oublions pas, d'autre part, que les banques sont toujours amenées à consentir des crédits de fonctionnement pour le cycle d'exploitation (découvert, mobilisation de créances, cautions diverses) et des crédits d'investissement d'une durée plus longue pour financer les immobilisations. Elles restent donc un partenaire privilégié et exigeant pour l'entreprise. Le repreneur doit jouer avec elles la carte de la transparence, aussi bien lors du montage de son dossier que lorsqu'il sera à la tête de l'entreprise.

À ce stade, le repreneur se pose la question de l'utilisation du meilleur rapport entre dettes et fonds propres avec pour corollaire la recherche d'une structure financière équilibrée. La réponse à cette question n'est pas aisée car, outre les règles de prudence tenant au bon sens du chef d'entreprise et les exigences des établissements bancaires qui restent d'excellents garde-fous pour les imprudents, il faut tenir compte de l'environnement économique et financier de l'entreprise (taux de croissance de son secteur, inflation, taux d'intérêt).

La prudence devra conduire le repreneur, dont la cible n'est qu'une PME, à se garder de pousser l'effet de levier à son maximum.

> **MON CONSEIL**
> Dans le recours à l'endettement, ne jamais perdre de vue que :
> - la dette représente une forme de financement à moindre coût par rapport à l'utilisation de fonds propres. Sa mise en place permet d'accroître le taux de rentabilité des fonds propres de l'entreprise par le biais de l'effet de levier ;
> - la dette se matérialise par un apport de capitaux auquel sont attachées des charges fixes ou variables (paiements des intérêts à taux fixe ou variable, amortissement du capital progressif, constant, *in fine* avec différé possible) qui peuvent accroître les besoins de trésorerie courante.

Repreneur, n'oubliez pas de mettre différentes banques en concurrence, dont notamment celle de la cible.

■ Assurances

Les banques exigent que les fonds prêtés soient couverts par une assurance en cas de décès de l'emprunteur et proposent cette garantie dans le cadre d'un contrat groupe.

La prime annuelle d'assurance est exprimée, par tranche d'âge atteint, en pourcentage du capital prêté ou du capital restant dû. Cependant, il peut être plus intéressant de souscrire une assurance individuelle qui corresponde mieux à votre cas personnel, en particulier si vous êtes âgé de moins de 45 ans : n'hésitez pas à mettre les assureurs en concurrence de manière à trouver la couverture d'assurance la plus adaptée à vos besoins.

Parallèlement, dans le cas où l'entreprise que vous reprenez comporte un ou des « hommes clés » parmi le personnel, il conviendra évidemment de tout faire pour les conserver à l'effectif mais peut-être aussi de protéger la perte de leur expertise en cas de disparition en souscrivant une assurance « homme clé » sur leur tête. Mais attention, il s'agit d'une assurance souscrite par l'entreprise en cas de décès ou d'invalidité permanente et définitive du salarié, qui prévoit le versement d'un capital à l'entreprise lui permettant de payer ponctuellement la compétence qui a disparu.

Les biens immobiliers que vous reprenez doivent être bien sûr couverts par une assurance « dommages aux biens » adéquate, mais l'exploitation de l'activité que vous envisagez de développer doit aussi faire l'objet d'une couverture « perte d'exploitation ». Pour en savoir plus, voir *Les assurances,* p. 174 et *Rencontrer les assureurs,* p. 317.

■ Clauses, conventions et ratios à respecter (covenants)

La mise en place de ce crédit fait l'objet d'une convention signée entre le représentant de l'entreprise et la banque. Ce document précise les termes et les conditions de l'emprunt. On y relève également les différentes clauses que le banquier introduit de manière à se protéger :
- **la clause Pari Passu**, qui oblige l'emprunteur à faire bénéficier le prêteur de toutes les garanties données en cas de mise en place de nouveaux crédits ;
- **la clause de subordination**, qui permet de privilégier le remboursement d'un prêteur par rapport à un autre ;
- **la clause de déchéance du terme** qui permet de rendre exigible le crédit, en cas de non-paiement d'une échéance de remboursement ;
- **les ratios à respecter** : les banques agrémentent également les contrats de ratios de structure financière que l'emprunteur devra respecter, faute de quoi elles pourront demander le remboursement de l'engagement. Exemple de ratio dénommé **covenant financier dettes/fonds propres** < 1,5. En réalité, ces contraintes sont souvent utilisées par le banquier comme moyen de pression. Elles ne conduisent que très rarement au remboursement qui pourrait mettre l'emprunteur en difficulté. Les covenants financiers peuvent aussi faire référence au niveau de résultat minimum que l'entreprise devra dégager. Des **covenants juridiques** liés à la structure juridique de l'affaire ou à un changement d'actionnaire sont également employés.

Enfin, toujours par le biais de covenant, la distribution de dividendes de la holding au repreneur peut être limitée.

Toutes ces contraintes imposées font l'objet d'une vérification à la fin de chaque exercice par la banque. Le repreneur ne doit jamais déroger à ces règles de fonctionnement. En cas d'accident, il est préférable d'en avertir le prêteur bien avant qu'il ne le découvre lui-même, de manière à obtenir les autorisations exceptionnelles, qui permettront à l'entreprise de retrouver un fonctionnement normal.

L'aspect des garanties demandées par un établissement bancaire reste toujours un sujet sensible. Rappelons pour mémoire que le banquier est amené à réclamer une garantie personnelle (caution) ou réelle (hypothèque ou nantissement) pour conforter la présentation d'un dossier un peu juste en comité de crédit. Mais en aucun cas un dossier de crédit n'est accordé sur la base de garanties, quelles qu'elles soient. Ne pas oublier la contre-garantie donnée par Bpifrance bien accueillie par les banquiers, qui diminue leur risque et qui les conforte dans leur prise de décision.

■ Les garanties extérieures : les organismes de caution

Ils couvrent une partie du risque bancaire.

› Le Fonds national de garantie transmission des PME et TPE (garantie Bpifrance)

Il garantit à concurrence de 50 % et 70 % (en cas d'intervention de la région) tous les financements d'entreprise *in bonis* (en bonne santé financière). Trois secteurs en sont exclus : l'agriculture, l'immobilier, l'intermédiation financière.

› Les sociétés de caution mutuelle (SCM)

La SIAGI (www.siagi.com) détenue par les Chambres de métiers et de l'artisanat, et des établissements bancaires, apporte aux banques sa contre-garantie entre 15 et 40 % du montant du crédit accordé à des repreneurs d'entreprises de moins de 50 personnes, dont le chiffre d'affaires ou le total de bilan sont inférieurs à 10 millions d'euros. En partenariat avec Bpifrance, avec certains conseils régionaux, et avec le fonds Européen d'investissement, cette garantie peut être portée à 80 %.

La SIAGI peut intervenir en amont du financement par la banque en délivrant au repreneur une pré-garantie de crédits, qui facilitera l'accord d'une banque, qui sera donné en partage de risque avec la SIAGI.

■ Les garanties personnelles

L'ordonnance du 23 mars 2006 a règlementé le droit des sûretés dans le Code Civil en distinguant les garanties (sûretés) réelles et les garanties (sûretés) personnelles.

L'endettement et ses différentes formes

Une sûreté est une garantie accordée à un créancier, qui lui permet d'obtenir le paiement de sa créance en cas de défaillance du débiteur, par affectation d'un bien (sûretés réelles) ou par la garantie apportée par un tiers (sûretés personnelles).

Les garanties personnelles recouvrent le cautionnement, acte par lequel un tiers s'engage à payer le créancier en cas de non-paiement par le débiteur principal.

Les garanties réelles portent sur des biens (une maison, une créance, des titres, de l'argent, des bijoux, une bateau, des œuvres d'art...) ou encore des actes de propriété en rapport avec l'opération : c'est ainsi que le nantissement du fonds de commerce (voir *Acquérir un fonds de commerce*, p. 274) offre au banquier une garantie couvrant les fonds nécessaires à un achat. Il en va de même des titres de la cible.

À noter enfin que seule la résidence principale ne peut être donnée en garantie.

> **MON CONSEIL**
> **Faut-il donner sa garantie personnelle ?**
> Elle est parfois exigée par les prêteurs, notamment en cas d'apport en fonds propre jugé insuffisant. Le repreneur sera bien avisé de s'en faire expliquer les raisons pour mieux négocier et l'éviter si possible.
> S'il n'y avait pas d'autre solution, il est au moins nécessaire de la limiter en montant, en arguant du fait qu'on ne peut s'engager sur un montant disproportionné avec ses revenus, et en la limitant en durée en s'appuyant sur le fait que le risque du prêteur décroît avec le temps et les remboursements effectués, permettant donc de sortir en 1 ou 2 ans de la période la plus risquée.

TRANSMETTRE OU REPRENDRE UNE ENTREPRISE

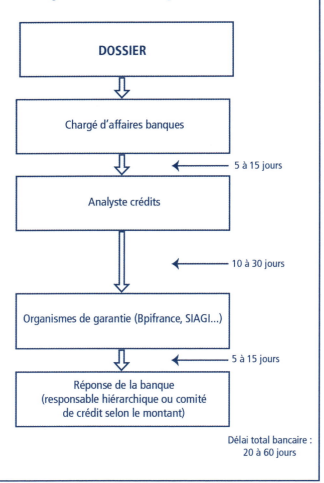

Le montage financier le plus courant : le LBO et ses dérivés

➤ LBO, LMBO… Autant de montages financiers qu'il est essentiel pour le repreneur de connaître afin de pouvoir choisir celui qui sera le plus approprié à sa situation.

➤ Fonds propres et endettement se complètent et permettent les montages de type LBO.

➤ L'accord des banques marque leur confiance dans la réussite du projet.

Les différentes formes de montage financier

Le LBO est le montage financier le plus utilisé : il se décline suivant différentes modalités qu'un repreneur doit connaître afin de pouvoir choisir celui qui sera le plus approprié à la situation.

■ Le LBO (leverage buy out)

Le LBO est une technique de rachat d'entreprise avec effet de levier. L'AFIC (devenue France Invest en 2018) en donne la définition suivante : « Un LBO peut être défini comme l'achat d'une entreprise financée partiellement par emprunt, dans le cadre d'un schéma juridique spécifique et fiscalement optimisé. »

Les premiers LBO ont été montés aux États-Unis dans les années 1970. Leur apparition en France date des années 1980. Ces montages ont, au cours de la décennie, gagné leurs lettres de noblesse sous l'effet de la baisse des taux d'intérêt et de l'abondance des liquidités disponibles à investir.

C'est dans le cadre de la transmission d'entreprise, et plus particulièrement de PME, que le marché du LBO s'est surtout développé en France, et ceci à juste raison. Compte tenu du nombre d'entreprises qui devront changer de propriétaire dans les prochaines années, ce type de montage ne peut que se développer. En effet, l'intérêt principal du LBO est d'acquérir le contrôle d'une affaire en apportant un minimum de fonds propres, car c'est la cible qui finance son propre rachat.

■ Le LMBO (leverage management buy out)

Le LMBO ou RES (rachat d'une entreprise par ses salariés) est en fait un LBO mis en place par des dirigeants de l'entreprise auxquels peuvent se joindre des salariés. La transmission de l'entreprise se fait en quelque sorte en interne. Elle peut permettre la sortie d'un dirigeant historique détenant une importante participation de l'entreprise, dont la valorisation s'est fortement accrue.

■ Le LBI (leverage buy in)

En cas d'arrivée de cadres extérieurs, le LBO est dénommé LBI.

■ L'OBO (owner buy out)

Une piste à explorer en temps de crise ?
L'OBO est un montage de rachat de l'entreprise initié et réalisé par son dirigeant/associé.
Il s'agit pour le chef d'entreprise de procéder à l'acquisition de sa société par une holding de reprise. Cette acquisition est financée, pour partie, en fonds propres par le chef d'entreprise, en partie par une dette bancaire, voire par un investisseur extérieur (fonds, *business angel*, etc.).
En général, les titres de la société opérationnelle sont en partie apportés et en partie cédés à la holding qui finance l'acquisition, par recours à un emprunt ou par une remontée exceptionnelle de dividendes, si la société dispose d'une trésorerie nette excédentaire.
Le recours à un OBO présente plusieurs intérêts :
• Il permet au chef d'entreprise de diversifier son patrimoine personnel en recevant, dans le cadre de la cession de titres lui appartenant, un prix de vente, et ce en continuant à diriger la société ou tout au moins à la contrôler par le biais de la holding.
• Il permet d'organiser la sortie de minoritaires (actionnaires familiaux, proches du chef d'entreprise, anciens salariés) non impliqués dans la marche de la société et dont la présence au capital ne s'explique que pour des raisons tenant à l'histoire de la société.
• Il peut être le moyen d'initier une transmission à des proches, membres de la famille ou cadres de la société ou à un repreneur externe en les associant dans un premier temps au développement de la société et en préparant la vente totale de la société qui interviendra dans un second temps.
• Il peut être le vecteur d'une croissance externe et/ou de développement des activités de la société en associant au capital de la holding un partenaire financier.

> **Cas pratique**
> **Le choix d'un OBO pour une cession d'entreprise**
> Prenons l'exemple d'une entreprise valorisée 2 millions d'euros qui est entièrement détenue par son dirigeant. Ce dernier veut effectuer un OBO pour « liquidifier » 50 % de ses titres et, dans le même mouvement, faire entrer sa fille au capital. Il crée alors une société holding qui a vocation à détenir 100 % des titres de la PME. Puis il apporte à cette holding, en nature, 45 % des actions, dotant ainsi la structure d'accueil d'un capital de 900 000 € (45 % de 2 millions d'euros). Sa fille apporte 100 000 € (5 %) au capital de la holding qui totalise alors 1 million d'euros. Avec ce million d'euros de fonds propres, compte tenu des ratios acceptés par les établissements de crédit, la holding peut alors emprunter auprès des banques 1 million d'euros sur 7 ans. La holding utilise l'argent de cet emprunt pour régler cash au dirigeant les 50 % de titres restants. À l'issue du montage, le dirigeant détient toujours, *via* la holding, 90 % de sa PME, et sa fille 10 %.

> Seuls peuvent procéder à un OBO les propriétaires d'entreprises rentables. En effet, la société doit gagner suffisamment d'argent, et de manière régulière, pour pouvoir remonter à la holding les dividendes lui permettant de rembourser son crédit, sans hypothéquer son développement. Pour ce faire, le remboursement de l'emprunt ne doit pas absorber plus de 50 % des bénéfices.
> (Jean-Marc T., spécialiste en ingénierie financière)

■ La sortie des investisseurs

Elle reste très compliquée pour les entreprises de taille modeste. La sortie d'un investisseur ne peut s'envisager que s'il est remplacé par un nouveau venu, qui devra mettre en place un nouveau LBO dit secondaire. Cette opération ne sera possible que si la rentabilité de la cible s'est améliorée ou si elle a bénéficié d'une croissance importante de son activité au cours du premier LBO.

Fort heureusement, les investisseurs se donnent souvent un délai de 5 à 7 ans pour sortir d'une opération et sont parfois capables de prolonger ce délai. Durant ce laps de temps, l'entreprise sera à même d'accroître sa valorisation et permettra au fonds initial de dégager une plus-value très satisfaisante.

■ LBO en difficulté

Dans le cas où une opération de financement par LBO devrait connaître une situation difficile en raison de pertes subies par la cible, cette dernière ne serait pas en mesure de servir un dividende à la holding, la condamnant à ne pas honorer le service de la dette. Peu de solutions sont alors disponibles.

L'une d'entre elles consiste à recapitaliser la société. Elle n'est pas toujours possible, elle peut diluer le repreneur qui ne pourra pas suivre l'augmentation de capital et qui ainsi risquera de perdre le contrôle de son affaire avec les conséquences que cela peut avoir, tant en termes de management que de distribution de dividendes, lorsque l'entreprise aura retrouvé sa capacité bénéficiaire.

L'autre solution est tout bonnement de négocier avec les créanciers afin de trouver un accord sur des différés de règlement de la dette.

Si aucune solution n'est acceptable sur le fond, le protocole doit prévoir jusqu'à l'éviction du repreneur.

Le montage financier proprement dit

Il s'agit maintenant de faire de « l'ingénierie financière ». Le repreneur opérera un dosage des différentes sources de financement appropriées à son projet. En gardant toujours en tête qu'il faudra rembourser !

■ Les conditions pour reprendre en LBO

La technique de financement par LBO ne doit être mise en place que dans des opérations d'acquisition de sociétés dont les résultats sont bénéficiaires d'une manière récurrente.
La société cible doit dégager des résultats convenables pour permettre la distribution de dividendes qui couvriront le service de la dette. Il est toutefois conseillé au repreneur d'éviter de distribuer plus de 70 % des résultats dégagés (50 % maximum dans des activités avec fort besoin d'investissement).

■ Le principe

Le principe est en fait assez simple : lorsque le repreneur a identifié sa cible et qu'il détient un accord formalisé de ses partenaires financiers investisseurs et banquiers, il crée une société dont l'objet social unique sera de détenir une participation au capital de la société cible. C'est cette structure (la holding) qui sera dotée de fonds propres et qui abritera l'endettement contracté pour réaliser l'acquisition.
La holding qui s'est endettée pour acquérir la cible a deux obligations : la première est de rembourser l'emprunt aux échéances convenues, la seconde de servir un dividende à ses actionnaires, après quelques années consacrées principalement au remboursement de la dette et à la sécurisation de l'opération.
Pour ce faire, elle doit bénéficier des flux de trésorerie provenant de la remontée des dividendes de sa filiale, la société cible, ce qui implique que cette dernière dégage des résultats bénéficiaires.
À ce propos, il est indispensable d'avoir préalablement réglé, par convention avec le cédant, le problème de l'affectation des résultats de l'année en cours et, le cas échéant, de l'année précédente.
Cette remontée de dividendes de la cible (qui constituent des éléments de la fixation du prix) vers la société holding doit intervenir avec un minimum de frottement fiscal, c'est-à-dire qu'il faut veiller à limiter l'impact de la fiscalité sur les flux financiers existant entre la société mère et la société fille.
Le repreneur veillera à demander le régime de l'intégration fiscale si la holding détient plus de 95 % de la cible et le régime mère/fille pour l'exonération quasi totale des dividendes (voir *La fiscalité*, p. 280).

Ainsi les fonds collectés peuvent être complétés parfois par une distribution de dividendes de la cible par prélèvement sur les réserves lorsque celles-ci sont disponibles et conséquentes et sous réserve que cette distribution ne mette pas en difficulté la société (perte de la moitié des capitaux, besoin d'investissements de la société cible...). La cession possible d'actifs hors exploitation nichés dans la cible peut se révéler judicieuse et permettre soit d'améliorer la trésorerie de la holding par distribution de dividendes, soit de rembourser une partie de l'emprunt par anticipation et ainsi d'alléger les charges de l'entreprise.

La levée de fonds

Les principales étapes d'une levée de fonds sont :
- la prise de contact avec plusieurs fonds répondant aux caractéristiques du projet ;
- la présentation personnelle d'un business plan (BP) qui doit faire ressortir :
• la description du marché, secteur, produits et *business model*,
• l'adéquation du repreneur avec la cible,
• la robustesse du BP de la cible qui prévoira des hypothèses hautes et basses,
• la justification du prix d'acquisition et la rentabilité de l'investissement (TRI).
L'ensemble de l'opération, avec notamment la rédaction du contrat, peut prendre de 6 à 8 semaines.
L'articulation des fonds collectés suit le schéma du financement de la reprise (voir *Le schéma du financement de la reprise*, p. 220.

› Les fonds propres

Les fonds propres seront apportés par le repreneur et ses alliés, éventuellement complétés d'un fonds très souvent spécialisé dans les LBO : il s'agit des sociétés de capital investissement ou des *Business Angels* (voir *Les intervenants en fonds propres,* p. 220). La participation de ces fonds est la plupart du temps minoritaire.

› Les quasi-fonds propres

Ce sont des ressources financières n'ayant pas la nature comptable de fonds propres mais s'en approchant, notamment par leur stabilité.
Ils regroupent les comptes courants d'associés, les obligations convertibles et les fonds mezzanine.
Ces derniers sont utilisés pour éviter le nantissement qu'une banque peut exiger en garantie du prêt accordé ; au niveau de l'analyse du bilan, ils s'intercalent entre les fonds propres et la dette bancaire.
La dette mezzanine (ou dette subordonnée) est conçue pour améliorer la structure financière de la holding mais ne bénéficie d'aucune garantie ; en revanche, sa rémunération, entre 12 et 14 %, est très supérieure à celle de la dette bancaire. Très souvent utilisée pour des opérations importantes, la dette mezzanine est accessible aux PME (montant 0,3 à 5 millions d'euros) et repose sur l'émission d'un emprunt obligataire d'une durée de 7 à 9 ans.

La conversion des obligations convertibles (OC) en actions peut être à l'initiative du prêteur (effet de dilution du repreneur) ou du repreneur qui préfèrera ne pas y recourir ; il conviendra donc de veiller à la rédaction des clauses contractuelles de conversion.

> La dette senior (ou emprunt bancaire)

Cette appellation tient au fait qu'il y est attaché une priorité de paiement et des garanties spécifiques par rapport à d'autres dettes dites subordonnées.

Cette dette fait l'objet d'une transaction à part, même si le dossier est étudié dans sa globalité par les investisseurs et les banquiers. Pour les opérations de petite taille, elle consiste à mettre en place un crédit à moyen terme d'une durée de 7 ans, amortissable, avec souvent un différé, afin d'éviter une trop grosse ponction de la trésorerie de la holding, alimentée par une distribution de dividendes de la cible.

> **MON CONSEIL**
> Le repreneur recherchant des capitaux auprès d'un fonds d'investissement devra être attentif à :
> - maîtriser parfaitement son business plan, se montrer enthousiaste et affirmer son implication totale pour son projet, être capable de démontrer, lors des entretiens avec les partenaires financiers, ses capacités à manager la cible et à montrer un bon sens commercial ;
> - mettre en valeur son aptitude à bien appréhender les défis auxquels le repreneur va être confronté (aléas de la conjoncture, etc.), tout en montrant qu'il a « les pieds sur terre », et qu'il cerne bien les contraintes juridiques et administratives du métier de l'entreprise cible ;
> - s'adresser à plusieurs fonds de manière à les mettre en concurrence et à pouvoir identifier le meilleur partenaire possible.

Cas pratique
Exemple d'un montage financier avec recours à un fonds pour la reprise d'une PME valorisée 1 350 K€
Création d'une holding par le repreneur avec entrée d'un fonds avec dette mezzanine.
Cette dette mezzanine s'intercale entre les fonds propres et la dette senior (bancaire) et permet, compte tenu du niveau de risque pris par le fonds, de conforter les prêteurs et ainsi de permettre le bouclage du financement.
Repreneur et fonds mezzanine apportent en trésorerie 300 K€ chacun.
Le repreneur détiendra alors 100 % de la holding alors que le fonds, qui intervient en obligations convertibles (OC), ne sera pas présent au capital. Néanmoins, son apport est classé comme quasi-fonds propres de la holding et renforce ainsi sa structure financière.

Selon l'accord des parties, l'apport du fonds pourra se répartir en OC convertibles et non convertibles. Cela a pour but de préserver la capacité de contrôle de la holding par le repreneur. Le taux d'intérêt des OC, supérieur d'environ 10 à 12 % au taux bancaire, rémunère le risque pris par le fonds.

BILAN DE LA HOLDING APRÈS MISE EN PLACE DES FINANCEMENTS ET PRISE EN COMPTE DES BESOINS DE FINANCEMENT DE LA CIBLE			
Actif en K€		Passif en K€	
Valeur des titres	1 350	Apport personnel	300
Frais d'acquisition	50	Fonds mezzanine : obligations convertibles	100
Apport en compte courant pour financer les besoins d'investissements et de BFR de la cible	150	Fonds mezzanine : obligations non convertibles	200
		Dette senior	600
		Bpifrance contrat développement transmission	250
		Remontée de dividendes	100
Total	1 550		1 550

Si d'aventure, le fonds demandait la conversion des obligations convertibles, il détiendrait donc 100 000 € sur un capital social de 300 + 100 soit 400 000 €, 25 % du capital de la holding.

Les aides à la reprise d'entreprises

➤ **Elles s'inscrivent dans le cadre de la politique préconisée par les pouvoirs publics.**

➤ **Ceux-ci les attribuent et les gèrent avec les collectivités locales.**

Les aides financières

Elles sont généralement destinées à encourager la reprise d'entreprise par différentes catégories de personnes.

■ L'aide à la reprise ou à la création d'entreprise (ARCE)

Si vous êtes demandeur d'emploi et bénéficiaire de l'allocation d'aide au retour à l'emploi (ARE), vous pouvez prétendre à l'aide à la reprise ou à la création d'entreprise (ARCE), qui ne vous sera attribuée qu'une seule fois par ouverture de droits. Vous devez pour cela avoir obtenu l'aide au chômeur créant ou reprenant une entreprise (ACCRE), qui permet un allègement de charges (voir *L'aménagement du dispositif d'exonération* plus bas).
Voir : www.service-public.fr/particuliers/vosdroits/F11677
L'ARCE n'est cumulable ni avec l'aide différentielle de reclassement, ni avec le maintien de l'ARE prévu en cas de reprise d'activité occasionnelle ou réduite.
Le montant de l'aide est égal à 50 % des allocations chômage restant dues au jour de la création ou de la reprise de l'entreprise ou à la date d'obtention de l'ACCRE si cette date est postérieure à la date de création ou de reprise de l'entreprise.
Pour bénéficier de l'ARCE, vous devez formuler une demande d'aide auprès de l'agence Pôle emploi dont vous dépendez.
Le versement de l'allocation s'effectue en deux fois :
- un premier versement égal à 50 % de l'aide est effectué à la date à laquelle le demandeur d'emploi réunit les conditions d'attribution de l'ARCE, sous réserve qu'il cesse d'être inscrit sur la liste des demandeurs d'emploi ;
- le solde est versé 6 mois après la date de création ou de reprise d'entreprise.

■ L'aménagement du dispositif d'exonération ACCRE

Ce dispositif d'exonération de charges sociales bénéficiant, sous certaines conditions, aux créateurs et repreneurs d'entreprise est étendu depuis le 1er janvier 2017 :
- aux salariés ou personnes licenciées reprenant une entreprise en difficulté ;
- aux personnes reprenant une entreprise (et non plus seulement créant une entreprise) dans un quartier prioritaire de la politique de la ville (QQPV).
L'exonération devient par ailleurs dégressive.

> **MON CONSEIL**
> Pour en savoir plus, consultez le mot d'expert Réforme de l'ACCRE : 2019, l'année « blanche » des nouveaux entrepreneurs, sur le site du CRA : www.cra-asso.org

■ L'aide à la reprise d'entreprise de production (AREP)

Cette aide a été conçue par l'État, mais elle est distribuée par les régions pour les TPE/PME afin de consolider les apports en fonds de roulement et les aider ainsi dans leur redéploiement. Toute autre entreprise ayant été reprise par ses salariés ou des repreneurs en démarche de reconversion industrielle est éligible.
Cependant, l'aide régionale ne peut être affectée au rachat des parts sociales, des actions ou des actifs de la société transmise. Par ailleurs, les opérations de croissances externes, c'est-à-dire les reprises par personnes morales existantes, ne sont pas éligibles.
Même si l'AREP est destinée à la reprise par des personnes physiques, une personne morale créée pour les besoins d'une reprise (holding dans un montage LBO) peut en bénéficier pourvu qu'elle soit majoritairement détenue par des personnes physiques : l'aide régionale est, en tout état de cause, attribuée à la société d'exploitation.
Le montant de l'aide régionale est constitué :
- soit d'une subvention de 100 000 € maximum ;
- soit d'un prêt de 200 000 € à taux zéro.
Ces montants peuvent être portés à 200 000 € en subvention et 400 000 € en avance remboursable pour les projets à forts enjeux en termes d'emploi et d'entraînement sur le tissu économique régional.
Les prêts sont remboursés en cinq annuités, le premier remboursement intervenant 1 an après la mise à disposition des fonds. Si la situation de l'entreprise le justifie, un différé de remboursement peut être accordé. Sa durée ne peut pas excéder 3 ans.
L'aide est plafonnée aux fonds propres. La contrepartie en fonds propres peut être matérialisée par :
- les apports numéraires en capital et/ou en comptes courants d'associés bloqués réalisés dans une société créée pour les besoins de la reprise ;
- les apports personnels engagés par le repreneur à titre personnel dans le rachat des parts sociales ou des actions de la société transmise.
75 % des besoins de financement du projet aidé doivent être couverts par des apports en fonds propres et/ou des concours financiers moyen terme (prêts bancaires, crédits baux…) et/ou d'autres financements publics ou privés (fonds de reconversion…).
Ce dispositif n'est pas cumulable avec d'autres dispositifs régionaux dans les douze mois suivant la date de décision de l'octroi de l'aide régionale. Les entreprises peuvent cependant opter pour un autre dispositif régional plus favorable.

■ Le Fonds de garantie à l'initiative des femmes (FGIF)

Il garantit à hauteur de 70 % un financement sur 2 à 7 ans accordé par une banque. La garantie maximale est de 45 000 € (le prêt doit être au minimum de 5 000 €).

Les autres aides

Elles concernent majoritairement des exonérations de cotisations sociales et des aides régionales spécifiques.

■ Les aides sociales

En premier lieu, nous retrouvons l'ACCRE (voir aussi *L'aménagement du dispositif d'exonération ACCRE*, p. 244), dispositif destiné aux demandeurs d'emplois repreneurs d'entreprises ainsi qu'aux repreneurs non inscrits à Pôle Emploi, mais répondant à certaines conditions. Ces repreneurs éligibles seront pendant 12 mois exemptés des cotisations sociales au titre de leur activité d'entrepreneur. Pour y accéder, le repreneur doit détenir plus de 50 % du capital, seul ou avec son conjoint, et posséder au moins 35 % des droits sociaux à titre individuel. Ce pourcentage sera ramené à 25 % si aucun autre associé ne détient directement ou indirectement plus de 50 % du capital. L'exonération porte sur les cotisations dues au titre des assurances sociales, à l'exception de la CSG, CRDS, sur les cotisations aux retraites chapeaux, au logement, à la formation professionnelle et au transport. Elle est plafonnée à 120 % du SMIC ; au-delà, la partie des revenus qui dépasse est soumise à l'ensemble des cotisations. Les dossiers sont déposés au CFE (Centre de formalités des entreprises).

Le tutorat qui intéresse le cédant mais qui bénéficie au repreneur lors de la période d'accompagnement lui permet de bénéficier de certains avantages fiscaux, subordonnés à certaines conditions (convention de tutorat en bonne et due forme, l'activité cédée doit être une entreprise individuelle, une SARL à gérance majoritaire ou bien une EURL). Le cédant doit avoir liquidé ses droits à la retraite. La durée de la convention ne peut excéder 12 mois.

Les salariés peuvent également bénéficier de temps partiel pour une reprise d'entreprise, de 12 mois renouvelable une seule fois. L'effectif de l'entreprise de plus de 200 salariés ou moins joue aussi pour l'accord ou le report de ce droit.

■ Les aides régionales

En liaison ou indépendamment des organismes déjà cités, les services économiques des régions et départements peuvent apporter des aides financières aux cédants (financement de projet de transmission) et/ou aux repreneurs. Le repreneur potentiel devra donc, en priorité, contacter les services économiques de la région (et du département) où est domiciliée la cible (site www.iledefrance.fr, par exemple).

■ Le soutien des pouvoirs publics

Bpifrance a été créée pour accompagner la vie des chefs d'entreprise, de l'amorçage jusqu'à la cotation en Bourse, du crédit aux fonds propres.
Son rôle consiste à soutenir le financement de l'économie française.

Les aides à la reprise d'entreprises

C'est pour les aider que Bpifrance, la banque publique d'investissement, a été créée en partenariat avec les régions. En regroupant 4 entités – Bpifrance, CDC Entreprises, le Fonds stratégique d'investissement (FSI) et FSI Régions –, elle démultiplie leur force de frappe. Avec l'aide d'Ubifrance, elle soutient les entrepreneurs dans la conquête des marchés à l'export. L'investissement, le capital-risque, l'aide à l'innovation et le cofinancement, sont autant de solutions pour accompagner les entrepreneurs, de concert avec les acteurs privés et mutualistes.

> **MON CONSEIL**
> **Pour le cédant**
> Il facilitera le bon déroulement de l'opération en informant ses banquiers de la prochaine cession et en leur présentant le repreneur.
> Pour éviter litiges et contestations ultérieurs, le cédant aura soin de continuer à gérer son entreprise en bon père de famille.
> **Pour le repreneur**
> Financer l'acquisition n'est pas tout, il faut prendre en compte également les investissements nécessaires et bien déterminer les besoins en fonds de roulement.
> Attention aux cautions demandées. Ne jamais donner son habitation personnelle en garantie.
> Veillez à ne pas distribuer plus de 70 % du résultat net de l'entreprise. Elle a besoin de conserver des ressources pour se développer.
> En cas de LBO, demandez à l'administration le bénéfice de l'intégration fiscale.

Les formes de financement peuvent être variées (voir *Les différentes formes de montage financier*, p. 236).

> **Cas pratique**
> **Scierie de Challans ; une reprise industrielle avec un fonds d'investissement**
> Un ancien de la banque d'affaires raconte son parcours de repreneur très réfléchi :
> – son ciblage : 50 dossiers étudiés, 15 accords de confidentialité ;
> – la rencontre de 5 cédants ;
> – 3 lettres d'intention (LOI) ;
> – 1 reprise ;
> – les raisons de son choix, la négociation du prix, sa pédagogie sur les financements, ses audits nombreux, son financement avec un fonds et des banques, l'accompagnement par son cédant notamment sur la partie achats.
> Découvrez son témoignage vidéo :

Étape 8
Le montage juridique et fiscal

Les différentes structures et leurs caractéristiques

➤ Le choix de la forme juridique de la holding de reprise aura des conséquences sur l'organisation, la fiscalité et le formalisme.

➤ Le statut social du dirigeant en découlera avec d'importantes différences en termes de protection sociale, de prévoyance et de retraite.

Les différentes formes juridiques usitées

Nous ne traiterons pas la forme « en nom propre », peu adaptée à la reprise. Notre analyse comparée se limitera aux trois formes de sociétés les plus courantes.

■ SARL (société à responsabilité limitée)

Cette forme, ainsi que l'EURL (SARL unipersonnelle), est celle qui vient à l'esprit en premier lorsque plusieurs associés ont un intérêt commun dans une entreprise (entre 2 et 100 associés). Le capital, sans minimum légal, est divisé en parts sociales. Les titres de la société ne doivent pas être admis aux négociations sur un marché réglementé.

Les associés ne sont responsables que dans la limite de leur apport, excepté en cas de faute de gestion où les dirigeants peuvent être responsables sur leurs biens personnels sur décision de justice.

La gestion courante est assurée par un ou plusieurs gérants nommés et révoqués par la majorité des associés. Les décisions non courantes ordinaires sont prises en AG à la majorité simple, les décisions extraordinaires (touchant par exemple le patrimoine) sont prises à une majorité qualifiée (habituellement 2/3 des voix).

Les comptes et le rapport de gestion approuvés par l'assemblée générale, annuellement, sont déposés au greffe du tribunal de commerce. Un commissaire aux comptes est obligatoire en cas de dépassement d'au moins 2 des seuils suivants : CA de 3,1 millions d'euros, 50 personnes, total de bilan de 1,55 million d'euros.

Fiscalement, c'est la société qui est imposée (impôts sur les sociétés, IS), avec possibilité d'opter pour le régime des sociétés de personnes pour une durée de 5 ans dès lors que :

- la société a une activité industrielle, commerciale, artisanale, agricole ou libérale à l'exception de la gestion de son propre patrimoine ;
- l'effectif est de 50 salariés au plus et le chiffre d'affaires annuel ou le total du bilan est inférieur à 10 millions d'euros ;
- la société est créée depuis moins de 5 ans à la date d'ouverture du premier exercice d'application de l'option ;
- elle est détenue à hauteur de 50 % au moins du capital et des droits de vote par des personnes physiques, et une ou plusieurs personnes exerçant des fonctions de dirigeant dans la société détiennent, avec les membres de leur foyer fiscal, une participation de 34 % au moins.

Les différentes structures et leurs caractéristiques

> **À NOTER**
> Rappelons que les EURL (SARL à associé unique personne physique) relèvent du droit de l'impôt sur le revenu (IR), sauf option pour le régime de l'impôt sur les sociétés (IS).
> À noter également que les SARL constituées uniquement entre parents en ligne directe (enfants, parents, grands-parents ou entre frères et sœurs) ainsi que les conjoints et les partenaires liés par un PACS peuvent opter pour le régime des sociétés de personnes sans limitation de durée.

■ SA (société anonyme)

Cette forme de société, aux règles de fonctionnement plus complexes, doit avoir un capital d'un minimum de 37 000 € et comporter un minimum de 2 actionnaires.
Elle peut, par ailleurs, faire appel à l'épargne publique.
Les actionnaires ne sont responsables que dans la limite de leurs apports, avec possibilité d'appel aux biens personnels des dirigeants en cas de faute de gestion (comme pour les SARL) et sur décision de justice.
Le fonctionnement est réputé plus lourd et contraignant que la SARL, il est donc davantage adapté aux entreprises plus importantes.
En se conformant aux statuts, l'assemblée générale des actionnaires nomme les membres du conseil d'administration ou du directoire et du conseil de surveillance. C'est le conseil d'administration qui désigne parmi ses membres le président et un directeur général si le président du CA n'assure pas lui-même la direction générale de la société.
Le président et le directeur général sont révoqués par décision du conseil.
Les décisions non courantes ordinaires (prévues aux statuts ou de droit commun) sont prises en AG à la majorité simple.
Les décisions extraordinaires, prévues comme telles dans les statuts, sont prises en AG à une majorité qualifiée (par exemple 2/3 des voix exprimées).
Un commissaire aux comptes est obligatoire, il certifie notamment les comptes annuels et le rapport de gestion avant leur dépôt au greffe du tribunal de commerce.
Fiscalement, la société subit l'impôt sur ses bénéfices aux taux de l'IS, les rémunérations des dirigeants étant déductibles. Elle peut également opter pour le régime fiscal des sociétés de personnes aux conditions énumérées ci-avant.

> **À NOTER**
> En cas d'option pour le régime des sociétés de personnes, la rémunération des dirigeants associés n'est alors plus déductible du résultat imposable.

■ SAS (société par actions simplifiée)

La forme de cette société emprunte le cadre de la société anonyme, société par actions, sur les plans des responsabilités des actionnaires limitées à leurs

apports mais il n'y a pas de capital minimum. Cependant, **les statuts peuvent prévoir des règles d'organisation plus adaptées aux volontés des associés**. Par exemple, les associés peuvent déterminer librement :
- les règles de gouvernance : nomination d'un président unique, ou d'un organe collégial de direction avec désignation d'un président habilité à engager la société ;
- la possibilité de désigner ou non une personne morale en tant que dirigeant ;
- les modalités de nomination, de révocation ;
- les règles de majorité et les droits éventuels de veto ;
- le mode de consultation des associés ;
- le quorum nécessaire pour valider une décision.

Les décisions concernant l'approbation des comptes, la répartition des bénéfices, les modifications du capital, les fusions ou la dissolution doivent être prises collectivement (AG), mais les associés peuvent déterminer librement dans les statuts les modalités d'adoption des décisions, sans avoir les contraintes éventuelles des tenues de conseil d'administration ou d'assemblée générale. Un commissaire aux comptes n'est nécessaire que si la société dépasse une certaine taille (total du bilan supérieur à 1 million d'euros, CA supérieur à 2 millions d'euros et effectifs dépassant 20 salariés) ou si elle contrôle ou est contrôlée par une autre société.

> **À NOTER**
>
> **Transformation de SARL en SAS** Pour faciliter la transmission, le repreneur peut demander au cédant de transformer la forme juridique de l'entreprise pour adopter par exemple celle de SAS au lieu de SARL.
> Ceci est possible mais entraînera des frais avec notamment la nomination d'un commissaire à la transformation (coût global de 3 000 à 4 000 €).
> L'avis d'un fiscaliste sera sollicité pour l'ensemble de l'opération.

La fiscalité suit le principe de l'impôt sur les bénéfices des sociétés au taux de l'IS avec, comme pour la SARL, la possibilité d'opter pour le régime fiscal des sociétés de personnes comme décrit précédemment, les rémunérations des dirigeants étant déductibles.

> **À NOTER**
>
> **Obligation de dépôt des comptes** Les sociétés non « cotées » sont dispensées du dépôt du rapport annuel de gestion ; elles doivent seulement le tenir à la disposition de toute personne qui en fait la demande.
> Par ailleurs, l'EURL (entreprise unipersonnelle à responsabilité limitée) et la SASU (société par actions simplifiée unipersonnelle) sont dispensées de l'obligation d'établir le rapport annuel de gestion lorsque d'une part, leur associé unique, personne physique, assume seul la gérance ou la présidence et que, d'autre part, la société ne dépasse pas à la clôture d'un exercice social, deux des trois seuils suivants :
> - total du bilan : 1 000 000 € ;
> - montant HT du CA : 2 000 000 € ;
> - nombre de salariés : 20.

Les différentes structures et leurs caractéristiques

Le statut social du dirigeant

Le régime social du dirigeant dépend de la structure juridique de l'entreprise et, partant, le dirigeant est affilié soit au régime général des salariés (TS), soit au régime des travailleurs non salariés (TNS).

■ SARL

Il convient de distinguer le gérant majoritaire du gérant minoritaire. Un gérant est majoritaire s'il détient avec son conjoint, son partenaire pacsé ou ses enfants mineurs, plus de 50 % du capital de la SARL.
- Gérant minoritaire : est soumis au régime des TS (hors assurance chômage sauf cumul avec un contrat de travail).
- Gérant majoritaire : est soumis au régime des TNS mais il ne bénéficie pas de l'assurance chômage, sauf s'il peut bénéficier d'un contrat de travail relatif à des fonctions techniques distinctes des fonctions de gérant et qu'il est possible de reconnaître un lien de subordination entre lui et la société.

> **À NOTER**
> Le lien de subordination juridique vis-à-vis de son employeur ne peut pas être reconnu dès lors que le gérant de SARL est associé majoritaire de la société. Le cumul avec un contrat de travail est donc ici impossible même s'il exerce des fonctions techniques distinctes des fonctions de gérant.

Cette mesure est également applicable aux présidents de SAS et de SA.

> **À NOTER**
> Consultez le tableau synthétique présentant les avantages et les inconvénients des différentes formes juridiques : constitution, fonctionnement, régime fiscal et social (TNS ou TS) (voir *Tableau récapitulatif des principales structures juridiques*, p. 354.)

■ SA et SAS

Les présidents et directeurs généraux de SA et les présidents de SAS bénéficient du régime des assimilés-salariés pour la partie de leur rémunération se rapportant au mandat social mais ne bénéficient pas de l'assurance chômage.
Pour la partie de leur rémunération se rapportant à un contrat de travail, ils sont considérés comme des salariés, mais trois conditions doivent être remplies :
- véritables séparations entre les attributions techniques et celles relevant du mandat ;
- le contrat de travail doit entraîner le versement d'une rémunération distincte de celle versée dans le cadre du mandat ;

- dans le contrat de travail, le dirigeant doit être placé dans un état de subordination vis-à-vis de la société, sous son autorité et son contrôle (notamment pour le lieu et les horaires de travail, l'organisation, le matériel fourni par la société, etc.).
Les rémunérations des dirigeants sont des charges déductibles pour la société.
C'est seulement dans ce cas qu'il peut bénéficier du régime d'assurance chômage.

> **À NOTER**
> **La protection du repreneur** Si le repreneur choisit pour sa holding une forme juridique telle que SARL, SA ou SAS, il bénéficie d'une protection générale limitant son risque aux capitaux engagés sauf faute de gestion manifeste ou garantie personnelle donnée.
> Préalablement à son montage, il aura intérêt à s'interroger sur son statut matrimonial et les éventuels engagements du conjoint tant en terme de participation au capital que de partage des risques sur ses biens propres.

Les différentes structures et leurs caractéristiques

Le statut social et fiscal du dirigeant

L'entrepreneur : en même temps que son entreprise, il doit aussi penser à s'assurer lui-même afin de protéger ses proches, son entreprise, son associé et lui-même.
Quel que soit son statut social (salarié ou TNS), les revenus tirés de l'entreprise sont soumis à l'IRPP. En outre, il doit vérifier que sa prévoyance personnelle est satisfaisante en cas d'arrêt de travail et d'invalidité pour compenser sa baisse de revenus du fait de l'insuffisance des régimes de base, voire maintenir le niveau de vie de sa famille en cas de décès.
Enfin, si le projet de l'entrepreneur échoue, il est souhaitable qu'il ait souscrit une assurance en cas de chômage (GSC – Garantie Sociale des Chefs et dirigeants d'entreprise – et de capital de reconversion par exemple) afin de pouvoir préparer et réussir sa prochaine reprise d'entreprise.

> **À NOTER**
>
> **Conventions de management intra groupe : attention danger !** La reprise des titres d'une société par une holding s'accompagne bien souvent, notamment pour des raisons d'optimisation fiscale et sociale, de la localisation de la rémunération du dirigeant commun de la filiale et de la holding dans la société holding. Cette situation induit la conclusion d'une convention de prestations de services entre la holding et sa filiale. L'objet de cette convention : facturer les prestations de services rendues par la holding en matière notamment administrative, commerciale, voire gestion comptable.
>
> La jurisprudence, notamment la chambre commerciale de la Cour de cassation, a condamné cette pratique considérant que ce type de convention ne vise qu'à rémunérer des prestations relevant intrinsèquement du mandat social du dirigeant de la filiale.
> Les sanctions sont les suivantes :
> - au plan civil : nullité absolue de la convention de prestations de services ;
> - au plan pénal : qualification d'un abus de bien social ;
> - au plan fiscal : remise en cause de la déductibilité du résultat fiscal de la filiale de la charge correspondant aux factures de prestations de services et remise en cause de la déductibilité de la TVA facturée à ce titre.
>
> Le recours à ce montage doit donc être encadré avec le plus grand soin pour éviter que l'optimisation recherchée ne se transforme en véritable cauchemar.

> **À NOTER**
> **Jurisprudence relative aux clauses de non-concurrence insérées dans des contrats commerciaux (actes de cession, pactes d'actionnaires, etc.) : rapprochement avec la jurisprudence de la chambre sociale de la Cour de cassation** La jurisprudence de la chambre commerciale de la Cour de cassation a évolué notamment au travers d'un arrêt du 15 mars 2011. Dès lors que l'associé cumule cette qualité avec celle de salarié, la chambre commerciale transpose la solution qui prévaut en droit du travail, à savoir la nécessité de stipuler une contrepartie financière à l'engagement de non-concurrence. La chambre commerciale pose en principe qu'un engagement de non-concurrence dénué de contrepartie financière « n'aurait pas de cause ».
>
> Dans les mois qui ont suivi cette décision, plusieurs commentaires ont été publiés. Certains auteurs ont déduit de la rédaction de l'arrêt susvisé que la contrepartie financière peut être incluse dans le prix de cession. Cela supposerait que le prix soit différent suivant qu'il y ait ou non engagement de non-concurrence.
>
> Un arrêt en date du 5 octobre 2016 (n° 15-18406) de la chambre sociale de la Cour de cassation a confirmé que la contrepartie financière de l'engagement de non-concurrence peut être incluse dans le prix de cession.

Optimiser les modalités de cession

➤ **Prévoir et se préparer : la règle d'or de toute démarche de cession se confirme là aussi.**

➤ **Simuler les incidences fiscales et familiales permet de prendre les bonnes décisions.**

Les différentes formes de cession

Le cédant, après avoir défini son projet de cession, a déterminé par quelle voie il souhaite céder tout ou partie de son activité/patrimoine : la cession du fonds de commerce et la cession de titres (totalité, majorité) sont les principales.

■ La cession du fonds de commerce (au sens de cession d'activité)

Les considérations juridiques et fiscales à prendre en compte sont :
- la cession des seuls éléments nécessaires au fonctionnement du fonds de commerce : clientèle, droit au bail, matériel. Tous les autres éléments de bilan, dont notamment les dettes, restent au sein de la société cédante. Attention : les créanciers ont un droit d'opposition à la cession d'un fonds de commerce ;
- l'impossibilité de céder certains éléments (autorisations administratives nominatives, contrats de marchés publics…) ;
- les dividendes ou réserves de la société dont le fonds est cédé demeureront acquis à ses associés ;
- c'est la société qui vend le fonds de commerce et reçoit le prix de vente. Elle est donc soumise à l'IS sur la plus-value réalisée à l'occasion de cette cession.
Toutefois, la plus-value est totalement exonérée d'impôt sur les sociétés pour les fonds d'un prix inférieur à 300 000 € (et partiellement entre 300 et 500 000 €). L'activité transmise doit avoir été exercée pendant au moins 5 ans. Cette dernière exonération est applicable seulement si l'entreprise est soumise au régime fiscal des sociétés de personnes.
Pour les entreprises individuelles ou les sociétés non soumises à l'impôt sur les sociétés (IS), il existe également d'autres possibilités d'exonération, notamment en fonction des recettes. Ainsi, l'exonération est totale si les recettes n'excèdent pas :
- 250 000 € HT pour les entreprises industrielles et commerciales de vente ;
- 90 000 € HT pour les prestataires de services.
L'exonération est partielle lorsque les recettes excèdent ces seuils sans dépasser respectivement 350 000 € et 126 000 €.
L'activité doit là aussi avoir été exercée pendant au moins 5 ans.
Après cession du fonds de commerce (et distribution éventuelle du produit de la vente), le cédant doit s'interroger sur les possibilités suivantes :
- soit la société poursuit ses autres activités en cas de cession partielle de ses activités ;
- soit la société est transformée en société de gestion de patrimoine mobilier ou immobilier ;
- soit la société est vendue à une société de reprise de sociétés (coquille) ;

- soit la société est dissoute aussitôt après que toutes les opérations de cession et de paiement sont terminées.

Ce dernier cas entraîne la taxation du boni de liquidation imposable à l'impôt sur le revenu, comme un dividende, étant précisé que les distributions de dividendes sont soumises, depuis le 1er janvier 2018, au prélèvement forfaitaire unique (PFU) au taux global de 30 %. Ce taux se décompose en :
- un taux forfaitaire d'imposition à l'IR de 12,8 % ;
- un taux global de prélèvements sociaux de 17,2 %.

Les contribuables qui y auront intérêt fiscalement pourront renoncer à l'application de ce PFU et opter pour l'imposition au barème progressif de l'IR (impôt sur le revenu) (après abattement de 40 %). Cette option étant globale, elle concerne l'ensemble des revenus et plus-values.

Pour les gérants majoritaires de SARL soumis au RSI (régime social des indépendants), les prélèvements sociaux de 17,2 % ne s'appliquent que sur :
- la fraction du dividende inférieure à 10 % du montant du capital social ;
- les primes d'émission ;
- et les sommes versées en compte courant d'associé par le gérant majoritaire, son conjoint et ses enfants mineurs.

La fraction supérieure à 10 % sera soumise aux cotisations sociales (RSI, URSSAF).

Par ailleurs, un droit de partage de 2,5 % s'applique en cas de pluralité d'associés, d'où l'intérêt de distribuer des dividendes avant la dissolution de la société.

■ La cession de titres

Les considérations juridiques et fiscales à prendre en compte sont :
- la cession de tous les éléments actifs et passifs de la société, avec, de ce fait, la continuité de la personne morale que constitue la société ;
- la possibilité de céder, avec la société même, des autorisations administratives et contrats publics (sauf dispositions contraires) ;
- la taxation de la plus-value sur cession de titres.

La plus-value est calculée par différence entre le prix de cession et le prix d'acquisition ou le coût de création de la société.

› Dispositions générales

Les plus-values réalisées à l'occasion de la cession de titres sont soumises au prélèvement forfaitaire unique (PFU) au taux global de 30 %. Ce taux se décompose en :
- un taux forfaitaire d'imposition à l'IR de 12,8 % ;
- et en un taux global de prélèvements sociaux de 17,2 %

Les contribuables qui y auront intérêt pourront renoncer à l'application de ce PFU et opter pour l'imposition au barème progressif de l'IR, cette option étant globale, elle concerne l'ensemble des revenus et plus-values.

Il existe un maintien des régimes d'abattement pour une durée de détention existant avant le 1er janvier 2018, sous conditions. De même, il existe un régime de faveur pour les dirigeants partant à la retraite.

Les plus-values peuvent éventuellement être soumises à la contribution exceptionnelle sur les hauts revenus. Sont concernés les contribuables dont le revenu fiscal de référence excède la limite de :
- 250 000 € pour les célibataires, veufs, séparés ou divorcés ;
- 500 000 € pour les contribuables mariés ou pacsés soumis à imposition commune.

Les dispositions générales et particulières sont présentées ci-après (voir *La fiscalité*, p. 280).

■ La location-gérance

La location-gérance est une formule de contrat de moins en moins fréquente, dans laquelle le propriétaire d'un fonds de commerce ou d'un établissement artisanal le donne en location à un gérant (personne physique ou morale) qui l'exploite à ses risques et périls, et devra, s'il ne l'acquiert pas, le rendre dans son état initial.

Lorsqu'elle concerne les cas les plus modestes en termes d'importance de l'activité, cette formule permet au propriétaire d'espérer céder son activité à terme à un locataire gérant qui ne dispose pas, dans un premier temps, des disponibilités suffisantes pour acquérir. Elle présente l'avantage, pour le propriétaire qui ne trouve pas d'acquéreur des actifs, de percevoir une redevance en attendant que le locataire-gérant fasse connaissance avec les actifs du fonds et le marché des produits vendus.

L'acquéreur, de son côté, découvre l'entreprise sans y investir plus que l'achat de son stock et le versement du dépôt de garantie au propriétaire du fonds. Il dispose d'une occasion de tester sa propre compétence sans assumer la totalité du risque économique de l'affaire et vise le plus souvent son rachat.

En fait, la formule n'est utilisée que comme moyen de reprise, dans la mesure où le propriétaire n'est pas pressé de vendre réellement et où le locataire-gérant achète l'entreprise *in fine*, une fois les fonds nécessaires à l'achat rassemblés par lui avec certains avantages fiscaux très spécifiques (cas de cession du fonds de commerce au locataire gérant, après 5 années d'exploitation sous cette forme et lorsque le cédant quitte toute fonction dans l'entreprise cédée).

■ La donation avant cession

Il reste également possible, en l'anticipant, la transmission avant cession ainsi que le recours à des opérations d'apport-cession.

La complexité de ces opérations ainsi que leur évolution continuelle rend obligatoire les conseils d'un avocat fiscaliste qu'il sera judicieux de saisir bien en amont du projet de cession.

■ L'impact fiscal entre cession de fonds ou de titres

> **Cas pratique**
> Un arbre de choix des différentes hypothèses à sélectionner en fonction des objectifs du cédant est donné ci-après, ainsi qu'un exemple chiffré des incidences fiscales afférentes à ces deux modes principaux (fonds de commerce ou titres).
> Exemple : la négociation a évalué la valeur de l'activité à 620 000 €.
> • Dans le cas d'une cession de fonds de commerce, le cédant recevra 620 000 € à charge pour lui de réaliser les autres éléments de l'actif et de régler les passifs, y compris celui né de l'imposition de la plus-value, soit 109 200 €.
> • Si ce sont les titres qui sont cédés, le prix de ces derniers à partir de la même valorisation de l'activité de 620 000 € s'établit à 655 000 €, soit l'actif corrigé de 1 030 000 € (après réévaluation du fonds) diminué du passif exigible (375 000 €).

Les dispositions prises en matière de taxation des plus-values (voir *La fiscalité*, p. 280), varient selon les situations du cédant et de ses options fiscales.
Nous avons choisi, pour la comparaison entre la cession du fonds et la cession des titres de la société, de prendre les paramètres suivants :
- un taux d'impôt sur les sociétés de 28 % ;
- l'application du prélèvement forfaitaire unique (PFU) au taux global de 30 % ;
- l'application de l'option pour l'imposition au barème progressif de l'IR avec l'abattement renforcé de 85 % pour détention des titres cédés depuis plus de 8 ans, la société ayant été créée depuis moins de 10 ans lors de la souscription des titres.
La comparaison du régime fiscal de la cession du fonds de commerce et de la cession des titres figure dans les tableaux suivants :

TRANSMETTRE OU REPRENDRE UNE ENTREPRISE

LES CHOIX POSSIBLES

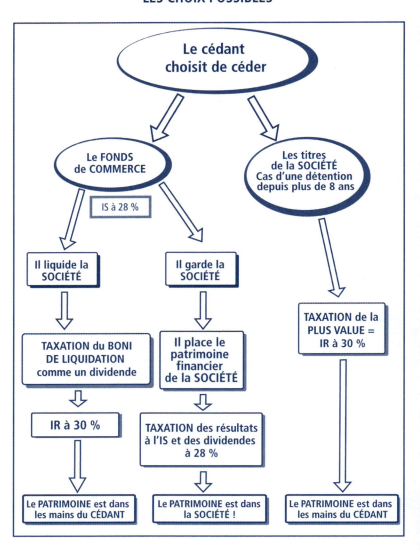

*PS = CSG + CRDS + autres prélèvements sociaux
Hors contribution exceptionnelle sur les hauts revenus
En 2018 : 17,2 %

Optimiser les modalités de cession

● Cas n° 1 : cession du fonds

Calcul de l'impact de la cession du fonds de commerce

ACTIF			PASSIF		
Détail des biens	Valeur compta	Réalisation		Valeur compta	Réalisation
Fonds de commerce	0	620 000 (Plus-value : 390 000) avant IS	CAPITAL	100 000	
			Réserves	90 000	
			Résultat	75 000	
Immobilisations corporelles	80 000				
Matériel	150 000				
			CAPITAUX PROPRES	265 000	
			Emprunts	175 000	175 000
			Dettes	200 000	200 000
Stocks	50 000	50 000			
Créances	120 000	120 000			
			IS sur cession du FONDS 28 % x 390 000		109 200
Trésorerie	240 000	240 000			
			S/S TOTAL	375 000	484 200
TOTAL	640 000	1 030 000	TOTAL	640 000	1 030 000
ACTIF NET Après cession du fonds					545 800

265

BILAN APRÈS CESSION DU FONDS DE COMMERCE				
Trésorerie	1 030 000	Capitaux propres : PV cession nette : Actif net : Dettes :	265 000 280 800 545 800 484 200	
	1 030 000		1 030 000	

Calcul de l'impact de la liquidation de la société sur le patrimoine du cédant

ACTIF NET	545 800	→	versés aux associés, après 2,5 % de droit de partage :	532 155
Soit un boni de liquidation de (545 800 – 100 000 du capital initial) :				445 800
La liquidation va entraîner le paiement de deux impôts : – droits de partage de 2,5 % sur l'actif net de 545 800 €, soit : – donnant un solde avant taxation du boni de liquidation de :				13 645 532 155
Puis, à ce stade, le boni de liquidation brut de 445 800 € (545 800 – 100 000 de capital initial) sera imposé comme un dividende : – imposition à l'impôt sur le revenu et aux prélèvements sociaux (de 30 %) : – donnant une trésorerie nette pour le cédant de :				133 740 398 415

Optimiser les modalités de cession

● Cas n° 2 : cession des titres

ACTIF NET CORRIGÉ	655 000	égal au prix versé aux associés :	655 000
Soit une plus-value de :			555 000
Prélèvement forfaitaire unique			
Imposition au taux de 30 %			166 500
Trésorerie nette pour le cédant			488 500
Avantage à la cession de titres par rapport à la cession du fonds			23 %
Option pour l'IR : abattement dérogatoire de 85 % pour détention de plus de 8 ans (voir ci-avant)			
Imposition taux de 45 % après abattement de 85 %, soit 6,75 % Prélèvements sociaux au taux de 17,2 % sur la totalité de la plus-value			37 463
Trésorerie nette pour le cédant			522 077
Avantage à la cession de titres par rapport à la cession du fonds			31 %
Cas du départ en retraite : abattement fixe de 500 000 €			
Imposition au taux de 12,8 % (PFU) du solde après abattements (12,8 % de 55 000)			7 040
Prélèvements sociaux (PS) au taux de 17,2 % sur la totalité de la plus-value			95 460
Trésorerie nette pour le cédant			552 500
Avantage à la cession de titres par rapport à la cession du fonds			39 %

> **À NOTER**
> Ce tableau montre des différences notables de traitement fiscal entre une cession de fonds de commerce et une cession de titres. Il est toujours en faveur de la cession des titres. Il montre aussi qu'une consultation d'un avocat fiscaliste s'avère nécessaire.

> **À NOTER**
> **Pour les dirigeants de PME partant à la retraite après cession** Il existe un abattement fixe de 500 000 € :
> - pour les plus-values réalisées entre le 1er janvier 2018 et le 31 décembre 2022 ;
> - et cela quelles que soient les modalités d'imposition des plus-values : PFU de 30 % ou option pour le barème de l'impôt sur le revenu ;
> - cumul avec la clause de sauvegarde non possible en revanche.
> Existe également la possibilité d'appliquer la clause de sauvegarde sans l'abattement de 500 000 €

> **MON CONSEIL**
> Étant données la complexité fiscale et les modifications possibles dans les mois à venir, il est fondamental de se rapprocher des conseils fiscaux avant de conclure.

Optimiser les modalités de cession

Quelques préalables utiles

Régler tout ce qui peut apparaître accessoire, mais qui en fait peut être bloquant, permettra d'aborder la dernière étape l'esprit libre et de conclure plus rapidement.

■ Incidences familiales et successorales

Il y a un préalable à toute transmission pour un cédant : l'étude de sa situation familiale et successorale.

Les incidences du régime matrimonial (séparation des biens, communauté réduite aux acquêts, communauté universelle) sur les droits éventuels du conjoint et des enfants doivent être analysées avec un notaire ou un avocat.

Également, l'intérêt de prévoir des donations au conjoint et/ou aux enfants doit être soigneusement étudié avec ce même notaire. Cette étude devra investiguer les mécanismes permettant des économies d'impôts en cas de vente ou de donation, tout en tenant compte des précautions à prendre :
- question de la réserve héréditaire à respecter à l'égard des enfants et des droits du conjoint survivant en présence ou en absence d'enfants ou d'ascendants (avec éventuellement remariage) ;
- problèmes de donations rapportables (c'est-à-dire devant être réincorporées lors de calculs de droits ultérieurs) ;
- irrévocabilité, en cas de divorce, des donations entre « époux » ayant produit leurs effets (réforme applicable depuis le 1er janvier 2005) ;
- envisager une donation aux enfants ou petits-enfants pour diminuer la plus-value imposable.

> **MON CONSEIL**
> **Obtenir l'agrément des associés** Le cédant doit penser à obtenir l'agrément des repreneurs par les autres associés ou actionnaires, lorsque les statuts prévoient ce type d'agrément, car les repreneurs sont des tiers. Si les associés refusent l'agrément, en général, il y a obligation pour eux de reprendre ou faire reprendre les titres.

■ Organiser les structures juridiques avant la vente

Il sera souvent préférable que le régime juridique soit prévu en fonction du devenir attendu de la structure.

On procédera donc à la « mise en forme » de l'entreprise :
- une activité à dominante commerciale sera poursuivie en nom personnel ou en location-gérance sans inconvénient majeur ;
- une activité industrielle, dans laquelle les amortissements des matériels sont significatifs et le risque de recherche des dirigeants au plan de la responsabilité civile non négligeable, sera plutôt développée dans le cadre d'une société anonyme classique (SA) ou, de façon plus adaptée à la personnalité des associés, sous la forme d'une société par actions simplifiées (SAS).

Il y a enfin souvent de bonnes raisons (clarification des objets et allégement du prix de l'activité industrielle proprement dite) pour séparer les actifs immobiliers de l'activité spécifique de l'entreprise.

■ Simplifier ou harmoniser les structures juridiques

Après 25 années d'existence, la PME est souvent constituée d'ajouts successifs : en marge de la société d'exploitation proprement dite (société anonyme ou par actions simplifiée, SARL ou société en nom collectif), une SCI a permis d'acquérir une partie des locaux d'exploitation, un site provincial a pu se développer et devenir un centre de profit autonome qui peut être isolé pour être conservé ou cédé indépendamment à un enfant…

Au sein de l'entité juridique cédée se retrouvent aussi parfois des modalités de gouvernance devenues inappropriées (droit de vote double par exemple).

La détention du capital changeant de main entre deux générations, les pactes d'actionnaires ont été couramment mis en place pour sécuriser les dirigeants et/ou associés familiaux ou, au contraire, les investisseurs extérieurs, venus faire l'appoint d'une trésorerie rendue délicate à un stade particulier de l'exploitation passée.

Globalement, il est de bonne gestion d'éliminer, très en amont d'une opération de cession des titres, tous ces ajouts qui résultent d'épiphénomènes, justifiés en leur temps, mais qui compliqueront inutilement la compréhension d'un éventuel repreneur à un moment où les tractations doivent se focaliser sur l'essentiel : l'entente du couple cédant/repreneur.

> **MON CONSEIL**
> **Bien adapter les objectifs** L'entreprise à céder doit être adaptée aux objectifs de la cession : par exemple, séparation de l'immobilier, de l'activité professionnelle, suppression des branches d'activités qui ne sont pas rentables, simplification des structures juridiques.

Optimiser les modalités de cession

Cas pratique
De l'importance du choix du montage juridique
La fabrication de câbles électriques spécialisés a été pour moi une aventure extraordinaire. Marché en pleine croissance entre les années 1980 et 2005, mon entreprise a triplé de taille dans cette période pour atteindre une cinquantaine de salariés. J'avais démarré en rachetant une propriété imposante (peu chère à l'époque), avec des dépendances adaptables à ce type de fabrication et beaucoup de terrain.

Mais je savais que lorsque je déciderais de prendre ma retraite début 2012, mon prix de cession serait alourdi du prix de ce patrimoine immobilier. De surcroît, mes enfants ne s'intéressaient pas à l'activité industrielle et souhaitaient conserver la propriété autour et les nombreux bâtiments d'habitation.

Aussi, mes conseillers en patrimoine m'ont proposé une solution qui consiste à organiser la sortie des biens immobiliers dans une SCI, solution qui présentait un triple avantage :
– réduire le prix de cession de l'entreprise, ce qui a rendu la conclusion de l'opération plus facile pour le repreneur ;
– conserver un patrimoine et des revenus à ma famille, en louant les bâtiments industriels ;
– ne pas obérer la marche de l'entreprise cédée : elle pourra toujours déménager si les conditions de bail ne convenaient plus.

Le transfert vers la SCI a été organisé bien sûr de manière à ne pas supporter une imposition éventuelle au titre des plus-values ou autres rubriques fiscales. Le choix d'un bon montage juridique a donc été crucial pour ma cession dans de bonnes conditions.

TRANSMETTRE OU REPRENDRE UNE ENTREPRISE

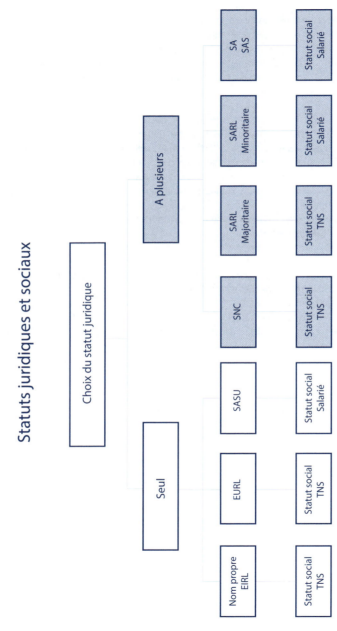

Les modalités de reprise

➤ **La plus fréquente se fait par acquisition des titres de la société reprise *via* un LBO.**

➤ **D'autres modalités existent pour répondre à des situations spécifiques.**

Acquérir un fonds de commerce

Il s'agit du cas spécifique où soit le cédant ne vend qu'une partie de l'entreprise (une activité), soit il souhaite conserver sa structure juridique pour d'autres projets.

■ Quel est l'intérêt ?

L'intérêt pour le repreneur est d'acheter seulement une partie de l'entreprise, l'actif immobilisé, tout en laissant au cédant l'actif circulant (sauf éventuellement les stocks) et surtout le passif.
Donc le repreneur achète le fonds, qui n'a pas de définition légale, mais habituellement consiste en :
- la clientèle ;
- le droit au bail (si le propriétaire du fonds est locataire en titre du local où le fonds est exploité) ;
- le matériel et les stocks nécessaires pour exploiter cette clientèle ;
- les marques, brevets, droits d'auteur, logiciels ;
-
- le savoir-faire, les secrets de fabrication ;
- le nom commercial ;
- les contrats de travail qui, conformément aux articles L. 1224-1 et suivants (anciennement L. 122-12) du Code du travail, sont transférés automatiquement, pour les salariés affectés à l'activité, dans la nouvelle structure.
Mais attention, certains éléments du fonds de commerce ne peuvent être transférés qu'avec un accord extérieur. Il s'agit, entre autres, des :
- contrats de crédit-bail immobilier ou mobilier ;
- licences de brevets ou de logiciels ;
- contrats de distribution sélective (franchise ou concession) ;
- contrats avec clause d'*intuitu personae*.
Les stocks font l'objet d'une évaluation séparée. Ils sont généralement cédés avec le fonds de commerce (voir *La cession du fonds de commerce (au sens de cession d'activité)*, p. 260).
Certains éléments ne peuvent être transférés sans un accord préalable des administrations :
- les autorisations administratives nominatives ;
- les contrats non transmissibles tels que les contrats de marchés publics, les droits d'occupation du domaine public ; ces contrats nécessitent de nouvelles demandes auprès des organismes publics et assimilés (État, collectivités locales, syndicats d'économie mixte…).
Quelques modalités et un résumé de la fiscalité figurent ci-après.

Les modalités de reprise

> **À NOTER**
> La loi Macron du 6 août 2015 et la loi de finances rectificative pour 2015 du 29 décembre 2015 ont réformé la cession du fonds de commerce.
> Les points impactés par la réforme :
> - enregistrement de l'acte de vente ;
> - inscription du privilège du vendeur et du nantissement de fonds de commerce ;
> - suppression de la publicité dans un journal d'annonces légales (JAL) ;
> - opposition des créanciers ;
> - suppression de la surenchère du sixième ;
> - solidarité fiscale.
> N.B : Cependant, la **loi n° 2016-1524 du 14 novembre 2016** visant à renforcer la liberté, l'indépendance et le pluralisme des médias rétablit dans son article 21, pour les opérations intervenues depuis le 16 novembre 2016, l'obligation de publication de la vente d'un fonds de commerce dans un journal habilité. Cette obligation est mentionnée dans l'article L. 141-12 du Code de commerce.

■ Quelles sont les modalités ?

› Clause de séquestre

Le produit de la cession d'un fonds de commerce est obligatoirement versé à un organisme séquestre.
Le prix est conservé par le séquestre en attente des résultats de la procédure d'information et d'opposition des créanciers.
S'il y a opposition des créanciers, le séquestre est chargé de régler les sommes dues.

› Opposition des créanciers au paiement du prix

Publicité sous 15 jours dans un journal d'annonces légales.
Publicité « rapidement » dans un journal d'annonces officiel : le BODACC.
Délai d'opposition par huissier ou lettre recommandée des créanciers : 10 jours, sauf délai plus long pour le Trésor public de l'ordre de 5 mois.
Répartition du prix par le séquestre entre les créanciers du vendeur. Ce dernier reçoit le solde du prix sous un minimum de 105 jours, et en pratique entre 5 et 6 mois compte tenu des délais légaux d'insertion et de levée du séquestre.

› Intérêt de la clause de séquestre et du respect de la procédure

L'acquéreur du fonds est certain de n'avoir aucune responsabilité du fait du passif du cédant.
Dans le cas où la procédure de séquestre n'est pas respectée, il peut être amené à régler les créanciers impayés à hauteur du prix.

› Possibilité de donner le fonds en garantie au banquier

Le nantissement est une garantie publique opposable à tous les créanciers, notamment en cas de redressement judiciaire.

› Privilège du vendeur

Le vendeur peut récupérer son fonds de commerce en cas de non-respect des obligations contractuelles.

› Obligation de non-concurrence du cédant

Elle est reconnue par la jurisprudence même si non écrite.
Il est préférable de prévoir une clause précise.

Acquérir des titres

L'obtention de titres peut s'opérer soit par l'achat de parts ou d'actions, soit par augmentation de capital en rémunération de l'apport du repreneur.

■ L'achat de parts ou d'actions

Cela permet au repreneur de devenir associé de la société convoitée. Ces titres acquis peuvent être donnés en garantie, contrairement aux actifs de la cible acquise. Le prix versé va dans le patrimoine du cédant.

■ L'augmentation du capital (partenariat)

Ce mécanisme permet d'augmenter les fonds propres de la société, permettant de développer une activité avec éventuellement reprise du capital à court terme.
Le cédant reste alors associé avec un pourcentage en baisse et le prix versé va dans la cible.
Cette augmentation de capital peut se faire en industrie (apport de son travail), en numéraire, ou en apport d'actifs. Les titres reçus peuvent être donnés en garantie mais pas les actifs de la cible.
Les modalités et la fiscalité des acquisitions de titres sont décrites ci-après.

■ Quelles sont les modalités ?

› Apport en industrie = apporter son « travail »

Ce mécanisme très particulier et rarement utilisé est à examiner avec un conseil ; il est globalement à éviter car la valorisation de cet apport peut être contestée, notamment en cas de revente ultérieure.

› Apport en numéraire

La libération du capital souscrit antérieurement est obligatoire.
La prime d'émission qui accompagne l'augmentation de capital par apport en numéraires est calculée comme ci-après.

› Apport d'actifs (= apports en nature de matériels, de biens de toute sorte, de brevets, d'œuvres ou de logiciels...)

Mêmes mécanismes que pour les apports en numéraire.
Procédure de vérification des apports.
Principe : vérifier la vraie valeur des biens apportés qui forment le capital, donc le « gage » des créanciers.
Mise en œuvre : nomination d'un commissaire aux apports par le président du tribunal de commerce, ou à l'unanimité des associés.
Mission de contrôle puis rapport du commissaire aux associés et aux apporteurs.
L'augmentation du capital par apport en nature est une procédure lourde, complexe et coûteuse.

› Exemple de prise de participation par augmentation du capital

Il est nécessaire de réévaluer les actifs comme pour une cession, et ainsi permettre le calcul de la valeur de la société.

Le tableau suivant, qui reprend les principaux éléments du précédent exemple, montre le montant de l'apport en numéraire nécessaire pour qu'un repreneur devienne actionnaire à 50 %.

Au paragraphe précédent, la valeur négociée du fonds de commerce et des éléments d'actifs est de 1 030 K€.

Déduction faite des actifs circulants de 410 K€ (stocks 50 K€, créances 120 K€, trésorerie 240 K€), la valeur des éléments du fonds de commerce ressort à 620 K€ dégageant une réévaluation de l'actif comptable de 390 K€ (620 K€ – 230 K€).

L'actif net comptable corrigé est donc de 655 K€ (265 K€ de capitaux propres + 390 K€ de plus-value latente).

Pour être à parité avec le cédant, le repreneur devra donc apporter 655 K€ qui se décompose en une augmentation de capital de 100 K€ et une prime d'émission de 555 K€.

La valeur nominale de l'action dans ce cas particulier (capital divisé en 1 000 actions) est de 100 €. La valeur intrinsèque de l'action étant de 655 €, la prime d'émission s'établit à 555 €.

Ainsi, l'exemple montre que les deux associés détiennent le même nombre d'actions (parité au niveau du capital social) mais que leur part respective dans les capitaux propres (460 K€) ne reflète pas, tout naturellement, la valorisation retenue pour le nouvel entrant (655 K€), la revalorisation du fonds de commerce n'ayant pas fait l'objet, à juste titre, d'une comptabilisation.

Les modalités de reprise

VALEUR DES TITRES APRÈS AUGMENTATION DE CAPITAL				
ACTIF			**PASSIF**	
Détail des biens	Valeur compta	Valeur réelle		Valeur compta
			CAPITAL	200 000
			Réserves	90 000
Fonds de commerce	0	100 000	Prime d'émission	555 000
			Résultat	75 000
Immobilisations corporelles	80 000	300 000		
Matériel	150 000	220 000		
S/T	230 000	620 000	S/S TOTAL	920 000
			EMPRUNTS	175 000
Stocks	50 000	50 000	DETTES	200 000
Créances	120 000	120 000		
Trésorerie initiale	240 000	240 000		
Apport en numéraire	655 000	655 000		
			S/S TOTAL	375 000
TOTAL	1 295 000	1 685 000	TOTAL	1 295 000

Le but de la prime d'émission est donc de préserver l'égalité financière entre actionnaires.

■ La fiscalité

› Nouvelle réforme du régime d'imposition des plus-values de cession de valeurs mobilières et de droits sociaux

Alors qu'à la suite d'une précédente réforme, les gains de cession d'actions et de droits sociaux (plus-values) étaient assujettis au barème progressif de l'impôt sur le revenu (IR), après application néanmoins de divers abattements en fonction de la durée de détention des titres et soumis aux prélèvements sociaux (17,2 %), la loi de finances pour 2018 les soumet à une taxation forfaitaire unique de 30 %.

● Quelle taxation à partir du 1er janvier 2018 ?

Après avoir précisé qu'il est encore possible d'opter de façon globale pour l'application du système précédent (imposition au barème progressif après abattements), le régime de taxation actuel consiste en une taxation forfaitaire au taux de 30 % (*flat tax*) qui comprend une partie impôt sur le revenu de 12,8 % et une partie prélèvements sociaux de 17,2 % (30 % au total).
En revanche, elle s'applique sur la totalité de la plus-value (sans abattement) sauf le cas particulier du départ en retraite du dirigeant (dans les 2 ans précédant ou suivant la cession), auquel un abattement forfaitaire de 500 K€ est accordé.

En cas d'option pour l'imposition au barème progressif

Il y a possibilité d'abattements pour les titres acquis avant le 1er janvier 2018 sous certaines conditions.
Lorsque le cédant a exercé l'option globale pour l'imposition au barème progressif de l'impôt sur le revenu, les plus-values de cession de titres acquis avant le 1er janvier 2018 sont réduites selon le cas d'un abattement proportionnel de droit commun :
- 50 % de la plus-value lorsque les titres sont détenus depuis au moins 2 ans et moins de 8 ans ;
- 65 % de la plus-value lorsque les titres sont détenus depuis au moins 8 ans.
Les plus-values peuvent bénéficier d'un abattement renforcé lorsque la société émettrice des titres était créée depuis moins de 10 ans à la date de la souscription ou de l'acquisition des titres cédés et elle ne doit pas être issue d'une concentration, d'une extension ou d'une reprise d'activités préexistantes. L'abattement renforcé est égal à :
- 50 % de la plus-value lorsque les titres sont détenus depuis au moins 1 an et moins de 4 ans ;
- 65 % de la plus-value lorsque les titres sont détenus depuis au moins 4 ans et moins de 8 ans ;
- 85 % de la plus-value lorsque les titres sont détenus depuis au moins 8 ans.

> **À NOTER**
> Les prélèvements sociaux de 17,2 % sont applicables sur la totalité de la plus-value.

Les modalités de reprise

En cas de départ à la retraite du dirigeant

Les plus-values réalisées par les dirigeants qui cèdent leur société à l'occasion de leur départ en retraite sont, sous certaines conditions, réduites d'un abattement fixe de 500 000 € quelles que soient les modalités d'imposition : prélèvement forfaitaire unique ou option pour le barème progressif.

> **À NOTER**
> Le dirigeant cédant doit, en principe, cesser toute fonction dans la société et faire valoir ses droits à la retraite dans les 2 années suivant ou précédant la cession.

Les leçons à tirer des nombreuses et fréquentes modifications de la législation fiscale sont que la décision de cession ne doit pas être tributaire de l'évolution fiscale, d'autant plus qu'aujourd'hui, les dispositions sont, pour grand nombre de cédants, au moins aussi favorables que par le passé.

De plus, aujourd'hui encore plus qu'hier, il convient de ne pas prendre de décision sans recueillir les conseils d'un spécialiste fiscal.

› Donation

À condition qu'elle soit réelle, et préalable à la cession (notamment à la détermination du prix de cession), une donation au conjoint ou aux enfants permettra d'alléger la charge fiscale : la valeur retenue sera, en général, celle de l'accord du protocole et le coût des droits de donation soumis à un barème progressif. En tenant compte de l'abattement de 100 000 € (renouvelable tous les 15 ans) par enfant et parent, le gain sur une cession simple est substantiel.

› Apport avant cession

Les cédants qui veulent réinvestir au moins 50 % du produit de cession dans une activité économique peuvent avoir intérêt à apporter leurs titres dans une nouvelle structure qui cédera ceux-ci. Ils auront ainsi la nouvelle société comme véhicule de réinvestissement dans une activité économique et leur plus-value latente sur les titres apportés bénéficiera d'un report d'imposition.

> **À NOTER**
> **Mais attention !** Si toutefois une cession des titres apportés intervient dans les 3 ans de l'apport, la nouvelle société n'aura que 2 ans pour réinvestir au moins 50 % du produit de cession dans une activité économique.

› Cession de fonds de commerce

Les cessions de fonds de commerce sont soumises à un droit d'enregistrement de 3 % sur la fraction de prix comprise entre 23 000 et 200 000 € et 5 % sur la fraction excédant 200 000 €.

Il ne faut pas oublier que c'est la société qui vend le fonds et reçoit le prix de vente. Elle est donc soumise à l'IS sur la plus-value réalisée à l'occasion de la cession.

Toutefois, la plus-value est exonérée pour les fonds inférieurs à 300 000 € (et partiellement entre 300 000 et 500 000 €).

Si la société est dissoute après les opérations de cession, il y aura application d'un droit de partage de 2,5 % et une taxation du boni de liquidation imposable à l'IR, comme les distributions de dividendes qui sont soumises, depuis le 1er janvier 2018, au prélèvement forfaitaire unique (PFU) au taux global de 30 %. Ce taux se décompose en un taux forfaitaire d'imposition à l'IR de 12,8 % et en un taux global de prélèvements sociaux de 17,2 %. Les contribuables qui y auront intérêt pourront renoncer à l'application de ce PFU et opter pour l'imposition au barème progressif de l'IR, cette option étant globale, elle concerne l'ensemble des revenus et plus-values.

› L'IFI

Le chef d'entreprise, une fois la capital résultant de la transmission réalisée verra ce dernier inclus dans son patrimoine et de ce fait soumis à un éventuel IFI. La loi de finances pour 2018 a supprimé l'ISF et l'a remplacé par l'IFI (Impôt sur la fortune immobilière) qui a vocation à s'appliquer au seul patrimoine immobilier. Dès lors, le chef d'entreprise, une fois le capital résultant de la transmission réalisé, ne sera concerné par ce nouvel impôt que s'il effectue des investissements immobiliers et sous réserve d'atteindre au moins 1 300 000 € de patrimoine immobilier.

› **Les droits d'enregistrement**

Les droits d'enregistrement sont payés par le repreneur.
Le tableau ci-après en donne les principales caractéristiques :

Cession de fonds de commerce	Cession de parts sociales SARL	Cession de titres de SA, SAS	Augmentation de capital
Taux	**Taux**	**Taux**	**Taux**
0 % en dessous de 23 000 € 3 % pour la fraction du prix entre 23 000 et 200 000 € 5 % sur la fraction excédant 200 000 €	3 % sur la totalité du prix (avec un abattement maximum de 23 000 €)	0,1 %	La plupart des apports sont taxés au droit fixe de 375 ou 500 €

> **À NOTER**
> Le différentiel entre les droits d'enregistrement des titres d'une SARL et d'une SAS peut conduire à s'interroger sur la transformation d'une SARL en SAS préalablement à la cession.

› Fiscalité de la holding et de sa (ses) filiale(s)

Deux régimes coexistent avec chacun son but propre :
- Le régime des sociétés mères/filles (détention d'au moins 5 % du capital de la filiale) qui permet à la holding de ne payer qu'un impôt très réduit sur les dividendes reçus de la filiale (moins de 3 % en règle générale).
- Le régime de l'intégration fiscale (détention d'au moins 95 % du capital de la filiale) qui permet schématiquement d'imputer le déficit de la holding lié notamment aux intérêts des emprunts sur les bénéfices de la filiale. Cependant, l'option pour l'intégration doit être étudiée car elle n'est pas sans inconvénient notamment si la holding est fiscalement bénéficiaire.

La structure d'acquisition

Le cas le plus simple est celui où le repreneur devient directement actionnaire (ou associé) majoritaire de la cible. Nous examinerons ci-après le cas le plus fréquent d'une reprise par une holding dans le cadre d'un LBO.

■ Holding de financement et pacte d'actionnaires

Hormis les cas de reprise dans le cadre de la croissance externe d'un groupe qui dispose de finances suffisantes pour acquérir sans recours aux ressources extérieures (fonds de capital-risque, de capital investissement ou banquiers par exemple), l'objectif du repreneur le plus fréquent vise à accéder au contrôle d'une société cible en ayant recours à un endettement, voire une ouverture de son capital.

Pour les TPE/PME, le montage le plus classique et qui ne fait pas l'objet de réglementation particulière se décompose en deux phases :
- constitution d'une société holding dans laquelle l'acquéreur possède la majorité simple en face de financiers partenaires minoritaires constituant les ressources extérieures ci-avant ;
- rachat par ladite holding, qui a réuni les fonds nécessaires à l'acquisition du capital de la société à reprendre, de plus de 50 % de la société cible du repreneur (et au moins 95 % pour bénéficier de l'intégration fiscale).

Sur le plan fiscal, voir *La fiscalité*, p. 280.

Sur le plan strictement juridique, l'important est de maintenir le pouvoir entre vos mains de repreneur ; c'est pourquoi l'aménagement des statuts et l'existence d'un pacte d'actionnaires sont primordiales. Les pactes d'actionnaires sont des conventions distinctes des statuts (quoiqu'elles soient parfois intégrées) qui règlent les rapports entre les actionnaires signataires et portent sur le contrôle de la répartition du capital par des clauses de préemption, d'anti-dilution et d'inaliénabilité, ainsi que sur la conduite des affaires et les modalités de sorties du capital. Ce document, très important, doit être rédigé par un juriste spécialiste du droit des affaires.

> **MON CONSEIL**
> **Les pactes d'actionnaires** Ils n'ont d'effet qu'entre les parties signataires qui s'engagent fréquemment à les tenir secrets. En revanche, dans le cas des SAS, dont la rédaction des statuts est libre, il est possible d'insérer des accords particuliers. Dès lors que ces accords figurent dans les statuts, ils sont opposables aux tiers. C'est pourquoi il est conseillé de créer une SAS en présence de financiers au capital.

Les modalités de reprise

> **À NOTER**
> Un pacte d'associés peut prévoir, en cas de décès de l'un d'eux, la cession à l'associé survivant des actions ou parts sociales reçues par les héritiers. L'*affectio societatis* n'est pas transmissible…
> Un capital est alors souscrit par chaque associé au profit de l'autre : c'est le principe du contrat d'assurance croisé.
> Ainsi, afin de permettre cette acquisition, un flux financier est prévu en cas de décès au profit du « continuateur » de la société.
> L'interlocuteur privilégié pour débattre de ce type de sujet est l'assureur qui traite aussi bien des problèmes d'assurance stricte que de protection sociale.

Le repreneur doit donc décider du choix de la forme de la holding, en fonction des critères de choix qui sont résumés ici :
- coût de fonctionnement et complexité de l'administration de la société ;
- statut fiscal et social du repreneur ;
- présence d'investisseurs et leurs exigences quant à la gouvernance de la société ;
- difficulté à trouver un ou des associés (pour les SARL), ou des administrateurs pour les SA.

Ainsi, pour une PME détenue à 100 % par le repreneur, la forme de SARL sera privilégiée en raison des avantages liés au statut de gérant majoritaire.

En revanche, dès lors qu'il y a des partenaires au capital, la forme de société sera une SA ou SAS.

En tout état de cause, le choix entre les types de sociétés sera prescrit par un conseiller juridique qui aura pris en compte vos paramètres personnels.

La question reste posée de savoir si l'importance des actifs rachetés et/ou des emprunts contractés justifie le recours à un cadre social spécifique.

> **À NOTER**
> **Les trois effets de levier** La présence du repreneur au sein d'une holding qui contrôle la cible permet d'atteindre les effets suivants :
> - Effet de levier juridique : à condition de détenir plus de 50 % du capital de la holding, le repreneur contrôle la holding et sa cible.
> - Effet de levier financier : la rémunération des capitaux empruntés, plus faible que la rentabilité économique* de l'affaire, permet d'améliorer celle des capitaux propres.
> - Effet de levier fiscal : par l'intégration fiscale, les intérêts de la holding deviennent déductibles des profits de la cible.
> * Mesure de la performance avant incidence du coût des capitaux propres et emprunts.

■ Le fonctionnement de l'ensemble holding-cible

La société holding peut être active par rapport à la cible, grâce à des conventions passées entre la holding et la cible couvrant des domaines aussi variés que l'assistance technique, commerciale, comptable…
La société holding peut également être dirigeante de la société cible (seulement si la société cible est une SAS) et être rémunérée au titre desdites fonctions. Mais la preuve du caractère animateur de la holding est parfois délicate à opérer compte tenu des exigences de l'administration fiscale. Le choix d'un conseil avisé sur ce point apparaît opportun.
Par ailleurs, il peut exister entre la holding et la cible une convention de trésorerie commune (à condition que les marges soient raisonnables).
Ces conventions permettent une remontée de résultats vers la holding et des remontées financières plus fréquentes que les remontées de dividendes, procurent des avantages fiscaux à condition de justifier la réalité des prestations techniques, commerciales…
Si le caractère actif de la holding n'existait plus ou si le niveau de capitalisation de la holding de reprise était insuffisant, le repreneur pourrait être tenté d'opérer la fusion entre la holding et la cible. Mais un délai raisonnable de 3 à 4 ans est conseillé afin de ne pas se voir requalifié par les services fiscaux.
La fusion entre la société holding et la cible doit être justifiée économiquement et doit permettre d'assurer la pérennité ou le renforcement des entités fusionnées.

> **MON CONSEIL**
>
> **Recommandations** En premier lieu, le régime matrimonial sera adapté. Avant tout investissement financier, la séparation de biens entre époux est une solution prudente. La séparation du patrimoine personnel et professionnel également.
> Le montage juridique et la forme de la société holding doivent être choisis aussi en fonction des objectifs futurs de croissance, de recherche d'associés ou de cession future.
> Il faut simuler les prestations et cotisations sociales en fonction des différents statuts et formes juridiques.

Étape 9
Négocier le protocole d'accord

Objectif : conclure

➤ Pour s'assurer de la bonne marche de la négociation, il faut mettre par écrit au fur et à mesure tous les points validés.

➤ L'objectif des deux parties est de conclure. En accordant leurs intérêts et en limitant les risques de rupture et de litige.

Finaliser le cadre de l'accord

L'objectif de l'acquéreur et du vendeur est bien sûr de conclure dans les meilleures conditions possibles ; la lettre d'intention – acceptée – a fait part de la volonté d'entrer en négociation.
Mais il ne faut pas oublier qu'en droit français le contrat est parfait « dès lors qu'on est convenu de la chose et du prix ».
Dès que le principe d'entrée en négociation est établi, il faut – avec l'aide de ses conseils juridiques spécialisés – fixer le cadre et la durée de toutes les négociations et les conditions préalables à tout accord contractuel : en l'occurrence, les accords « partiels » sur certains points, les conclusions avec ou sans réserves sur les audits à effectuer, la détermination du prix, les modalités de paiement et le sort fait aux résultats de l'exercice en cours.
L'aboutissement de tous ces éléments conduira à la signature du protocole.
Il est nécessaire, pour éviter des contentieux ultérieurs lourds et longs, de convenir, dans le protocole, du recours, en cas de désaccord des parties (représentées en général par leurs experts-comptables), à un tiers expert.

Objectif : conclure

Cédants : maintenez la confiance

Avant l'établissement et la signature du protocole, les risques sont de deux ordres. Tout d'abord, la rupture brutale de la négociation ; que celle-ci vienne du vendeur ou du repreneur, il en résulte des préjudices en fonction du temps déjà passé, des frais engagés, notamment en honoraires d'experts, de conseils, ou d'intermédiaires.
Il est donc opportun, dans tous les cas, d'établir au fur et à mesure de la négociation des comptes rendus, listant les points qui ont obtenu un accord et ceux sur lesquels une divergence subsiste.

■ Les risques de violation de la confidentialité

Par expérience, trois cas de figures arrivent principalement :
- l'information accidentelle à la concurrence : un risque lourd pèsera sur la négociation des marchés en cours, par exemple ;
- les secrets dévoilés : qu'il s'agisse de produits, de modes d'organisation interne ou de démarches commerciales, ils peuvent entraîner un préjudice irréparable ;
- les fuites dans l'encadrement : la période de négociation peut être propice à la démission d'un collaborateur clé qui risque de rejoindre un concurrent.
Dès le début de la négociation, ce problème de risque de manquement à la confidentialité doit être analysé entre les parties (la confidentialité pouvant d'ailleurs tout aussi bien s'appliquer aux projets qu'aux moyens financiers de l'acquéreur). En tout état de cause, la confiance entre négociateurs ne doit jamais faire place à l'angélisme, ni à la candeur.

■ Les risques après cession

Après cession, les causes de risque de conflit sont vastes, mais seront régies soit par les documents signés, soit par les dispositions légales en vigueur.
Parmi les causes de conflit les plus fréquemment rencontrées figurent :
- la mise en jeu de la garantie d'actif et de passif ;
- le calcul d'un éventuel complément de prix ;
- la survenance de risques dont la responsabilité entre cédant et repreneur est contestable (environnement, etc.) ;
- le défaut d'accord de maintien de contrats établis *intuitu personae* avec le cédant (franchises, concessions) ;
- les mauvaises surprises de l'exercice en cours ou de dernière minute (baisse brutale des commandes, non-réalisation d'un marché, etc.).

Repreneurs : approfondissez votre dossier

Le repreneur doit absolument profiter de l'exclusivité pour mieux connaître la société.
Jusqu'à la phase de négociation, l'acquéreur a analysé dans les grandes lignes l'entreprise ciblée.
Désormais, avant de conclure l'achat, il faut passer aux évaluations plus poussées : tous les diagnostics seront établis contradictoirement et suivis si nécessaire des audits approfondis.

■ Prenez en compte les risques

Le but est d'examiner un à un les risques pris en compte :
- fragilité du fonds de commerce ;
- précarité financière et baisse de rentabilité ;
- risque fiscal, social, réglementaire ;
- risque de non-jouissance (concession, sous-location, etc.) ;
- risques de contentieux élargis ;
- risques d'environnement ;
- risque pénal lié à la société.

Les conseils sur ces points seront indispensables, ils participeront à l'établissement des clauses de garantie, nous le verrons ci-après.
C'est pendant cette période qu'il faut aussi évaluer le rôle personnel du cédant, celui des hommes clés et la délégation de responsabilité existant au sein de l'entreprise.

> **Cas pratique**
> **Une mauvaise surprise**
> Très peu de temps après sa prise de possession de l'entreprise, un repreneur s'aperçut que la totalité des hommes clés, tous anciens dans l'entreprise… avaient été promus, sans formation, quelques mois auparavant à la suite du départ des anciens cadres de direction !!! Le management était totalement inexistant, de surcroît la transmission s'était faite dans le secret absolu !!!

Si le cédant est un homme-orchestre et que vous n'avez pas la possibilité de rencontrer les clients et les collaborateurs pendant cette période d'exclusivité : FUYEZ !

> **À NOTER**
> **Le devoir d'investigation du repreneur** La jurisprudence considère de façon constante que le repreneur a le devoir de se renseigner lorsque l'information est raisonnablement accessible.

■ Payez le juste prix

Quelle que soit la sincérité de la plupart des cédants, ils ont une propension naturelle à surévaluer le prix demandé :
- ils cèdent leur réalisation, pas toujours avec des yeux objectifs et sans avoir anticipé la transmission ;
- ils restent influencés par les ventes d'autres cédants sans faire de rapprochement objectif.
Tous les repreneurs individuels cherchent la pépite rentable, financièrement saine et au développement rapide et prometteur : elle est extrêmement rare et n'apparaît en général pas sur le marché. Elle est… vendue d'avance.
Pour les autres (pas si nombreuses), il faut faire procéder à des évaluations objectives, au travers des audits effectués par des intervenants professionnels, qui de surcroît auront des références extérieures personnalisées, et déterminer avec eux avant la négociation une fourchette de valeurs.
Quoi qu'il en soit, il y a pour le repreneur un bon prix, c'est celui :
- qui lui permet de rembourser ses dettes d'emprunt ;
- d'assurer le développement de l'entreprise ;
- de se verser une rémunération qui lui permettra de vivre (peut-être, pendant un laps de temps assez long, moins confortablement qu'un cadre supérieur de grand groupe !).
À la suite, pendant la négociation, il faut arriver à l'élaboration du juste prix. Celui-ci tient compte de l'évaluation objective qui a été faite, avec une certaine fourchette, mais également des clauses incidentes qui seront définies dans le protocole :
- garanties d'actif et de passif ;
- révision du prix ;
- accompagnement et non-accompagnement ;
- modalités de règlement.
C'est pendant toute cette période d'exclusivité un rôle d'équilibriste qu'il faudra tenir :
- si vous ne discutez pas le prix, vous serez amené à surpayer la cible ;
- si vous êtes trop rigide, un autre acheteur vous sera préféré ;
- s'il n'y a pas d'autre acheteur, vos relations de confiance avec le cédant s'estomperont après la réalisation. Vous aurez à reprendre en main l'entreprise, seul !

> **MON CONSEIL**
>
> **Les experts et leur coût** Risques, diagnostics, audits : vous ne pourrez assurer cette trilogie sans des experts spécialisés à vos côtés. Dans la transmission des PME, l'homme clé sera bien souvent l'expert-comptable. Outre son rôle technique, il jouera un rôle d'accompagnement d'autant plus efficace qu'il pourra, à l'intérieur de son cabinet, de son réseau, ou de son groupe, établir des bases comparatives avec une approche pluridisciplinaire.
>
> Si l'expert-comptable est votre conseil, et souvent chef de file des autres experts, d'autres intervenants sont sollicités : professionnels du droit pour tout ce qui concerne les droits des contrats, de la concurrence, de la propriété industrielle et commerciale, du droit social et surtout de la très exacte rédaction, au mot près, du protocole et des documents nécessaires à la finalisation ; consultants et spécialistes dans des domaines aussi divers que l'organisation du travail, le droit social, l'environnement et ses contraintes, les assurances, l'informatique, les marques et brevets, les licences, etc.
>
> Prévoir de les associer aux *due-diligences* (voir *Finaliser*, p. 305).
>
> Leur choix dépend du domaine d'activité de l'entreprise cible et l'étendue de leur mission peut être très variable, mais ne faites pas d'économie par économie.
>
> Le CRA a pu recueillir, auprès de ses anciens adhérents ayant mené à bien une reprise, une fourchette de coûts qui s'élève entre 4 à 6 % du montant de la transaction (hors valeur d'immobilier). Considérez-le comme un élément à intégrer dans le plan de financement.

Le protocole d'accord

➤ **Le protocole va engager définitivement le cédant et le repreneur. Pas de place à l'improvisation !**

➤ **Clauses et garanties : comme dans un contrat d'assurances, il faut prévoir même ce qui ne doit pas se produire…**

Le rôle des conseils

Nous avons insisté depuis le début de ce chapitre sur le recours à des conseils, il faut toutefois rappeler leur rôle :
- pas de bonne négociation sans conseils de qualité ;
- pas d'accord final sans la participation physique du cédant et du repreneur. Il faut savoir, pour l'un et l'autre, garder la main en permanence.

Combien de négociations ont échoué à la suite d'une « chicanerie » entre experts ! Se hâter lentement, clé de la négociation, c'est aussi de part et d'autre savoir céder sur l'accessoire tout au long de la négociation.

Un bon conseil ne complexifie pas, il rend les choses simples pour l'une et l'autre des parties, et surtout, il balise la route tout au long de la négociation. Il acte les éléments ayant l'accord des deux parties, au fur et à mesure, par une rédaction courte et approuvée sur le champ.

Les points à discuter

Le protocole comporte des chapitres incontournables mais leur contenu varie en fonction des négociations. Figures imposées et figures libres…

■ Le maintien au capital du cédant

Cette pratique dans le cas des PME n'est guère utilisée, à l'exception des transmissions avec accompagnement long. Au-delà d'une participation de 5 % des actions, elle interdit la reprise dans le cadre d'une holding bénéficiant de l'intégration fiscale des résultats.
Plus fréquente aujourd'hui est la participation du cédant à la holding de reprise. Avantages :
- conforte la confiance des établissements financiers, des salariés, des clients et des fournisseurs dans la réussite de la reprise ;
- peut permettre au cédant d'encaisser des revenus complémentaires ;
- en cas de succès, la revente lui fera bénéficier d'une plus-value liée au rebond de l'entreprise.

■ Le crédit-vendeur

Le cédant peut accorder un crédit pour une partie du prix, ce qui minore la demande d'emprunts auprès des banques, et en général conforte la confiance de ces établissements.
En contrepartie, le repreneur fournira des garanties :
- soit par caution bancaire, mais la banque demandera elle-même également les garanties de cette caution, outre son coût ;
- soit par nantissement des titres de la holding ;
- une assurance décès établie sur sa tête est en général exigée en plus.
Une pratique courante consiste à différer le paiement pour une partie variable (le repreneur fournira dans ce cas une contre-garantie), en garantie de la garantie de passif. Le quantum, variable entre 5 et 15 % de la transaction, sera un élément de la négociation, qui pourra être rémunéré, ou non, au taux de l'argent, pendant la durée du différé.

■ Le départ et l'accompagnement du cédant

Une grande variété de pratiques existe. Sauf spécificités particulières – accompagnement technique pour lancer de nouveaux produits, ou transmettre un savoir-faire, accompagnement et suivi commercial –, nous préconisons un accompagnement de courte durée, 3 à 6 mois, en général.

La question sera à débattre au cours de la négociation :
- maintien dans l'entreprise avec contrat de travail, ou collaboration extérieure, dans le cadre d'une société de portage ?
- contrat permanent, ou contrat partiel dégressif (2 mois plein temps + 1 mois mi-temps + 3 mois à 1 semaine/mois par exemple) ?
- accompagnement rémunéré ou à titre gracieux ?
Attention, en fonction de la personnalité de chacun, le climat de confiance, voire le lien quasi filial qui a pu s'instaurer pendant la négociation, peut disparaître rapidement pendant la période de collaboration.
Vos conseils essaieront de prévoir ce cas dans le protocole !

■ La période intermédiaire

Que peut-il se passer pendant cette période ?
- des résultats normaux l'année $N-1$, qui servent de base à la négociation ;
- un cycle de baisse d'activité au 1er semestre de l'année N, accompagné d'une chute de rentabilité forte… et un coup de blues au dernier semestre, pendant lequel le cédant… laisse un peu la machine en roue libre, consacrant son temps et son énergie aux négociations avec les candidats repreneurs.
Encore faut-il espérer qu'il n'a pas procédé à une forte distribution de dividendes des résultats de l'année $N-1$, et que la trésorerie ne se soit pas dégradée !
Or, toute la période de négociation portera sur les valeurs des exercices arrêtés !
Ce type d'accident est la première source de conflits post-acquisition. Heureusement, vos conseils le savent d'expérience et agiront pour avoir des situations intermédiaires et des reportings tout au long de cette période : l'année en cours.
Cette période intermédiaire mérite la plus grande vigilance : le cédant doit informer et corriger son dossier de présentation dès l'arrêté des comptes approuvés et la distribution d'un dividende arrêté, le repreneur doit surveiller le dynamisme de la cible et aiguillonner son dirigeant.
Des clauses de révision de prix dont les modalités de calcul doivent être claires, simples et bien définies, doivent éviter des litiges ultérieurs : elles concernent essentiellement le chiffre d'affaires, le maintien de la clientèle, le montant des dépenses de recherches et commerciales, c'est un élément essentiel de la protection future du repreneur.

■ Le complément de prix (*earn-out*)

À l'inverse de ce qui précède, le cédant en pleine phase de développement envisage une cession à un prix élevé, tenant compte par anticipation du développement des activités, de nouveaux produits, voire d'un cycle fortement haussier.
Le repreneur, qui ne conteste pas ces promesses futures, tient néanmoins à une sage prudence de gestionnaire et, d'autre part, a du mal à intégrer dans son plan de financement un surcoût, un *goodwill* encore aléatoire.
Les conseils rédigeront dans ce cas une clause de calcul de prix des titres fondés sur des résultats futurs, ce sont les clauses d'*earn-out*.

Dans ce cas également, les clauses les plus simples seront les plus efficaces à calculer :
- accroissement des résultats ;
- accroissement de la valeur ajoutée ;
- ou accroissement des ventes unitaires d'un produit à x pourcentage.

La clause d'*earn-out* tiendra compte de la part du cédant, relative à la nouveauté… et de la part du repreneur, relative à l'énergie qu'il aura déployée pour promouvoir cette nouveauté après la reprise.

> **MON CONSEIL**
>
> **Remboursement de compte courant** Le compte courant, à l'inverse des réserves distribuables, n'appartient pas à l'entreprise, mais personnellement au cédant.
> Il faut absolument négocier avec le vendeur le sort de son compte courant (remboursement, abandon total ou partiel, acquisition de la créance en compte-courant par le repreneur).
> Trois problèmes liés au remboursement se posent en général :
> - la cible dispose-t-elle de suffisamment de trésorerie pour assurer le remboursement, sans gêner son besoin en fonds de roulement ?
> - ce remboursement risque-t-il de détériorer la structure financière de l'entreprise et faire reculer les banquiers ?
> - comment obtenir un financement de substitution ?
>
> C'est donc un élément qui doit entrer en ligne dans le plan de financement du repreneur, généralement au niveau des ressources de la holding.

■ La garantie actif-passif

Au travers de la garantie de passif et d'actif, le cédant s'engage à rembourser à l'acquéreur toute augmentation de passif révélée postérieurement à la cession et dont la cause est antérieure ; il se porte également garant de toute diminution de l'actif.

Cette garantie permet d'ajuster le prix de cession, lorsqu'on constate des écarts par rapport au bilan de référence. Elle est limitée en général dans le temps à 4 ans (3 ans de prescription fiscale + année en cours). Cette garantie est simple dans son principe, beaucoup plus complexe lors de sa mise au point dans la négociation ; source de conflits post-reprise, les tribunaux interprètent de manière restrictive, à la lettre, les termes de la clause de garantie.

Le texte doit détailler les points sur lesquels le repreneur tenait à être garanti, ceux qu'il accepte d'exclure du champ de la garantie et qui sont annexés en liste jointe, les « déclarations » qu'il reconnaît avoir prises en compte pour établir son offre de prix, et les engagements que le vendeur refuse formellement.

En général, les exclusions étant rares, le repreneur tient à être garanti sur les points principaux suivants :
- contrôle fiscal et social ;
- litige client ou créance irrécouvrable sur compte client ;

- réclamation de salaires ou litige prud'homal ;
- dépréciation sur stock.
Les clauses générales prévoient les procédures en cas d'application :
- l'information du garant dans un délai défini à partir de la connaissance de l'incident, ce délai est à respecter scrupuleusement sous peine de forclusion. Le garant, en général le cédant, plus rarement un assureur couvrant la garantie, pourra participer à la solution du litige et pourra accéder aux informations détenues dans l'entreprise : cela sera notamment utile dans le cas d'un contrôle fiscal ou d'un contrôle URSSAF à cheval sur une période pré et post-transmission ;
- la possibilité de réclamation prévoira 3 phases :
- les circonstances, comme par exemple la notification d'un contrôle,
- le préjudice allégué : ce que réclame un tiers, le fisc, un salarié…,
- le préjudice effectif : reconnu par un garant dans son principe, mais contestable dans son montant (par exemple : négociation d'un redressement) ;
- les franchises : suivant la taille de l'entreprise et le montant de la transaction, l'objectif de négociation est d'éviter des dépenses importantes en temps perdu et frais de contentieux, pour de menus incidents. Elles peuvent être globales – la garantie ne jouera qu'à partir d'un montant cumulé de X, ou unitaires – à partir d'un montant par litige de Y, et dans ce cas avec seuil de déclenchement – à partir de, ou au premier euro ;
- la garantie de la garantie : il est primordial de mettre en place des clauses d'application, par exemple :
- la retenue d'une partie du prix par l'acquéreur, dans l'attente du débouclement de la garantie (contre caution),
- la retenue d'une partie du prix chez un séquestre indépendant (sans caution), ce qui est préférable,
- une garantie bancaire prenant la forme soit d'une caution, soit d'une garantie (à première demande de préférence pour le repreneur),
- une garantie réelle – hypothèque ou nantissement.

Les clauses suspensives

Différentes des clauses de dédommagement, les clauses suspensives protègent en général le repreneur dans le cas de non-réalisation d'une condition essentielle. La plupart du temps, elles concernent le non-aboutissement pour l'acquéreur, de son financement, ou les conclusions d'un audit infirmant les éléments constitutifs du prix de cession déterminé auparavant.

Pour qu'il y ait juste équilibre, et bonne entente entre les parties, le cédant demandera en contrepartie un engagement irrévocable de l'acheteur, que ce soit antérieurement lors de la lettre d'intention, ou plus souvent dans le protocole d'accord, hors les conditions suspensives.

Effectivement, lors des audits, tous les livres seront ouverts, pour les raisons de confidentialité exprimées en début de chapitre, il ne serait pas convenable, à ce stade, que le candidat repreneur puisse se retirer.

> **MON CONSEIL**
> **La renégociation, résolution ou révision en cas de changement de circonstances**
> L'article 1195 du Code Civil (modifié par l'ordonnance du 10 février 2016 portant sur la réforme du droit des contrats) dispose que « si un changement de circonstances imprévisibles lors de la conclusion du contrat, rend l'exécution excessivement onéreuse pour une partie qui n'avait pas accepté d'en assumer le risque, celui-ci peut demander une renégociation du contrat à son contractant […] ».
> Cet article serait susceptible d'engendrer une insécurité à l'avenir pour le cédant.
> La doctrine semble diviser sur la possibilité pour les parties de renoncer à cet article.
> Dans l'attente de la jurisprudence sur ce point, il serait sans doute souhaitable que le vendeur obtienne de l'acquéreur une acceptation d'assumer le risque prévu à l'article 1195. Acceptation que l'acquéreur devrait en toute logique refuser…

■ Les clauses séparées

Comme le nom l'indique, elles n'ont pas à figurer dans le protocole, ni dans l'acte définitif : elles concernent des conventions personnelles entre cédant et repreneur, mais qui mettront souvent, à bon compte, de l'huile dans les rouages à des moments épineux de la transaction.
Le repreneur devra s'assurer que le contrat passé avec le cédant n'enfreint pas la réglementation en vigueur (sociale et fiscale).
Côté cédant, quand celui-ci conserve l'immobilier, ce pourra être la réduction de loyer pendant les premiers mois suivant la reprise ou, plus important, la promesse de vente des locaux au bout de quelques années à prix convenu et révisable.
Ces clauses font partie du bon équilibre psychologique entre les parties et souvent amènent à conserver un contact postérieur à la transaction.

> **MON CONSEIL**
> **Un climat de confiance** En conclusion, gardez toujours à l'esprit ce besoin de climat de confiance pendant la négociation. Précision, souci de contrôle du détail ne veulent pas dire méfiance.
> Mettez-vous le plus souvent possible « à la place de l'autre ». Pesez l'incidence et le coût réel d'un compromis en regard de ce que vous retirerez de la transaction, et surtout questionnez-vous : si j'étais à la place de l'autre, est-ce que je signerais ?

> **MON CONSEIL**
> **Quelques recommandations** Ne pas signer un protocole trop rapidement ou incomplet sans avoir mesuré les conséquences liées aux conditions suspensives et divers points non traités. La rédaction du protocole peut être plus importante que les documents juridiques de la vente (acte, bordereaux…).
> En cas de litiges, ce sera le protocole qui sera le document phare des arbitres ou des tribunaux.
> C'est pourquoi il faut toujours se faire assister par des professionnels ayant de l'expérience en la matière, en général les conseillers juridiques des parties.
> Ne pas négocier « contre soi-même » : à une proposition claire et formalisée de l'acquéreur doit correspondre une (éventuelle) contre-proposition claire et formalisée du cédant, n'entrez pas dans un jeu de propositions « floues » et constamment révisées à la hausse. Elles ne satisfont que l'ego des parties mais sont sources de désillusion.
> Attention dans les *due-diligences* (voir le chapitre suivant) aux risques dépassant une durée de garantie de passif normale : risque fiscal sur impôts indirects à déchéance de 10 ans ; garanties d'assurance biennale et décennale, dans certaines activités, voire trentenaires… au titre de la responsabilité contractuelle.

> **À NOTER**
> Jusqu'à la dernière minute, attention : le protocole peut être modifié par l'une des parties. Pour en savoir plus, lisez le cas pratique ci-après.

> **Cas pratique**
> **L'entreprise : fondée en 1994, Kalikado est parti de l'idée simple de distribuer un coffret composé d'échantillons produits dans des résidences hôtelières pendant les périodes de vacances.**
> La reprise : le métier de Kalikado est très ouvert, à la fois marketing et publicité, ce qui correspondait bien aux compétences de Fabien de Ganay.
> La cédante était une connaissance de longue date du repreneur, et dès la rencontre de septembre 2012, ils entament la négociation. Le prix n'a jamais été remis en cause sauf au moment de la signature du protocole où Fabien de Ganay propose qu'une partie fasse l'objet d'une clause d'*earn out* (complément de prix) : si le chiffre d'affaires attendu était si facilement accessible, comme le prétendait la cédante, cela ne pouvait donc pas être un frein à la cession. Et la cédante a accepté.

Étape 10
La finalisation et la prise de contrôle

Finaliser

➤ **Dernière étape pour le repreneur :**
valider par des audits les informations reçues
du cédant et qui ont fondé l'accord.

➤ **Dernier acte pour les deux parties :**
les signatures, le paiement du prix
et les formalités de la transmission.

Les audits d'acquisitions

Les audits d'acquisitions ou due-diligences (terme anglais couramment utilisé par les professionnels de la transmission), auxquelles on se référera dans la partie finalisation ou closing proprement dite, consistent à s'assurer de la véracité et de l'exactitude de toutes les informations reçues concernant la société avant de signer définitivement.
Certains sujets très techniques nécessitent, en plus des investigations que le repreneur aura pu conduire lui-même, l'intervention de spécialistes professionnels qui vont réaliser les audits d'acquisitions.

■ Audit comptable et financier

Il s'agit de s'assurer des informations qui ont été données sur un certain nombre de points dont :
- la sincérité et l'explication des comptes : bilan, compte de résultats, tableau de financement et états de gestion utilisés par la direction ;
- la rentabilité ;
- les engagements hors bilan ;
- les pratiques comptables (surtout en cas de modifications récentes sur le calcul des provisions et amortissements, travaux en cours, etc.) ;
- les états de trésorerie ;
- l'examen des comptes clients ;
- l'état des privilèges relevés au greffe du tribunal de commerce ;
- les contrats commerciaux à long terme.

■ Audit juridique, fiscal et social

Il s'agit de s'assurer des informations qui ont été données sur, notamment, les points suivants :
- la régularité des pratiques juridiques (et notamment le respect des obligations en cette matière, les procès-verbaux des conseils d'administration et des assemblées, etc.) ;
- les déclarations administratives (impôt société, TVA, taxe professionnelle, taxe foncière…) et la dernière vérification fiscale ;
- les assurances ;
- les déclarations administratives auprès des organismes sociaux et la dernière vérification URSSAF ;
- les contrats du personnel et les modifications des dernières années ;
- les engagements sociaux et notamment les engagements de retraite à provisionner ;
- la caution et/ou le nantissement de titres accordés par le cédant ;
- les contrats de bail si nécessaire, les crédits-baux ;
- les contrats de prêts ;
- les contrats contenant une clause de changement de contrôle qui pourrait permettre au cocontractant de mettre fin au contrat en cas de cession ;

- la levée du risque écologique, de pollution des sols, de santé, la sécurité.
Dans ces domaines, il est impératif de mandater l'expert de façon assez large afin qu'il puisse étendre ses investigations en cas de « découvertes » aux conséquences importantes.

> **MON CONSEIL**
> La plupart des contrats de prêts stipulent une clause d'exigibilité anticipée en cas de changement de contrôle. Dans ce cas, il convient d'informer tous les partenaires bancaires du projet avant la réalisation de la cession.

Audits spécifiques

Outre les audits classiques rappelés ci-avant, certains sont à préconiser en fonction des spécificités de l'affaire reprise.

- Pour les affaires à dominante industrielle, un audit d'environnement est très souhaitable car la réglementation dans ce domaine devient de plus en plus contraignante. Un relevé du matériel accompagné d'un certificat technique de conformité aux règlements sera indispensable.
- Pour les affaires à caractère de négoce, un audit commercial sera d'autant plus justifié que le repreneur a peu de compétences dans cette activité. Il permettra de valider les contrats de représentation et les contrats d'achat et de vente, ainsi que la réalité des stocks. Attention aux contrats qui ont été signés *intuitu personae*.
- Pour les affaires de bâtiment et de travaux publics, l'assurance couvrant les garanties (maîtrise d'ouvrage, décennales et autres) doit être soigneusement étudiée.

En ce qui concerne la partie des *due-diligences* qui nécessitent l'accès à des documents particulièrement confidentiels et/ou l'intervention d'experts, notre recommandation est de bien les prévoir dans le protocole pour avoir l'accord du cédant. Il convient de les faire effectuer par des professionnels reconnus et compétents dans les domaines concernés, qui seront donc à même de définir leur mission avec les parties concernées et également d'engager leur responsabilité sur leurs conclusions.

De petits détails qui peuvent tout bloquer...

Cédant et repreneur ainsi que leurs conseils respectifs auront à traiter de la bonne exécution du protocole d'accord en constatant la levée des conditions suspensives et finaliseront les opérations liées aux parties telles que conseils d'administration, assemblées générales, documents officiels de cession selon la nature du ou des éléments cédés, publication, etc., avec pour objectif de réaliser la transmission effective de l'entreprise. Ce sujet est très technique car les situations sont multiples et les erreurs éventuelles peuvent être lourdes de conséquences. De plus, une certaine difficulté réside dans la coordination des différentes étapes et accords ; pour ne pas perdre de temps, certaines opérations, comme par exemple la création de la holding du repreneur, devront avoir été réalisées préalablement.

■ Les engagements du cédant

Le cédant devra s'assurer qu'il a rempli l'ensemble des engagements et conditions qu'il a souscrits dans le protocole d'accord et qu'il dispose bien des pouvoirs nécessaires (procès-verbaux de conseils et d'assemblées) l'habilitant à signer les différents documents tels que :
- ordre de mouvement des actions (SA, SAS…) ;
- actes de cession de parts sociales (SARL, SNC…) ;
- acte de vente de fonds de commerce ou branche d'activité ;
- agrément des repreneurs par les autres associés ou actionnaires, lorsque les statuts prévoient ce type d'agrément, car les repreneurs sont des tiers. Si les associés refusent l'agrément, en général, il y a obligation pour eux de reprendre ou faire reprendre les titres.

■ Les engagements du repreneur

Le repreneur devra s'assurer de la bonne exécution des clauses du protocole et, notamment, de la levée des conditions suspensives ainsi que de la réalité de l'ensemble des garanties qui lui sont données ; de plus, il aura préalablement et, dans les délais, constitué les structures d'acquisition appropriées : holding, société *ad hoc*, etc. Par ailleurs, il aura pris avec son banquier les dispositions nécessaires pour disposer des fonds le jour du *closing*. Enfin, devenant responsable de la société reprise à l'issue de la séance de signatures, il devra prendre les dispositions nécessaires pour en assurer sa marche ; celles-ci incluront, dans la plupart des cas, la tenue d'une assemblée générale et d'un conseil d'administration (cas d'une SA, par exemple) en vue de se voir confier les pouvoirs de gestion de la société (signature bancaire notamment).

L'acquisition et ses formalités

Prévues et figurant au protocole, les formalités décrites ci-après officialisent définitivement la transmission.

■ Les dernières vérifications

Dans le cadre du protocole, assurez-vous, en tout premier lieu de :
- la levée des conditions suspensives ;
- la détermination du prix au cas où le protocole d'accord a prévu un mécanisme permettant de calculer ce dernier (multiple de résultat non connu à la date de signature du protocole, par exemple) ;
- la signature de la garantie d'actif et de passif : ne pas oublier le passif social et environnemental ;
- conclusions favorables des *due-diligences* par l'acquéreur : financier, social, commercial, production, assurances… ;
- la mainlevée des cautions, hypothèques, nantissement, etc. ;
- la constatation de l'acceptation du nouvel actionnaire/dirigeant dans le cas de contrats contenant une clause *intuitu personae* ;
- la remise au repreneur des documents confidentiels et stratégiques, indispensables à la marche de l'entreprise : secrets de fabrication, brevets, recettes dans le domaine agroalimentaire, état d'avancement des projets recherche/développement ;
- la remise des cartes bancaires, chéquiers et tous moyens de paiement en possession du cédant ;
- le respect de l'obligation d'information des salariés (le cas échéant du comité d'entreprise).

■ Assemblée générale, conseil d'administration...

En fonction des statuts des sociétés cibles et de la holding de reprise, et des incidences des clauses figurant dans le protocole d'accord, il pourra être nécessaire de procéder à la tenue d'assemblées générales et de conseils d'administration avant/à la date du *closing*.
À l'issue du transfert des titres de propriété, les instances appropriées devront, *a minima*, statuer sur les sujets suivants :
- démission du président ou du gérant ;
- nomination du nouveau dirigeant ;
- remontée des dividendes et/ou établissement d'une convention de trésorerie ;
- remboursement du compte courant du cédant (ou ultérieurement, par exception, avec plan de remboursement).

◼ Relations avec les banques

Les parties remettent à la banque les documents matérialisant le transfert de propriété et la nomination des nouveaux dirigeants afin de formaliser les nouveaux pouvoirs pour le fonctionnement du compte de l'entreprise :
- radiation des anciens pouvoirs et dépôt des nouvelles signatures et pouvoirs éventuels ;
- éventuel acte d'engagement de caution du repreneur se substituant à celui du cédant.

◼ Formalités et publicité

Comme il a déjà été dit, les étapes qui auront été accomplies en parallèle à la négociation, préalablement à la clôture, auront à cette date déjà fait l'objet de formalités.
Cela peut être par exemple la transformation de la société cible en société par actions simplifiée.
Cela peut être par exemple aussi l'enregistrement de la société holding avec le dépôt de ses statuts au tribunal de commerce de sa domiciliation. On voit ainsi tout l'intérêt de confier à un même juriste le suivi de l'ensemble des démarches, qu'elles concernent la rédaction et la négociation du protocole d'accord ou les différentes étapes auxquelles ce chapitre fait référence

◼ Le calendrier

Il est très difficile de donner un calendrier sans connaître le statut juridique de la cible et le montage retenu par le repreneur ; pour le cas auquel on fait le plus souvent référence, celui du rachat d'une société par une autre (holding) en société anonyme qu'il faudra créer, il est prudent de prévoir un délai de 2 à 3 mois, entre la signature du protocole et la date du *closing*.

> **MON CONSEIL**
> **Bien choisir la date de closing** De préférence, choisissez la date de *closing* la plus proche de celle de la clôture des comptes pour éviter d'avoir à sortir des situations intermédiaires, ce qui aurait pour effet de retarder la date du *closing*.
> Entre le protocole et le *closing*, finalisez les modalités du contrat de prêt avec la (les) banque(s).
> Prévoyez un délai suffisant entre la signature du protocole et la date du *closing* (minimum un mois).

■ Tout le monde signe !

L'avocat prépare la réunion de *closing* en répartissant les rôles sans oublier de prévoir la coordination des conseils. Tous les actionnaires doivent être présents ou représentés.

Les formalités vis-à-vis des banques devront être effectuées immédiatement après l'assemblée générale.

Les formalités vis-à-vis du greffe (changement de dirigeant) devront être effectuées immédiatement après la réunion de signature.

Les formalités liées à l'enregistrement de la cession auprès de l'administration fiscale devront être faites dans le mois qui suit.

> **À NOTER**
> **Le diable est dans les détails !** D'autres petits problèmes peuvent être à régler :
> - le sort de la voiture du cédant ;
> - le sort de la carte SIM du téléphone du cédant, pour savoir qui conserve le numéro.

100 premiers jours pour réussir votre reprise

➤ Le fait d'avoir repris une entreprise n'est pas un aboutissement en soi. Maintenant, tout reste à faire !

➤ Période délicate, les 3 premiers mois sont une période clé pour le repreneur.

➤ Pourquoi le repreneur doit-il se faire accompagner les premiers temps ?
Quels sont les enjeux de l'accompagnement ?

La transition

Commence désormais une phase délicate de transition, tant pour le repreneur que pour l'entreprise. Le repreneur, qui a souvent l'expérience de postes managériaux dans de grosses structures, va être confronté à un nouveau rythme de vie lui demandant un investissement important en temps, et au sentiment de solitude du chef d'entreprise, accru par sa relative méconnaissance de l'entreprise. Pour l'entreprise, une nouvelle histoire commence ; le cédant est parti (souvent le créateur de l'entreprise), un nouveau dirigeant arrive. C'est à lui maintenant de prendre en compte les attentes, les inquiétudes, les questionnements des salariés. La prise de contrôle se passe très fréquemment avec l'accompagnement du cédant. Cet accompagnement peut et doit être une phase de transfert de savoir-faire pendant laquelle le repreneur va « apprendre l'entreprise » par la voix du cédant. Il prendra les premiers contacts avec les clients, les fournisseurs et les principaux acteurs extérieurs de l'entreprise.

Dans cette phase, le repreneur va devoir arbitrer, pour la bonne utilisation de ses moyens financiers, entre un désir de développement rapide demandant des investissements et l'impérative nécessité de dégager des résultats pour rembourser sa dette.

> **MON CONSEIL**
>
> **Se préparer et réussir !** Le CRA propose une formation spécifique « Comment préparer et réussir les 100 premiers jours ? » sous la forme d'ateliers interactifs.
>
> Il s'adresse à des repreneurs qui viennent de signer une ou plusieurs lettres d'intention, qui connaissent donc leur(s) cible(s) et veulent préparer leur entrée dans leur future entreprise.
>
> **1. Prendre en main son entreprise :**
> - savoir gérer la relation cédant ;
> - communiquer avec les salariés et leur donner confiance ;
> - mettre en place sa posture de patron et établir les règles ;
> - introduire le changement.
>
> **2. Gérer au quotidien :**
> - obtenir les bonnes informations et identifier les indicateurs clés ;
> - construire les premiers tableaux de bord ;
> - établir un prévisionnel d'activité et de trésorerie.
>
> **3. Engager les premières mesures :**
> - définir ses priorités d'action et fixer les axes d'optimisation ;
> - identifier et réaliser les réductions de coûts sur frais généraux et achats ;
> - simplifier l'organisation en impliquant ses collaborateurs.

L'accompagnement par le cédant

Les deux parties ont un mutuel intérêt à en écrire précisément les modalités qui seront annexées au protocole.

■ Faire court

Pour éviter que ne surviennent d'éventuelles tensions au bout d'un temps plus ou moins long, entre deux personnalités d'âge, de vision, de culture et d'expérience différents, on soulignera que les accompagnements les plus efficaces et les plus sereins sont souvent les plus courts. Une durée de 3 à 6 mois est généralement observée.

■ Établir un contrat de prestation

Repreneur, vous serez évidemment rassuré de pouvoir compter sur le cédant dans le but d'assurer la continuité du management avec les clients, les fournisseurs et plus généralement les partenaires de l'entreprise cédée.
Un accompagnement a une durée limitée. En tout état de cause, même si cela a été prévu au protocole, il est indispensable d'établir un contrat (horaires, jours de présence, définition des tâches) entre cédant et repreneur pour le lien les unissant durant cette période.
Des durées d'accompagnement longues sont parfois envisagées donnant au cédant une position de CDD, ouvrant droit sous certaines conditions à des garanties en fin d'activité.

› Pour le cédant

Ce contrat précisera :
- la durée de l'accompagnement ;
- les horaires (pas nécessairement continus) ;
- la définition des tâches à réaliser (passation, mission, études, etc.) ;
- les conditions d'exercice de cet accompagnement (à titre gratuit ou rémunéré) ;
- le lieu d'exercice de cet accompagnement. Il semble raisonnable que soit retenu le site de l'entreprise et qu'éventuellement cédant et repreneur partagent le même bureau... ce qui permet au repreneur de mieux connaître le cédant dans l'activité professionnelle qu'il pouvait déployer ;
- les moyens mis à sa disposition pendant cette période et pour cette mission (véhicule de fonction, frais de réception ou autres, secrétariat...).

> **MON CONSEIL**
> **Mettre fin à tout contrat préalable entre l'entreprise et le cédant** Il sera judicieux d'inclure dans ce contrat dit d'accompagnement une clause représcisant que cet engagement met fin à tout contrat préalable pouvant exister ou avoir existé entre l'entreprise et le cédant.

> Pour le repreneur

Ce contrat précisera :
- les engagements du repreneur ;
- les missions confiées au cédant et les moyens mis à sa disposition.

Il devra également inclure une clause permettant au repreneur de mettre fin unilatéralement à cette prestation d'accompagnement.

■ Centrer sur l'essentiel

> Rencontrer le banquier

Le banquier est le premier interlocuteur qui sera rencontré : pour, si cela n'a pas été fait à l'issue du *closing*, matérialiser le changement de dirigeant (signature des chèques, nouveaux chéquiers, cartes bleues professionnelles pour le repreneur, prélèvements, etc.) et pour reconduire les autorisations en cours, découverts, escomptes, facilités de caisse, etc., quitte à les renégocier ultérieurement.

Ces opérations peuvent s'opérer soit auprès du banquier du cédant, soit auprès de celui du repreneur, soit auprès de celui ayant accompagné financièrement la transmission, ce qui constitue des situations différentes aux yeux du couple cédant-repreneur.

> Rencontrer les clients

Ils sont le nerf de la guerre et souvent la cause première de l'acquisition. On peut les décomposer de façon sectorielle en :
- particuliers : il n'y a pas lieu, sauf cas très spécifiques, que le cédant les présente au repreneur ;
- clients sous contrats (pour certains produits, certaines durées, certaines prestations) ;
- gros clients : ceux qui pèsent, par exemple, 10 % du CA ;
- clients de réciprocité ;
- clients confrères, etc.

Dans tous ces cas et suivant l'implication du cédant auprès de la clientèle, il lui appartiendra de les présenter au repreneur qui aura, là aussi, à marquer son empreinte dans un climat de continuité plus que de changement. Là encore, il n'y a pas vraiment de règle, tout étant basé sur une réflexion individuelle suivant le fonctionnement de l'entreprise.

Les clients peuvent également être informés du changement par circulaire, ou lettres de l'entreprise. C'est toujours au couple cédant-repreneur d'en décider pendant l'accompagnement ou préalablement.

> Rencontrer les fournisseurs

Le même processus s'impose (réception à l'entreprise, contacts téléphoniques).
Il y a aussi les gros et les petits, les contractuels et les autres, ceux qui font l'objet de réciprocité, certains peuvent même être actionnaires de l'entreprise.
Il faut aussi compter avec les sous-traitants, les transporteurs, entreprises de logistique, etc.

> Rencontrer les assureurs

Ce n'est pas le moindre. Les risques doivent être couverts légalement ou au-delà et les assureurs sont de plus en plus exigeants. Il est important de prévoir à cette occasion un réexamen des contrats d'assurances de l'entreprise. Le coût d'une assurance bien négociée est souvent mis en avant comme un point fort d'une entreprise (voir *Les assurances*, p. 174).

> **MON CONSEIL**
>
> **Réussir l'accompagnement** La période d'accompagnement sera d'autant plus difficile que la négociation aura été tendue (les conseils devant toujours être là pour prévenir et aplanir les difficultés). Il est préférable d'avoir « vendu » au personnel la nécessité de l'acte d'accompagnement.
> Un bon accompagnement résulte d'un bon protocole. Plus et mieux on écrit, meilleur est le résultat. Il est bon de lister les agréments dont peut bénéficier l'entreprise, certains ayant pu vous échapper dans la rédaction du protocole. Tenir toutes les promesses. Certains engagements n'ont pas été inscrits dans l'acte (voiture de fonction du cédant vendue à valeur comptable, idem pour ordinateur portable, etc.).

> **À NOTER**
>
> Pour son entreprise, en cas de décès ou d'invalidité de son homme-clé, il est utile de réfléchir au versement d'un capital à la société pour permettre la continuation de son activité.

> **MON CONSEIL**
> **Quelques autres pistes d'accompagnement** Il existe de nombreux organismes et acteurs permettant d'accompagner le repreneur, en complément de celui du cédant :
> - acteurs du tutorat : associations, institutions, conseillers, structures d'accompagnement axées sur le tutorat, en lien avec les lois Dutreil, ses décrets d'application et les dispositions fiscales afférentes ;
> - *business angels* ;
> - réseaux « Entreprendre » (association loi 1901) qui, au-delà des prêts d'honneur, peuvent positivement accompagner la reprise et le développement pendant, s'il le faut, plusieurs années ;
> - chambres syndicales professionnelles ;
> - réseau TPE/PME des CCI et des chambres régionales de commerce et d'industrie ;
> - chambre des métiers ;
> - experts du CRA ;
> - Club Entreprises Arts et Métiers (CLENAM) ;
> - Entente des générations pour l'emploi et l'entreprise (EGEE), ECTI ;
> - fondations d'entreprise ;
> - réseaux des associations des diplômés de grandes écoles ;
> - services économiques des conseils régionaux, servant de guichet unique aux nombreux appuis financiers que le jeune repreneur peut mobiliser pour assurer son développement ;
> - administrateur indépendant ;
> - clubs d'exportateurs pour les entreprises qui ont des clients à l'étranger ;
> - réseaux féminins de type « Entreprendre au féminin » ;
> - associations de repreneurs de type « Club des entrepreneurs du CRA » ;
> - fédérations ou organisations professionnelles de coaching ;
> - professionnels du conseil en image.

Recommandations de bon sens

Il a souvent été répété dans ces pages que c'est le cédant qui choisit son repreneur. Faites en sorte maintenant que l'entreprise accueille son nouveau patron !

■ La première impression doit être la bonne !

Le repreneur arrive dans une entreprise qui a déjà un vécu et une histoire qu'il doit intégrer. La première impression qu'il donnera aux salariés et aux partenaires de l'entreprise est primordiale et conditionne l'avenir et la réussite de sa reprise.
Le repreneur ne doit pas arriver en pays conquis et doit se préparer à adapter son business plan au contexte et à la réalité de l'entreprise.
Le repreneur ne doit jamais précipiter le changement, même si, bien sûr, il en a très envie.
La vraie connaissance de l'entreprise s'apprend sur le terrain : en effet, pendant la phase de négociation, le repreneur a abordé l'entreprise principalement sous l'angle financier ; sa connaissance des hommes, produits, marchés de l'entreprise n'est dans bien des cas que celle des dossiers et de ce que le cédant a bien voulu lui transmettre pendant la négociation.
La réalité est en général décalée par rapport à l'idée qu'il s'est forgée de l'entreprise et les données chiffrées obtenues avant la reprise ne sont pas forcément exploitables en l'état. Elles doivent être revalidées afin que le repreneur puisse confirmer sa capacité à honorer, entre autres, ses engagements financiers à long, moyen et court termes.
Les interlocuteurs s'attendent à un changement : certains le craignent, d'autres l'espèrent. Dans toute organisation, il existe une force d'inertie significative par rapport au changement, du fait de l'historique, du système d'organisation en place, des hommes, des préjugés sur l'environnement de l'entreprise et de sa capacité à s'y adapter. Les premières actions sont très importantes car elles vont être reçues comme des signes forts (positifs ou négatifs).

■ Faites une liste !

Bien préparée, la transition sera – autant que faire se peut – courte et centrée sur l'essentiel. Comme indiqué précédemment, 3 à 6 mois paraissent une durée optimale pour tous les partenaires : nouveau dirigeant impatient de prendre les commandes, cédant sur le point de quitter l'entreprise et personnel en attente de changement.

Le repreneur doit très rapidement comprendre les éléments du contexte qui n'ont pas été abordés lors du processus d'acquisition :
- les compétences de chacun, notamment l'identification des hommes clés ;
- les positions hiérarchiques ;
- les relations internes ;
- l'attente des salariés ;
- les fournisseurs et leur perception de l'entreprise ;
- les clients et leur potentiel.

Il doit identifier et maîtriser les éléments moteurs (accélérateurs ou freins au changement) : leaders d'opinion internes à l'entreprise, les clients clés, les fournisseurs stratégiques.

Il doit rencontrer les consultants extérieurs, afin de bénéficier d'une vision et d'une analyse de l'entreprise faites par ses conseils historiques et de mieux connaître les dossiers en cours (litiges, dépôts de marques, demandes de subventions…). Il est nécessaire qu'il valide l'adéquation entre les objectifs exprimés dans le business plan, à partir de l'idée qu'il s'est faite au cours de la négociation et la réalité de l'entreprise qu'il va véritablement découvrir.

Il doit rassurer le personnel, s'appuyer sur l'existant et engager les premières actions pour affirmer son rôle de nouveau dirigeant. Les premières actions ne sont pas forcément d'une grande importance mais doivent être visibles et révélatrices d'une compétence professionnelle.

Priorité aux équipes : les connaître et s'en faire reconnaître

• • • • • • • • • • • • • •

Il y a certainement eu, entre votre prédécesseur et ses équipes, une longue histoire… Vous êtes le nouveau patron, vous devez devenir légitime.

■ La forme

Sur le plan de la forme, cette rencontre dépend de la taille de l'entreprise. Une recommandation serait d'organiser une réunion générale dès les premiers jours, suivie d'entretiens individuels avec les chefs de service, d'ateliers puis des réunions en petits groupes par services ou fonctions de l'entreprise.
Il est nécessaire d'identifier les hommes clés dont le départ pourrait fragiliser l'organisation (par exemple un chef d'atelier détenant un savoir-faire).

■ Répondre aux questions

La cession d'une entreprise suscite de nombreuses questions au sein des salariés de l'entreprise. Le cédant a cédé, un repreneur lui succède… et maintenant ?
- Qui est le repreneur ?
- Quelles sont ses motivations ?
- Que veut-il faire ?
- Était-il urgent que le cédant passe la main ? (résistance au changement)
Comment leur répondre ?
- Réunion délégués du personnel ou comité d'entreprise ?
- Réunion collective ?
- Réunion sectorielle ?
- Rencontre individuelle ?
Le repreneur est souvent tenu à ce premier stade de préférer les rencontres dites obligées (délégués du personnel ou comité d'entreprise) ou les rencontres individuelles déterminées par le repreneur et le cédant. Une réunion collective pourra également être imaginée de façon informelle lors, par exemple, d'un pot de départ organisé par le cédant.
Le niveau de réponse dépend essentiellement du contexte de cette reprise et des rencontres avec les salariés :
- les réunions dites « obligées » du comité social et économique (CSE) où il sera nécessaire de bien suivre l'ordre du jour et de répondre aux questions posées après avoir intronisé le repreneur comme président du CSE, c'est un moment où le cédant devra positionner le repreneur en nouveau patron. À lui ensuite de prendre ses marques ;

- les réunions individuelles devront être habilement initiées par le cédant avec diplomatie, en tentant d'éviter toute frustration et en ménageant les susceptibilités. C'est une partie primordiale de l'accompagnement. Le cédant présente les membres du personnel, leurs fonctions, et les invite à s'exprimer brièvement. La qualité de l'écoute doit être intense. Le cédant présente le repreneur comme le nouveau patron qui, une fois encore, devra prendre ses marques. Rassurer, positiver, optimiser sont les maîtres mots de ces rencontres individuelles.

Qui doit répondre au cours de ces réunions/entretiens ?
- le cédant : pour l'exposé de la situation ;
- le repreneur : pour tout ce qui concerne la suite des événements.

▪ Précisez l'organigramme

Les contacts précédents ont permis de :
- connaître l'entreprise et son environnement ;
- identifier les acteurs, décideurs de l'organisation précédente ;
- finaliser le business plan.

Il importe donc maintenant de définir la nouvelle organisation qui va être en charge de la réalisation des objectifs.

Le nouveau manager doit ainsi dessiner un nouvel organigramme clair, précisant les responsabilités de chacun, attribuer les délégations de pouvoir correspondantes. Dans cet exercice d'évolution d'organigramme et de nouvelles répartitions des missions, il importe d'être vigilant sur la bonne exécution des tâches se situant dans les zones frontières entre les services.

Au-delà de l'action immédiate de mise en place des tableaux de bord pour la gestion de la trésorerie, il faut verrouiller le suivi de l'ensemble des fonctions de l'entreprise : achats, ventes, études et devis, production, finance, stocks.

Cette démarche permettra d'auditer/de valider les outils d'information et de gestion interne et éventuellement les améliorer si nécessaire.

▪ C'est vous le patron !

Le repreneur a déjà acquis la légitimité financière par l'acte d'acquisition ; il va devoir se faire reconnaître comme le nouveau patron par rapport au cédant (qui a souvent créé l'entreprise), vis-à-vis des salariés et des partenaires extérieurs.

Il va pouvoir acquérir cette légitimité par :
- sa compétence technique (connaissance et compréhension du métier) et managériale (capacité à diriger l'entreprise, à gérer les relations avec l'environnement et à résoudre les problèmes quotidiens) ;
- son savoir-faire dans la démarche d'intégration de la culture d'entreprise existante qu'il ne faut pas rejeter ni vouloir transformer de façon abrupte ;
- son bon positionnement entre vouloir se fondre dans l'existant et affirmer sa personnalité ;
- donner sa vision de l'entreprise.

Son comportement devra, dans toute la mesure du possible, créer un climat de confiance.

Allez à la rencontre de tous ceux qui comptent pour votre entreprise

Souvent, la confiance que l'environnement extérieur accorde à l'entreprise s'exerce à travers son dirigeant. Il change... Vous allez devoir recréer rapidement cette enveloppe informelle d'intuiti personae, une part importante de la valeur incorporelle de votre nouvelle entreprise.

■ Les clients principaux

Il est indispensable de les rencontrer chez eux, de préférence avec le cédant et le commercial concerné. Le repreneur s'évertuera à connaître leur perception de l'entreprise à travers son offre produits, sa présence sur le marché, la qualité de son service et de sa logistique. Ces rencontres serviront à améliorer la connaissance des concurrents. Le repreneur devra appréhender la solidité de la relation et sa pérennité, prendre note des suggestions et commencer à valider des axes possibles de développements communs, il devra également rassurer sur la poursuite normale de l'activité et la capacité à assurer les livraisons futures.

■ Les fournisseurs clés

Il faut si possible rendre visite aux plus importants afin de découvrir leur organisation, sinon les convoquer sur le site. Le repreneur sera attentif à apprécier leur capacité (tant sur le plan qualitatif que quantitatif) à répondre aux besoins de l'entreprise, leur volonté d'établir un véritable partenariat et conforter une relation de confiance ; de valider les conditions d'achat en vigueur jusqu'alors et détecter les gisements d'optimisation. Il sera important de découvrir et d'explorer de nouveaux domaines de collaboration (nouvelles matières, processus d'approvisionnement...) et de rassurer sur le devenir de l'entreprise.

Dans tous les cas, il est indispensable de visiter les sous-traitants à plus ou moins brève échéance en fonction de leur importance stratégique pour l'entreprise. Comme pour les fournisseurs, il est nécessaire d'apprécier l'adéquation par rapport aux besoins de l'entreprise et se faire confirmer les modalités du partenariat. Le repreneur devra là aussi estimer leur capacité à développer de nouveaux produits et à répondre à des besoins futurs de développement.

■ Les partenaires financiers

Les partenaires ayant participé au montage de la reprise étant informés, il convient de rencontrer aussi les partenaires historiques (banques, Euler-Hermes, Coface…) pour se présenter, expliquer le projet de l'entreprise, le montage financier de la reprise et son intégration dans la poursuite d'une bonne gestion financière. À cette occasion, le repreneur pourra vérifier leur adhésion et leur soutien pour confirmer ou infirmer la poursuite de la relation et se faire préciser les conditions, explorer des potentiels de nouveaux soutiens financiers. Parallèlement, il est important de communiquer avec les partenaires financiers de la reprise sur l'évolution de l'activité, la mise en œuvre du business plan et le respect des engagements pris. Revoir les contrats d'assurance donnera au repreneur l'occasion d'être présenté aux assureurs par le cédant.

■ La profession

Cette action, également très importante, concerne les instances sociales internes et les instances décisionnelles externes :
- internes : représentants syndicaux, délégués du personnel (à rencontrer en tant que tels, même s'ils ont déjà été vus dans le cadre des réunions avec le personnel, spécifiquement dans ce contexte) : les écouter et valider leur compréhension du nouveau projet ;
- externes : syndicats professionnels, chambre de commerce, chambre des métiers, institutions locales (conseil régional…) pour se présenter, améliorer sa connaissance de l'environnement et amorcer la constitution d'un nouveau réseau.

Plongez sans délai dans l'opérationnel !

Votre prédécesseur vous accompagne mais il n'est plus aux commandes. Il n'est pas non plus impossible que la période intense de négociation et de transmission l'ait absorbé au détriment de la gestion quotidienne. Prenez la main !

■ Maîtrisez votre trésorerie

Il s'agit d'un point déterminant de la gestion de l'entreprise ; son bon fonctionnement est conditionné par sa capacité à faire face à ses besoins de trésorerie. Cela impliquera de valider ou mettre en place un plan prévisionnel de trésorerie, son suivi et sa fiabilité.

Cette démarche nécessaire permet de plonger dans l'opérationnel à court terme de l'entreprise, notamment :
- procédure de suivi quotidien de la (des) banque(s), encaissements, décaissements, et du circuit des facturations (à émettre et reçues) ;
- suivi des délais de paiement et relances clients ;
- enfin, repérage du comptable le plus apte au rôle de « trésorier ».

■ Validez votre stratégie commerciale

De cette validation dépendent la pérennité de l'entreprise sur son marché, sa rentabilité et sa capacité à rembourser sa dette senior. Durant tout le processus de reprise, on a dû se contenter de données fournies par les audits, le cédant et ses conseils sans pouvoir en vérifier toute la pertinence.

Les contacts pris en interne et externe ont permis la validation ou non des informations collectées lors du processus de reprise. Il est alors nécessaire d'effectuer une analyse détaillée, en complétant les diagnostics effectués avant la reprise, de données essentielles pour le développement de l'affaire. Cette analyse inclura :
- les prix de revient ;
- les marges ;
- les tarifs ;
- la chaîne logistique (stockage, livraisons, délais, conditions de transport) ;
- les remises et autres conditions commerciales, notamment les conditions générales de vente (CGV) ;
- les conditions de règlement et de paiement ;
- et leur système d'élaboration (décideurs, calendrier…).

Le résultat de cette analyse doit permettre d'entériner ou amener à corriger le business plan initial.

Cette démarche doit être faite le plus rapidement possible après la prise de fonction opérationnelle.

■ Écrivez vos plans d'actions

Les actions à entreprendre s'inscrivent dans la triple nécessité pour le nouvel entrepreneur de :
- rembourser la dette senior ;
- financer l'exploitation ;
- engager l'entreprise sur le chemin du développement.

La première étape du plan d'actions sera de débloquer des situations conflictuelles historiques à l'entreprise tant au niveau interne qu'externe. En particulier, le repreneur doit prendre en compte le fait que les salariés ne sont pas seulement sensibles aux éléments objectifs, matériels les concernant mais que la part du subjectif de leurs perspectives d'avenir est également primordial. Ils ont besoin d'être convaincus qu'ils sont associés au nouveau projet de l'entreprise.

Les actions suivantes doivent faire partie de ce plan d'actions :
- définir les objectifs par service et individuels, en complément à l'organigramme ;
- mettre en place des outils de motivation à l'atteinte de ces objectifs ;
- établir un calendrier des réunions clés de l'entreprise : comités de direction, réunions de services… ;
- envisager des plans de formation en rapport avec les objectifs.

■ Allez dans le détail

- Validez vos produits :
- auditez le catalogue des produits et leur contribution économique ;
- rationalisez la gamme ;
- identifiez les produits stratégiques existants ou à développer à court ou moyen terme.
- Gérez vos clients :
- triez les clients en fonction de leur contribution actuelle ou potentielle ;
- redéfinissez les conditions de collaboration intéressantes pour les deux parties (prix, volumes, qualité…) ;
- réétudiez la pertinence des circuits de distribution et choisissez les priorités de marché national et étranger.
- Sécurisez l'amont : après confirmation des fournisseurs stratégiques, améliorez les processus et conditions des relations entreprise/fournisseurs.
- Améliorez l'organisation :
- précisez les valeurs et la culture de l'entreprise : éthique, environnement, respect des personnes, qualité, satisfaction du client, image… ;
- listez les améliorations possibles en termes d'outils de l'entreprise : industriel, logistique, système d'information…
- Faites participer votre équipe : cette étape de réflexion avec les salariés concernés doit contribuer à tracer les perspectives de la nouvelle entreprise.

Après cette phase de *brainstorming*, il importera au repreneur, et seulement à lui, de jouer son rôle de manager en affectant un ordre de priorité aux actions retenues. Il établira seul ou en équipe restreinte les plans d'actions correspondants et il les communiquera à l'ensemble du personnel pour une mise en œuvre par les services concernés.

• Contrôlez : enfin, un plan d'actions doit comporter les étapes de contrôle de réalisation des actions. Aussi il faudra établir un tableau de bord, qui permettra au nouveau patron et à son équipe de contrôler l'évolution des facteurs clés de la gestion de l'entreprise.

> **MON CONSEIL**
>
> **Les dernières formalités** Se faire remettre les clés dès la première prise opérationnelle de l'entreprise et procéder sans tarder aux formalités administratives post-cession :
> - réunir le nouveau conseil d'administration pour la nomination d'un nouveau président (et éventuellement d'un nouveau directeur général) ;
> - arrêter les comptes en vue de vérification des garanties ;
> - convoquer une assemblée générale extraordinaire pour changement éventuel de certains articles des statuts ;
> - payer le solde du prix fixe et recevoir les sûretés correspondantes ;
> - payer éventuellement la partie variable du prix et recevoir les sûretés correspondantes ;
> - assurer les formalités relatives aux transferts d'actions ;
> - assurer les formalités du changement de dirigeant : insertion dans un journal d'annonces légales, dépôt au greffe du tribunal de commerce, inscription au registre du commerce ;
> - vérifier les résultats si des garanties de résultats ont été mises en place ;
> - mise en jeu éventuelle des garanties à la fin de la période de garantie ;
> - contrôler le respect de la clause de non-concurrence et de non-débauchage ;
> - contrôler le respect de l'engagement de confidentialité.
>
> **Erreurs à ne pas commettre**
> Arriver en « pays conquis ».
> Laisser aux anciens dirigeants les signatures et pouvoirs de représentation auprès des organismes financiers.
> Ne pas prendre en compte les leaders d'opinion et les représentations syndicales.
> Vouloir imposer des salariés « familiaux » (conjoints, enfants…).
> Imposer un mode d'organisation trop rapidement mis en place et non compris par les salariés.
> Accepter une période d'accompagnement trop longue avec le cédant.

Les 3 premiers mois à réussir pour l'entrepreneur sont une période critique, un challenge, mais c'est la clé de la réussite pour notre entrepreneur tout neuf !

Les meilleures reprises récompensées en 2018

➤ **ADIC LES ATELIERS, lauréat Industrie 2018**

➤ **FOMMA, lauréat Services 2018**

➤ **FONDERIES NICOLAS, prix du savoir-faire industriel 2018**

➤ **Les autres belles histoires des trophées CRA de la reprise 2018**

Les règles de management qu'appliquent les lauréats du Trophée CRA de la reprise montrent que les reprises les mieux menées, suivies de développements réussis, tiennent la plupart du temps à l'application de principes relativement simples et de bon sens :
- un prix d'acquisition de la cible « collant » au plus juste à la valeur du marché ;
- une transition sans heurts entre l'ancienne et la nouvelle direction, avec accompagnement serein de l'ancien dirigeant (voire son maintien au capital) ;
- une fidélisation de l'« homme clé » dès l'arrivée ;
- la mise en place d'une politique salariale généreuse avec des accords d'intéressement/participation ;
- un budget de formation dépassant les obligations légales (6 %, voire plus, de la masse salariale).

Après la reprise, les lauréats attribuent ensuite la réussite de leur développement au fait :
- de s'allier avec des partenaires transrégionaux, ou transfrontaliers, pour élargir leur zone de chalandise, mettre en commun leurs forces de vente ou de recherche et développement ;
- d'innover en développant des prestations différenciées (engagements de garanties, niveaux de qualité, contrats d'assurances) ;
- de rendre visibles leurs nouveaux produits sur Internet, et d'engager une politique commerciale ambitieuse et cohérente avec les outils modernes de « l'e-marketing » ;
- de disposer d'un organe de décision stratégique pour préparer les investissements qui engagent le long terme ;
- d'intégrer dans leurs objectifs le respect des valeurs sociales, sociétales, environnementales ;
- d'envisager une politique mesurée de croissance externe d'alliances, ou d'acquisitions, permettant d'atteindre une « taille critique » (en CA, en parts de marché, en zones de chalandise…), variable selon les métiers.

Vous trouverez ci-après l'illustration de ces bonnes pratiques dans le récit des lauréats des Trophées 2018.

ADIC Les Ateliers, lauréat Industrie du trophée CRA de la reprise 2018

• • • • • • • • • • • • • •

Olivier Fouilloy, lauréat Industrie des 12ᵉ Trophées CRA de la reprise en 2018.

■ Le repreneur

Olivier Fouilloy, 45 ans au moment de la reprise en 2014, est ingénieur Arts et Métiers, diplômé de l'INSEAD et d'HEC ainsi que de l'Institut Transformance (coaching) en 2011. Il a exercé sa carrière dans les industries du luxe et particulièrement dans les secteurs de la cosmétique et de la parfumerie. En 2013, après avoir étudié une cinquantaine de dossiers, il s'intéresse à ADIC (Ateliers d'impression des Charentes), petit imprimeur « de ville », non loin de Cognac.

■ L'entreprise

ADIC, créée en 1988 à l'initiative d'un imprimeur charentais, souhaitait se tourner vers des productions de qualité, mais dépose malheureusement son bilan en 2008. L'entreprise a bénéficié d'un plan de continuation jusqu'en 2020, après une dizaine de licenciements. Claude Recoquillon – le cédant – aura à cœur de poursuivre son activité jusqu'à son départ à la retraite, qui coïncidera avec la reprise d'Olivier Fouilloy.

■ La reprise

Elle s'effectuera d'une manière classique, par la création d'une holding de reprise, son financement étant assuré par l'apport personnel de l'acquéreur pour 83 % de sa valorisation et l'intervention d'un fonds d'investissement à hauteur de 17 %.

■ Le développement de l'entreprise

Le développement de l'entreprise, se fera en quatre points :
- sortie du plan de continuation par la récupération plus rapide de créances commerciales en faveur de l'entreprise ;
- investissements physiques et humains, avec notamment, par deux fois le triplement des surfaces de production et de stockage avec création d'un nouvel atelier ;

- actions marketing : changement du nom de l'affaire, création d'un site Internet et d'un slogan, actions de communications ;
- entrée en relation avec des clients majeurs.

■ Résultats des actions menées

Le chiffre d'affaires 2016-2017 a augmenté de 58 % par rapport à celui de 2015-2016, avec un bon niveau de rentabilité.
Pour 2017-2018, la société envisage une progression de 30 % de son chiffre d'affaires avec un effectif de 32 personnes contre 15 personnes au 30 juin 2015.

■ La fierté du repreneur

Le déploiement d'une stratégie claire, la mise en œuvre de nouvelles technologies et l'ouverture vers une nouvelle clientèle de renom, ont permis au chef d'entreprise de redonner de l'ambition et de nouvelles perspectives à la société.

■ L'appréciation du CRA

L'histoire d'Olivier Fouilloy et d'ADIC Les Ateliers est un parfait exemple de symbiose entre une entreprise qui possédait un authentique savoir-faire et un repreneur talentueux et audacieux, qui a su insuffler une stratégie pertinente et un véritable dynamisme.

FOMMA, lauréat Services du trophée CRA de la reprise 2018

Bernard Haas, lauréat des 12ᵉ Trophées CRA de la reprise en 2018.

■ Le repreneur

De formation commerciale, Bernard Haas passe 2 ans à Singapour au sein d'une pépinière d'entreprises qui a pour vocation de faciliter l'implantation de PME. Il est ensuite directeur de concession chez Rank Xerox, puis travaille 9 années dans une ETI allemande de l'industrie dentaire. Nommé DG France, il se consacre durant 3 ans à sa fonction, puis il décide de reprendre une entreprise, après avoir suivi la formation à la reprise du CRA.

■ L'entreprise

Installée en région parisienne, cette entreprise de coutellerie a été créée en 1946. Elle étend ensuite son activité au matériel de boucherie et de restauration. L'entreprise réalise 3,2 millions d'euros de chiffre d'affaires avec un effectif de 16 personnes.

■ La reprise

Bertrand Haas avait envisagé de reprendre une entreprise fabricant du matériel médical, mais hélas, il ne trouve pas de cibles appropriées. Le secteur de l'entreprise retenue lui est inconnu, mais il est certain de pouvoir maîtriser le business model de distribution.
Il crée une holding de reprise dont il partagera le capital avec des membres de sa famille et de ses amis, il en détiendra 77 %. Il bénéficiera d'un crédit vendeur de 10 % du prix de cession et d'un prêt d'honneur du Réseau Entreprendre, accompagné de conseils de chefs d'entreprise de ce réseau. Il recevra d'ailleurs en 2015 un prix du Réseau Entreprendre.

■ Le développement de l'entreprise

Il s'appuie sur la mise en place :
- d'un CRM, d'une newsletter clients et d'offres promotionnelles ;
- des techniques de vente avec l'accélération de la vente de produits récurrents ;
- de la restructuration du service technique (installation et SAV).

Une politique de ressources humaines, basée sur la promotion interne, la mise en place d'un comité de direction et d'un intéressement aux résultats de l'entreprise complètent la panoplie.
La croissance du chiffre d'affaires a été de 50 % en 3 ans avec un effectif qui est passé de 16 à 23 salariés, sans que la rentabilité en soit affectée.

■ La fierté du repreneur

Bertrand Haas est fier d'être reconnu aussi bien par ses clients que par ses fournisseurs.
Sa grande fierté est également le bien-être de ses salariés de travailler au sein de son entreprise.

■ L'appréciation du CRA

L'expérience de Bertrand Haas montre que l'application de nouvelles méthodes de management et de politique commerciale permet de reprendre et développer une entreprise traditionnelle à condition, comme il le dit, de maîtriser le business model.

Découvrez le témoignage vidéo de la reprise de l'entreprise FOMMA :

FONDERIES NICOLAS, prix du savoir-faire industriel du trophée CRA de la reprise 2018

Mohand Ben Boumane, lauréat du prix du Savoir-Faire Industriel des 12e Trophées CRA de la reprise 2018.

■ Le repreneur

Mohand Ben Boumane, 54 ans, titulaire d'un BTS de fonderie, a exercé des responsabilités de fabrication et de fusion de pièces de fonderie dans les Ardennes, en Belgique dans plusieurs entreprises. En 2002, il rejoint les Fonderies Nicolas en tant que responsable de la production et des achats. Les fonderies Nicolas sont alors une filiale récente du groupe métallurgique Delachaux, qui mettra l'entreprise en vente en 2012. En 2013, Mohand Ben Boumane rachète à Delachaux certains actifs de l'entreprise (les murs, le fonds de commerce et le matériel industriel) et conserve le personnel de production.

■ L'entreprise

Les fonderies Nicolas sont basées à Nouzonville, dans les Ardennes. L'activité de l'entreprise consiste en la fabrication de pièces de fonte, l'assemblage de pièces.

■ La reprise

La négociation avec le groupe Delachaux a été longue mais au vu des compétences du repreneur, le cédant n'a pas eu besoin d'assurer un accompagnement.
En janvier 2013, M. Boumane crée la Société Nouvelle des Fonderies Nicolas (SAS) qu'il détient à 51 % avec un membre de sa famille. Le financement a été assuré par un prêt bancaire de 100 K€, 200 K€ d'avances remboursables de collectivités locales (département et région) et une subvention de 87 K€ de revitalisation de l'emploi local.

■ Le développement de l'entreprise

En 2016, l'entreprise a mis en place un programme de développement :
- investissement en matériels, appareil robotisé d'ébarbage, imprimante 3D, un ERP, ainsi que l'acquisition d'un logiciel de simulation et remise aux normes des installations électriques ;
- embauche d'un doctorant en métallurgie ;

- prospection commerciale à l'export en Algérie et obtention de nouveaux marchés ;
- partenariat avec un représentant allemand.

■ Résultats des actions menées

L'entreprise a maintenu son activité en 2016 malgré un sinistre qui a paralysé la production durant plusieurs semaines, avec une rentabilité de 5,3 % du chiffre d'affaires à 3 778 K€.
La prévision de chiffre d'affaires au 31 mars 2018 était de 3 900 K€.

ANNÉE	2014	2016
Chiffre d'affaires	3 682 K€	3 778 K€
REX	8 %	5,3 %
Effectif	38	34

■ La fierté du repreneur

Mohand Ben Boumane est fier d'avoir assuré la transition des départs en retraite des anciens et le renouvellement du personnel par l'embauche de jeunes diplômés dans les secteurs de la production, de la qualité, de l'administration des ventes et de la gestion.

■ L'appréciation du CRA

Le repreneur a évité la fermeture de la fonderie, en maintenant et développant son activité, tout en préservant la savoir-faire de l'entreprise, métier traditionnel de la région des Ardennes. Mohand Ben Boumane a résolument tourné les Fonderies Nicolas vers l'avenir grâce à un habile plan de développement.

Découvrez le témoignage vidéo de la reprise de l'entreprise FONDERIES NICOLAS :

Les autres belles histoires des trophées CRA de la reprise 2018

• • • • • • • • • • • • •

Laurent Di Mattia, 34 ans, diplômé en génie mécanique et productique et en techniques de commercialisation, booste **DIMAPLAST** - « De l'or dans les déchets », en reprenant avec succès, grâce à sa stratégie de développement, l'entreprise créée par son père en 2000, basée à Douai, spécialisée dans le recyclage des matières plastiques issues des industries automobile et alimentaire et du secteur médical.

Zivorad Mijucic, 32 ans, a repris **ELECTRO SOULT** en 2012 pour 1 euro symbolique en conservant dans son effectif le cédant. M. Mijucic est diplômé en génie électrique et informatique industriel et a occupé plusieurs postes de technico-commercial. L'entreprise est spécialisée dans les travaux d'installation électrique dans tous les locaux. Après l'exercice catastrophique de 2011 (baisse de 60 % du chiffre d'affaires et 300 K€ de pertes), Zivorad Mijucic redresse la société. En 2016, elle affiche un chiffre d'affaires de 2 600 K€ et une rentabilité de 11,3 % sur le chiffre d'affaires avec un effectif de 9 personnes.

Jérôme Dorbes, 46 ans, diplômé EM Strasbourg, 20 ans d'expérience dans la grande distribution et le marketing, reprend fin 2013 **JUSTON AÎNÉ FILS**. Cette entreprise familiale est basée à Valence dans la Drôme et fournit depuis un siècle et demi, des sangles textiles sur mesure pour les industries et produit des aérosols. C'est le réveil d'une « belle endormie » avec un chiffre d'affaires qui passe de 2 093 K€ en 2013 à 2 568 K€ en 2016, avec une rentabilité qui atteint 15 % du chiffre d'affaires contre 5 % précédemment.

Patrick Gros, après une expérience dans la gestion de centre de profits d'une société de travail temporaire, rejoint la société **L'AS DU CARREAU** en 2009, en tant que Directeur d'agence. Cette société, créée en 1992, est spécialisée dans l'entretien courant d'immeubles, d'espaces verts et de sites industriels et est basée à St Paul les Dax dans les Landes. **Mickaël Nouy** a rejoint en 2010 la société comme responsable de la comptabilité. Ils s'associent en 2013 pour reprendre l'entreprise suite au décès accidentel du propriétaire. L'AS DU CARREAU retrouvera une rentabilité guidée par une croissance du chiffre d'affaires après sa reprise et deux années de mauvais résultats.

Patrick Vavasseur, ingénieur mécanicien, après une carrière tant en France qu'à l'international chez Renault, reprend en 2013 **SPG CHAUDRONNERIE** créée en 2004, qui emploie 5 personnes à Vannes dans le Morbihan. Son savoir-faire lui permettra d'augmenter d'une manière très importante le chiffre d'affaires

+ 34 % en 3 ans, avec une rentabilité de 13,20 % du CA en 2016-2017 contre 0,83 % en 2013-2014 tout en embauchant 4 personnes.

David Mahé, de formation commerciale, complétée par un Executive MBA d'HEC, passe 8 ans à la direction des ventes dans un groupe industriel de haute technologie, qu'il quitte en 2000 pour rejoindre un cabinet de conseil en informatique lors de sa création, dont il sera dirigeant actionnaire. Fin 2011, il se lance dans la reprise de la société **STIMULUS**, cabinet spécialisé dans le conseil dans la santé psychologique au travail, basé à Paris. En 5 ans, le chiffre d'affaires a été multiplié par plus de 2 et représente près de 12 millions d'euros, les effectifs passant de 40 à 80 personnes. David Mahé a su convaincre le fonds Turenne Santé pour mener à bien sa reprise dont il détient 50,1 %. Ce fonds l'a également accompagné lors de diverses croissances externes comme en 2017, où Stimulus a acquis **ÉQUILIBRES**, cabinet spécialisé dans l'égalité au travail, notamment l'égalité femmes-hommes.

Modèles de lettres et de documents

- **Fiche projet** 340
- **Projet de reprise** 341
- **Modèle de lettre d'approche d'un dirigeant (cible)** 342
- **Accord de confidentialité** 343
- **Engagement d'exclusivité par le cédant** 344
- **Lettre d'intention** 345
- **Exemple de trame d'un business plan** 346
- **Protocole d'accord** 347
- **Le choix d'un conseil en cession-acquisition : recommandations du CRA** 349

Modèles de lettres et de documents

Fiche projet

PHOTO

Frédéric DURAND
17 rue de la Halle
75116 – Paris (FRANCE)
☎ : + 33(0)6 11 22 33 44
@ : durandfrederic@free.fr

ISG / CPA
Anglais courant
42 ANS
Marié, 2 enfants

SYNTHÈSE PARCOURS PROFESSIONNEL

Direction Générale Division Europe Consommables techniques pour industrie (750 M€)	2005-2008
Direction marketing et commerciale Produits pour l'imprimerie	1998-2005
Direction opérationnelle de zone Multinationale allemande (Budget :11M€)	1993-1998
Responsable stratégie filiale anglaise Groupe Pharmaceutique Négociation, méthode et formation Alimentaire et non alimentaire	1990-1993

DOMAINES DE COMPÉTENCES

Développement commercial et Gestion

- **Gestion de centres de profit** : budget et investissement
- Implantation de centres régionaux
- Élaboration et mise en œuvre **de stratégies marketing et commerciales**
- **Réorganisation** et stratégie de développement
- **Management** et **leadership** d'équipes multiculturelles

Conduite et Gestion de projets

ÉQUIPE D'ACCOMPAGNEMENT

Expert Comptable :
Avocat :

Projet de reprise

PROJET DE REPRISE

Métiers de l'entreprise :

Entreprise de fabrication et/ou de négoce de **consommables industriels, d'équipements de laboratoires ou de produits chimiques** pour la pharmacie, la cosmétique, les plastiques ou la chaîne graphique (imprimerie, sérigraphie)

Données économiques :

- Chiffre d'affaires : 1 à 8 M€
- Situation financière : in bonis
- Prix de cession : 1,5 à 5 millions selon montage financier
- Effectif : à partir de 10 personnes
- Financement : Apport personnel + tour de table + prêts bancaires
- Appel à un fonds d'investissement si nécessaire
- Position : majoritaire ou minoritaire (selon projet)

Situation géographique

Ile de France, Centre, Grand Ouest

Financement

Apport personnel supérieur à 300.000 €

Position : Majoritaire de préférence

MOTIVATIONS ET ATTENTES

- Réaliser le projet que j'ai depuis longtemps d'être entrepreneur
- Exploiter les compétences acquises pour mon propre compte
- Assurer le bien-être de ma famille
- Continuer l'œuvre d'un entrepreneur et la développer
- Accompagnement du cédant souhaité
- Ambiance sociale sereine

Modèle de lettre d'approche d'un dirigeant (cible)

Approche d'un dirigeant

Paris, le …

Personnel et Confidentiel

Monsieur/Madame…

Société …

Adresse …

Objet : Proposition de collaboration/recherche de partenariat

Madame, Monsieur,

Votre entreprise a attiré mon attention et je vous propose de mettre mon expérience et mes capitaux au service du développement de votre entreprise.

Ma contribution ne se limiterait pas à une entrée au capital, je ferais profiter votre entreprise de ma connaissance du marché, du produit, des clients, compétences acquises à des postes de responsabilité au sein d'entreprises de votre secteur.

Si l'idée d'ouvrir votre capital fait partie de votre stratégie de développement, je souhaiterais vous rencontrer pour en discuter avec vous.

Bénéficiant des conseils du CRA (Cédants et Repreneurs d'Affaires) (*ou autre mentor*) qui accompagne ma démarche, j'ai par ailleurs formé un projet de reprise complète, dont je joins la fiche en annexe.

Je me permettrai de contacter votre secrétariat pour convenir d'un rendez-vous, si ma démarche vous agrée, et discuter avec vous de ces projets.

Veuillez agréer, Madame, Monsieur, l'expression de ma considération distinguée.

Signature

Modèles de lettres et de documents

Accord de confidentialité

Nous ne proposons ici qu'un modèle simple d'accord de confidentialité à signer entre un repreneur, personne physique, et un cédant potentiel. Si un repreneur est mis en contact avec un cédant grâce à un cabinet d'intermédiation ou via des fonds d'investissement, des textes plus élaborés seront proposés à la signature du repreneur, incluant notamment des clauses de non-concurrence et de non-débauchage.

Considérant que M. .... [*citer la fonction*] représentant la société .... pourrait être amené à envisager la cession de la société .... et

Considérant que je pourrais être éventuellement susceptible de marquer mon intérêt à M. .... en vue de la reprise de la société .... dans des conditions à définir ultérieurement,

Je, soussigné ...., m'engage par la signature du présent document à garder strictement confidentielles, et à ne pas divulguer à quiconque, les informations, tant écrites qu'orales, qui me seront communiquées de quelque manière que ce soit et par quelque moyen que ce soit sur la société .... sans en avoir reçu l'autorisation écrite préalable de M. ....

Je m'engage à n'utiliser les informations qui me seront transmises que dans le seul but de formaliser une éventuelle lettre d'intention d'acquisition de la société .... à M. ....

Je m'engage également à retourner, à sa demande et à tout moment, à M. .... les pièces qu'il aurait pu me communiquer, sans en conserver de copies sous quelque forme que ce soit.

Je m'engage à respecter mon engagement de confidentialité, tel que défini au présent document pour une durée de ... mois, à compter de la date de sa signature.

Fait à ....le ....

Signature ....

Engagement d'exclusivité par le cédant

En contrepartie de la lettre d'intention sur l'acquisition de la société ... émise le ... je, soussigné M. (*cédant)*, m'engage à ce que la société et ses représentants habilités, suspendent toute négociation avec d'autres candidats à la reprise de la société XX, à garantir l'exclusivité de la reprise à M. (*repreneur*) jusqu'à la date de signature du protocole d'accord et au plus tard le ....

Fait à ...., le ....

Signature + cachet de l'entreprise

Modèles de lettres et de documents

Lettre d'intention

La trame ci-dessous doit permettre au repreneur de préparer sa lettre d'intention en mentionnant l'ensemble des points sur lesquels il souhaite apporter une information au cédant, tout en veillant à répondre aux préoccupations exprimées par ce dernier.
Gardez à l'esprit que cette lettre d'intention est un outil de différenciation par rapport à tous les repreneurs potentiels.

Ce document devra être soumis à son conseil juridique et fiscal pour la rédaction finale.

MODÈLES

Présentation du repreneur.

Manifestation de l'intérêt pour l'activité de l'entreprise et de sa capacité à reprendre et développer celle-ci.

Définition de l'objet de la reprise (*pourcentage de titres, rachat du fonds de commerce, traitement de l'immobilier…*) et calendrier.

Annonce du prix et paramètres des révisions éventuelles (*dates des états financiers de référence, formule de révision, rubriques comptables utilisées pour la révision qui devront être simples et non discutables*).

Financement de l'acquisition (pour rassurer le cédant sur la capacité du repreneur à finaliser l'acquisition).

Mentionner le type et l'étendue de la GAP (*garantie d'actif et de passif*) et l'éventuelle garantie de la garantie.

Définir les audits souhaités par le repreneur et leur calendrier.

Définir la forme, la durée et les modalités de l'accompagnement du cédant.

Date prévisible et souhaitable de la signature du protocole d'accord.

Durée de validité de la proposition.

Demande d'exclusivité de la part du cédant dont la durée doit permettre de mener les investigations permettant la signature du protocole.

MODÈLES DE LETTRES ET DE DOCUMENTS

Exemple de trame d'un business plan

Sommaire	Avec pagination
Synthèse du projet	
Carte d'identité de l'entreprise	Coordonnées Photos Moyens humains Matériel Organigramme Forces et faiblesses
Repreneur(s)	CV Motivation Compétences clés et atouts Moyens
Offre produits, métier	À quoi ça sert Avantages concurrentiels Risques évolutifs
Marché	Sources de l'étude Taille Niche Évolution Clients principaux
Concurrence	Identifiée Barrières à l'entrée
Business model de l'entreprise	Où est la source de création de valeur Politique de prix
Plan d'action	Stratégie Recherche et développement Marketing Politique commerciale
Analyse financière et prévisions	Situation actuelle points forts/points faibles Compte d'exploitation prévisionnel Plan de financement Plan de trésorerie

Protocole d'accord

Nous ne proposons ici que la trame du « protocole d'accord », car les développements des différentes rubriques sont propres à chaque affaire, et peuvent atteindre plusieurs dizaines de pages, selon les différents articles explicités dans l'étape 9 (voir Étape 9 Négocier le protocole d'accord, p. 287).

INDISPENSABLE

1- La présentation personnelle du (ou des) cédant(s) et repreneur(s)
2- L'objet de la transaction (actions, parts, fonds de commerce, cession échelonnée, etc.)
3- Les accords conclus, notamment le prix, et **sa méthode de calcul, les clauses de révision de prix en + comme en – (résultats de l'exercice non arrêté, *earn-out*, garantie de clientèle ou de chiffre d'affaires)**
4- Les modalités, l'échelonnement du paiement
5- L'accompagnement du cédant, la non-concurrence ultérieure
6- **Les déclarations du cédant sur la situation de l'entreprise** (litiges, contentieux, sincérité du carnet de commande, états du personnel, du matériel, des marchés, des licences, des accords fournisseurs, certification, etc.)
7- **Les garanties d'actif et de passif**

LIÉ À LA NATURE DE L'ENTREPRISE/DU PROTOCOLE

8- Les conditions suspensives négociées : financement bancaire pour le repreneur, garantie de renouvellement ou d'approbation des contrats en cours de négociation, audits complémentaires de l'entreprise (voir supra : due-diligences)
9- Les conditions résolutoires : si elles se réalisent, la vente est annulée ! (dans des cas exceptionnels)
10- Les délais impartis au cédant et repreneur pour réaliser les démarches nécessaires à la levée des conditions ci-dessus (octroi du prêt, synthèse des audits, etc.)
11- Le mode de règlement des conflits : arbitrage, ou juridiction compétente ; les clauses de calcul de révision de prix, en plus comme en moins.
12- Le sort des comptes courants d'associés.
13- Les cautions, avals ou garanties donnés par le cédant en garantie d'engagements de la société cible.

PARTICULIER

14- Le paiement des dividendes sur l'exercice en cours
15- La valorisation des stocks (après expertise, inventaire et contrôle d'utilité)
16- Le maintien des contrats d'un membre de la famille du cédant, ou leur résolution
17- Le sort de l'immobilier : rachat, valeur de rachat du crédit-bail, fixation des loyers

À NOTER
Une réforme du droit des contrats s'applique depuis le 1er octobre 2016 (ordonnance du 10 février 2016), qui renforce les obligations d'information précontractuelle et les possibilités d'annulation d'un contrat. Par conséquent, la transparence recommandée dans cet ouvrage guide devient de plus en plus nécessaire, pour éviter tout conflit ultérieur.

Le choix d'un conseil en cession-acquisition : recommandations du CRA

Les conseils en cession-acquisition ou intermédiaires financiers sont une profession non réglementée. Il convient donc de s'entourer de précautions au moment de choisir celui auquel on confiera un mandat. La première précaution à prendre est de s'assurer que le conseil identifié appartient à l'une des associations professionnelles dont l'ACIFTE (Analystes et conseillers en investissements, finance et transmission d'entreprises) ou CNCFA (Compagnie nationale des conseillers en fusion acquisition) qui font une sélection de leurs membres et imposent le respect d'une stricte charte de déontologie dont on peut retenir un certain nombre d'enseignements :
– indépendance ;
– défense de l'intérêt du client ;
– absence de conflit d'intérêt.

Et autres règles telles que transparence, diligence dans l'exécution de la mission, confidentialité…

De cela, il résulte que toute mission donne lieu à la rédaction d'une lettre de mission qui précisera notamment :
– les parties contractantes et le statut dont relève le prestataire au titre de la mission considérée.
– la définition de la mission en termes d'objectifs et de travaux ; bien se faire préciser si le prestataire a une obligation de moyens ou de résultats.
– caractère exclusif ou non de la mission ;
– obligations respectives des parties, durée, modalités de renouvellement et de dénonciation ;
– montant ou modalités de calcul de la rémunération ; fait générateur de ladite rémunération.

Conditions d'exercice des missions :
Tout membre de ces associations s'interdit entre autres de :
– se présenter comme missionné par un client si ce dernier n'a pas formalisé son engagement ;
– recevoir une double rémunération d'un cédant et d'un acquéreur au titre d'une même cible ;
– signer des lettres de mission concomitantes de plusieurs acquéreurs sur la même cible.

Annexes

- **Data room** 353
- **Tableau récapitulatif des principales structures juridiques** 354
- **Le programme de la formation CRA** 359
- **Les clubs ou groupes de repreneurs** 360

Data room

Le terme recouvre l'ensemble des documents mis à disposition de repreneurs sélectionnés pour leur permettre de parfaire leur offre.
Ils peuvent être réunis au sein de l'entreprise ou mieux chez un conseil du cédant, expert-comptable ou avocat.
Ils dépassent en confidentialité le dossier standard sans révéler toutefois des informations telles que la liste nominative des salariés, les salaires, les clients… et tout ce que le cédant jugera inopportun de dévoiler.

› Domaine commercial et activité
- produits, services, CA par activité et grands types de clientèle… ;
- récurrence de CA et carnet de commandes ;
- budget.

› Domaine juridique et fiscal
- statuts, K bis, PV d'assemblées… ;
- particularités liées l'entreprise : licences, brevets ;
- baux commerciaux, et autres, crédit baux immobiliers et mobiliers ;
- déclarations fiscales, crédits d'impôts recherches (CIR) et autres avantages particuliers, contrôles fiscaux et URSSAF ;
- litiges commerciaux ;
- état d'inscription de privilèges (greffe du tribunal de commerce).

› Social
- organigramme définissant les fonctions des salariés ;
- politique salariale, primes, intéressement ;
- indemnité de fin de carrière provisionnée ou non ;
- contentieux prud'homal en cours.

› Comptable et financier
- comptes complets de l'entreprise avec annexe ;
- rapport de gestion ;
- rapport des éventuels commissaires aux comptes ;
- inventaire des immobilisations et des stocks ;
- situation de trésorerie récente et évolution ;
- engagements hors bilan.

› Banques
- liste des banques et des concours obtenus à long, moyen et court termes ;
- les engagements donnés (cautions, nantissement…).

Tableau récapitulatif des principales structures juridiques

	NOMBRE D'ASSOCIÉS	MONTANT DU CAPITAL
ENTREPRISE INDIVIDUELLE	Pas d'associé Entrepreneur individuel seul	Pas de notion de « capital social »
EURL	1 seul associé (personne physique ou morale)	Pas de minimum Possible de ne libérer les apports en numéraire que pour 1/5 de leur montant lors de la constitution (solde dans les 5 ans).
SARL	Minimum 2 associés maximum 100 (personne physique ou morale)	Pas de minimum Possible de ne libérer les apports en numéraire que pour 1/5 de leur montant lors de la constitution (solde dans les 5 ans).
SA (FORME CLASSIQUE)	Minimum 2 associés (personne physique ou morale)	37 000 € minimum (1/2 des apports en numéraire sont versés obligatoirement lors de la constitution, le solde devant être libéré dans les 5 ans).
SAS	Minimum 1 associé (personne physique ou morale)	Capital social librement fixé par le ou les actionnaires (1/2 versé lors de la constitution et le solde dans les 5 ans).
SNC	Minimum 2 associés (personne physique ou morale) Les associés ont tous la qualité de commerçant	Pas de minimum Pas d'obligation de libération immédiate (ex : sur appel de la gérance au fur et à mesure des besoins).

Annexes

	DIRIGEANTS	RESPONSABILITÉ DES ASSOCIÉS	RESPONSABILITÉ DES DIRIGEANTS
ENTREPRISE INDIVIDUELLE	Entrepreneur individuel		Responsabilité totale et indéfinie sur l'ensemble des biens, sauf sur la résidence principale, insaisissable de plein droit pas les créanciers professionnels[1]
EURL	Gérant(s) : obligatoirement personne physique - l'associé unique ou - un tiers	Limitée aux apports, sauf engagement personnel pris par l'associé	
SARL			
SA (FORME CLASSIQUE)	Conseil d'administration (entre 3 et 18 membres) dont un président personne physique obligatoirement. Éventuellement, un directeur général.		
SAS	Liberté statutaire Au minimum : 1 président, personne physique ou morale, associé ou non + le cas échéant 1 directeur général et 1 directeur général délégué		
SNC	Gérant(s) personne physique ou morale	Indéfinie et solidaire sur biens personnels	

(1) L'entrepreneur individuel peut isoler des poursuites de ses créanciers professionnels ses autres biens fonciers bâtis ou non bâtis non affecté à son activité professionnelle. Il peut également opter pour le régime de l'EIRL en déclarant un patrimoine affecté à son activité professionnelle distinct de son patrimoine personnel. En cas de difficultés, les créanciers ne pourront saisir que ce patrimoine affecté.

ANNEXES

	RÉGIME FISCAL IMPOSITION DES BÉNÉFICES
ENTREPRISE INDIVIDUELLE	IR (BIC, BNC, BA) IS Sur option uniquement pour l'EIRL soumis au régime réel d'imposition
EURL	Pas d'imposition au niveau de la société, l'associé unique est imposé directement au titre de l'IR (BIC ou BNC). Possibilité d'opter pour l'IS
SARL	IS Possibilité d'opter pour l'IR[2][3]
SA (FORME CLASSIQUE)	IS Possibilité d'opter pour l'IR[3]
SAS	IS Possibilité d'opter pour l'IR[3]
SNC	Pas d'imposition au niveau de la société, chaque associé est personnellement imposé sur sa part de bénéfices à l'IR (BIC). Possibilité d'opter pour l'IS

(2) Régime de la SARL de famille : possibilité pour les SARL formées uniquement entre personnes parentes en ligne directe, frères et sœurs, conjoints ou partenaires pacsés, d'opter pour une imposition à l'IR (les SARL exerçant une activité libérale sont exclues de ce régime).

(3) Les SARL, SA et SAS de moins de 5 ans peuvent opter pour une imposition sur le revenu, quelle que soit la nature de l'activité exercée. Sont concernées les sociétés non cotées qui emploient moins de 50 salariés et réalisent un CA annuel ou un total de bilan inférieur à 10 millions d'euros et dont les droits de vote sont détenus à hauteur de 50 % au moins par des personnes physiques, et à hauteur de 34 % au moins par le (ou les) dirigeant (s) de l'entreprise et les membres de son (leur) foyer fiscal. Cette option est valable pour 5 exercices, sauf dénonciation.

Annexes

	RÉGIME FISCAL DU DIRIGEANT	RÉGIME SOCIAL DU DIRIGEANT
ENTREPRISE INDIVIDUELLE	IR, catégorie des BIC ou des BNC, soit dans celle des rémunérations (TS) de dirigeants en cas EIRL soumise à l'IS.	Non-salariés
EURL	IR, soit dans la catégorie des BIC ou BNC (EURL à l'IR), soit dans celle des rémunérations de dirigeants (EURL à l'IS).	- Non-salariés : si gérant est l'associé unique[4]. - Assimilé-salarié si gérant est un tiers.
SARL	Gérant minoritaire : Traitements et salaires. Gérant majoritaire : Traitements et salaires.	Gérant minoritaire : assimilé-salarié Gérant majoritaire : Non-salariés[4]
SA (FORME CLASSIQUE)	TS pour le président du conseil d'administration et le directeur général.	Président et directeur général : assimilé-salarié. Autres membres du conseil d'administration non rémunérés pour leur fonction de dirigeants.
SAS	Idem SA	Idem SA
SNC	Impôt sur le revenu (BIC)	Non-salariés[4]

(4) Pour le gérant associé : si la société est soumise à l'IS, la part des dividendes perçus par le gérant ou par son conjoint, son partenaire pacsé ou ses enfants mineurs, est assujettie à cotisations sociales pour la fraction supérieure à 10 % du capital social, des primes d'émission et des sommes versées en compte courant.

ANNEXES

	QUI PREND LES DÉCISIONS ?	TRANSMISSION
ENTREPRISE INDIVIDUELLE	L'entrepreneur seul	- Cession du fonds ou de la clientèle - Apport en nature du fonds à une société - Location-gérance
EURL	Gérant (possibilité de limiter les pouvoirs si le gérant n'est pas l'associé unique).	Cession de parts libre, pas de procédure d'agrément
SARL	- Gestion courante : gérant - AGO pour les décisions dépassant les pouvoirs du gérant. - AGE pour les décisions modifiant les statuts.	- Cessions de parts libres entre associés, ascendants, descendants et conjoints (sauf clause d'agrément prévue dans les statuts) - Cession à un tiers : agrément obligatoire
SA (FORME CLASSIQUE)	- Gestion courante : conseil d'administration - AGO/AGE : idem SARL	Cessions d'actions libres sauf clause contraire des statuts
SAS	Liberté statutaire	Cessions libres. Les statuts peuvent prévoir certaines clauses (ex : inaliénabilité, agrément préalable de cession)
SNC	Idem SARL	Cessions de parts à l'unanimité des associés (disposition d'ordre public)

AGO : assemblée générale ordinaire
AGE : assemblée générale extraordinaire
BA : bénéfices agricoles
BIC : bénéfices industriels et commerciaux
BNC : bénéfices non commerciaux
EIRL : entrepreneur individuel à responsabilité limitée
IR : impôt sur le revenu
IS : impôt sur les sociétés
TS : traitements et salaires

Le programme de la formation CRA

■ Repreneurs

› La reprise d'entreprises

Sur une durée de 3 semaines consécutives, 30 modules, de la recherche d'affaire aux audits approfondis, des montages juridiques et financiers au business plan, du protocole d'accord à la signature des actes, des garanties indispensables à l'agenda de la première semaine de reprise.

› Cadrage et ciblage d'une reprise d'entreprise

Sur 2 jours, 3 ateliers autour de : « Améliorer la performance de son projet de reprise » ; « Comment rechercher sa cible ? » ; « Les aspects humains de la relation cédant-repreneur ».

■ Construire un pitch repreneur efficace

Une journée pour mieux vendre à tous ses interlocuteurs son projet personnel de reprise. Cette formation s'adresse aux repreneurs qui ont commencé leur parcours de reprise.

› Les priorités des 100 jours après la reprise

Sur 2 jours, 3 ateliers autour de : « Prendre en main son entreprise » ; « Gérer au quotidien » ; « Engager les premières mesures ».

■ Cédants

Journée de sensibilisation à la cession, pour aider les chefs d'entreprise à préparer la transmission de leur société. Cette journée traite des principaux thèmes :
- les choix patrimoniaux et fiscaux ;
- le toilettage de l'entreprise ;
- le profil du repreneur ;
- les méthodes de valorisation et la préparation à la négociation.

Pour tout savoir sur le détail de ces formations, consulter le site Internet du CRA, onglet « Formations » et contacter : cra.formationidf@cra-asso.org.

La formation à la transmission et reprise est fondamentale. Découvrez les dates des prochaines sessions au CRA :

ANNEXES

Les clubs ou groupes de repreneurs

Ces clubs constituent des « pépinières » de futurs dirigeants, et devraient, d'une manière ou d'une autre, être approchés par les futurs cédants.

Les repreneurs individuels sont nombreux à s'inscrire dans ces clubs de repreneurs (« Seul, on va plus vite, mais à plusieurs, on va plus loin »), comme ceux mis en place depuis plus de 15 ans au CRA. Tout en confortant sa volonté de reprendre et la crédibilité de son projet, chacun peut profiter de l'expérience des autres, de leurs compétences (sans oublier les recommandations des anciens, devenus entrepreneurs, ou les conseils des experts du réseau intervenant bénévolement au sein des groupes. À l'accompagnement s'ajoute le soutien psychologique au long de cette course d'obstacles parfois éprouvante que constitue la reprise.

Le CRA compte environ 1 400 repreneurs actifs nouveaux chaque année (+ 200 qui renouvellent leur adhésion) et une quarantaine de groupes de repreneurs en activité, principalement à Paris, Lyon, Nantes, Lille et Angers.

À ces « porteurs de projet » qualifiés, le CRA – qui a fêté en 2018 sa 4 800e transmission – propose (en ligne et sur bulletin papier) plus de 600 affaires à céder, anonymes (confidentialité oblige) sur l'ensemble de son réseau.

Pour un cédant, mettre son affaire à céder sur la bourse d'opportunités en ligne du CRA est une opportunité qu'il faut savoir saisir.

De même, un cédant à la recherche de son successeur a intérêt, pour gagner du temps, et dans une démarche proactive, à consulter les profils de repreneurs sélectionnés (compétences et projets) accessibles sur le site Internet du CRA, au moyen de « mots-clés ».

Un même esprit d'entraide anime l**e club entreprise CLENAM, « Club entreprise Arts et Métiers »**. Créé en 1985 à l'initiative de la Société des ingénieurs des Arts et Métiers, ce club diffuse par bulletin les annonces de cédants, effectue des mailings ciblés auprès de ses adhérents repreneurs et aide à constituer le dossier de présentation des entreprises à céder.

En partenariat avec le CRA, le CLENAM organise mensuellement des tables rondes et des conférences à thème, où interviennent des professionnels de la transmission, des témoins, et même des cédants ayant une entreprise à céder, qui peuvent rencontrer au cocktail qui clôt la manifestation de futurs candidats à leur succession.

La mode des « clubs de repreneurs » se répand : on en trouve désormais dans les associations d'anciens élèves de grandes écoles (XMP, Centrale, HEC, Sciences Po, etc., en liaison avec les cellules « emploi », lorsqu'elles existent). Les écoles de gestion s'y intéressent aussi : à Paris certaines mairies d'arrondissement prennent des initiatives pour les développer, de même en province.

Repreneurs, vous serez convaincus de l'utilité de ces groupes de repreneurs en écoutant ces témoignages :

Les adresses de vos interlocuteurs

Les coordonnées complètes et à jour figurent dans l'onglet « mentions légales » des sites.

- **ACE**
  Avocats Conseils d'Entreprise
  www.avocats-conseils.org
- **ACIFTE**
  Analystes et Conseillers
  en Investissements, Finance
  et Transmission d'Entreprise
  www.acifte.org
- **AFAQ - AFNOR Certification**
  Association Française
  pour l'Assurance de la Qualité
  www.afnor.org
- **AFE**
  Agence France Entrepreneur
  www.afecreation.fr
- **AMF**
  Autorité de Marchés Financiers
  www.amf-france.org
- **APEC**
  Association pour l'Emploi
  des Cadres
  www.apec.fr
- **ARD**
  Agence régionale
  de développement
  https://investparisregion.eu
- **BATIPORTAIL**
  Site de la construction
  et du bâtiment
  www.batiportail.com
- **BNF**
  Bibliothèque Nationale de France
  www.bnf.fr
- **BOUTIQUES DE GESTION, BGE**
  ensemBle pour aGir
  et Entreprendre
  www.bge.asso.fr
- **BPIFRANCE**
  Banque Publique d'Investissement
  www.bpifrance.fr
- **CCI (base d'annonces)**
  Reprendre et céder une entreprise
  avec les CCI et les CMA de province
  www.transentreprise.com
- **CCI Ile de France**
  Chambre de Commerce et
  d'Industrie de Paris / Ile de France
  www.cci-paris-idf.fr
- **CPME**
  Confédération des Petites et
  Moyennes Entreprises
  www.cpme.fr

- **CIF (voir ACIFTE)**
  Conseiller en Investissements Financiers

- **CLENAM**
  Club Entreprise Arts et Métiers
  http://clenam.gadzarts.org

- **CMA**
  Chambre des métiers et de l'artisanat, Ile de France
  www.artisanat.fr

- **CNCFA**
  Syndicat des professionnels des fusions et acquisitions
  www.cncfa.fr

- **COFACE**
  Compagnie française d'assurances pour le commerce extérieur
  www.coface.fr

- **CRA**
  Cédants et repreneurs d'affaires
  www.cra-asso.org

- **CRA FORMATION**
  Les coordonnées du centre figurent dans l'onglet « Implantations » du site CRA

- **CSOEC**
  Conseil supérieur de l'ordre des experts-comptables
  www.experts-comptables.fr

- **DIANE**
  Informations signalétiques et détaillées pour l'analyse économique des entreprises
  https://diane.bvdinfo.com

- **ECTI**
  Échanges et consultations techniques internationaux
  www.ecti.org

- **EDEN**
  Encouragement au développement d'entreprise nouvelles
  travail-emploi.gouv.fr/IMG/pdf/Fiche_synthetique_EDEN.pdf

- **EGEE**
  Entente des générations pour l'emploi et l'entreprise
  www.egee.asso.fr

- **EULER-HERMES (ex SFAC)**
  Société française d'assurance-crédit
  www.eulerhermes.fr

- **INPI**
  Institut national de la propriété industrielle
  www.inpi.fr

- **FCA**
  Fédération du commerce coopératif & associé
  www.commerce-associe.fr

- **FFB**
  Fédération française du bâtiment
  www.ffbatiment.fr

- **FIM**
  Fédérations des industries mécaniques
  www.fim.net

- **FNTP**
  Fédération nationale des travaux publics
  www.fntp.fr

- **FRANCE ANGELS**
  Fédération des réseaux de business angels
  www.franceangels.org

- **FRANCE INVEST (ex-AFIC)**
  Association des investisseurs pour la croissance
  www.franceinvest.eu

- **FUSACQ**
  Place de marché dédiée aux fusions-acquisitions et à la reprise d'entreprise
  www.fusacq.com

Les adresses de vos interlocuteurs

- **IFG**
  Institut français de gestion
  www.ifgexecutive.com

- **INFOGREFFE**
  Registre du commerce
  et des sociétés
  www.infogreffe.fr

- **INITIATIVE FRANCE**
  Réseau associatif de financement
  et d'accompagnement
  www.initiative-france.fr

- **KOMPASS**
  Portail des entreprises
  www.kompass.fr

- **MEDEF**
  Mouvement des entreprises
  de France
  www.medef.com

- **ODA**
  Ordre des avocats à la cour de Paris
  www.avocatparis.org

- **ODN**
  Ordre des notaires
  www.notaires.fr

- **R&T**
  Reprendre et transmettre
  www.reprendre-transmettre.com

- **RESEAU ENTREPRENDRE**
  www.reseau-entreprendre.org

- **SEMAPHORE**
  Le site d'informations des CCI
  sur les aides aux entreprises
  www.les-aides.fr

- **SIAGI**
  Société de caution mutuelle
  pour les PME et l'artisanat
  www.siagi.com

- **SIRENE**
  Base de données officielle
  regroupant les entreprises et les
  établissements en activité.
  www.sirene.fr

- **SOCIETE.COM**
  L'information sur les entreprises
  www.societe.com

- **SOPROMEC**
  Prise de participation minoritaire
  www.sopromec.com

- **SVP**
  Service d'assistance
  aux entreprises
  www.svp.com

- **SYNEXTRANS**
  Syndicat des experts en
  transmission d'entreprises
  www.synextrans.com

- **SITE DU GROUPE LES ECHOS SUR L'ENTREPRISE**
  http://business.lesechos.fr

- **TRANSEO**
  Association européenne
  de la transmission des PME
  www.transeo-association.eu

- **TRANSMETTRE & REPRENDRE**
  Réseau de 8 partenaires pour
  faciliter la transmission et la reprise
  d'entreprises en France

- **UPA, devenue U2P**
  Union des entreprises
  de proximité
  u2p-france.fr

- **XERFI**
  Études économiques sectorielles
  www.xerfi.com

Lexique

A

ACCRE : Aide aux chômeurs créateurs qui reprennent une entreprise.
ACE : Association des avocats conseils d'entreprise.
ACFCI : Assemblée permanente des chambres françaises de commerce et d'industrie.
Actif net : Fonds propres de l'entreprise.
Actif net corrigé (ANC) : Fonds propres de l'entreprise incrémentés des plus ou moins-values latentes.
Actif net retraité : Actif net après retraitement des comptes de façon à faire parfaitement correspondre les valeurs qui y sont inscrites à la réalité.
Affacturage : Contrat par lequel un établissement de crédit spécialisé, appelé factor, achète ferme les créances détenues par un fournisseur.
AFAQ : Association française pour l'amélioration et le management de la qualité.
AFE : Agence France Entrepreneur.
AFIC : Association française des investisseurs pour la croissance (renommée France Invest en 2018).

Affectio personae : Courant de sympathie existant entre les personnes.
Affectio societatis : désigne la volonté commune entre plusieurs personnes physiques ou morales de s'associer.
APCE : Agence pour la création d'entreprise (et aussi pour la reprise), devenue AFE (Agence France Entrepreneur en 2016).
APEC : Agence pour l'emploi des cadres.
ARE : Allocation retour emploi.
AREP : Aide à la reprise d'entreprise de production.
ARCE : Aide à la reprise ou à la création d'entreprise.
Assurance-crédit : Assurance qui protège l'entreprise contre la défaillance de ses clients.

B

B to B : *Business to Business*, activité commerciale tournée vers les entreprises.
B to C : *Business to Consumer*, activité commerciale tournée vers les particuliers.

BEI : Banque européenne d'investissements.

Benchmarking : Analyse comparative avec des entreprises exerçant le même métier, sur la base de ratios sélectionnés.

BFR : Besoin en fonds de roulement.

BIC : Bénéfices industriels et commerciaux.

BIMBO : Correspond aux LMBI + MBO, c'est-à-dire que des cadres extérieurs se joignent à l'équipe dirigeante nouvellement constituée suite au rachat.

BODACC : Bulletin officiel des annonces civiles et commerciales.

Boni de liquidation : Excédent d'actif d'une entreprise en liquidation.

Book value : Valeur d'une société calculée à partir des fonds propres.

Bottom line : Résultat net (dernière ligne du compte de résultat).

Bpifrance : la banque publique d'investissement est un organisme français de financement et de développement des entreprises.

Build up : Opération de croissance externe.

Business Angels : Investisseur en capital risqué (*seed capital* ou « capital d'amorçage ») pour participer au financement d'entreprises en création et aussi en développement.

Business plan : Document détaillé présentant le projet complet et chiffré.

Buy in : Achat d'entreprise par des cadres extérieurs.

Buy out : Reprise d'entreprise par des salariés de l'entreprise.

C

CAF : Capacité d'autofinancement.

Capital d'amorçage (*seed capital*) : Phase préalable au capital-risque, apport en capital pour des entreprises en démarrage, souvent fait par des personnes physiques (*business angels*).

Capital risque (*venture capital*) : Investissement en fonds propres ou en quasi-fonds propres dans une société non cotée et intervenant en aval du capital d'amorçage.

Capitalisation boursière : Valeur de l'entreprise obtenue en multipliant le cours d'une action (cotée en Bourse) par le nombre de titres.

CARPA : Caisse des règlements pécuniaires des avocats.

Cash flow : Flux de trésorerie net laissé à la disposition de l'entreprise.

CDT : Contrat développement transmission : dispositif d'aide au financement de Bpifrance.

Certification ISO 9000 : Certification des normes de qualité définies par l'organisation internationale de normalisation ISO.

Certification ISO 14000 : Certification de la gestion environnementale.

CGI : Code général des impôts.

Charge suplétive : Coût complémentaire à intégrer dans l'analyse parce qu'il n'était pas pris en compte précédemment (dans le cas par exemple d'un bénévolat, d'un dirigeant à la retraite).

Cible : Se dit de la société qui fait l'objet d'une offre d'achat ou d'échange, de la part d'une autre société ou d'un investisseur.

Clause d'anti-dilution : Clause permettant la non-modification du niveau de participation au capital.

Clause de préemption : Clause permettant au titulaire de celle-ci d'exercer, le premier, une option d'achat de titres, à un prix préalablement défini.

Clause Pari Passu : Clause obligeant l'emprunteur à faire bénéficier le prêteur de toutes les garanties données en cas de mise en place de nouveaux crédits, autrement dit « clause du prêteur le plus favorisé » par laquelle tout prêteur bénéficie des garanties les plus favorables qui ont été accordées.

CLENAM : Club entreprise Arts et métiers.

Closing : Signature par l'ensemble des participants du contrat de vente.

Cluster : Grappe d'entreprises travaillant de concert, ou pôle de compétitivité.

Code NAF : Codification nomenclature des activités françaises.

COFACE : Compagnie française d'assurances pour le commerce extérieur.

Concours de beauté : mise en concurrence des repreneurs par le cédant et ses conseils.

Core business : Activité principale.

Corparate governance : Gouvernement d'entreprise, responsabilité et obligations du conseil d'administration.

Cost killer : Responsable ou entité chargé de la réduction des coûts.

Covenant : Clause d'un contrat de prêt, assujettissant la poursuite du contrat au respect de certaines conditions ou ratios financiers.

CPF : Compte personnel de formation.

CPME : Confédération des PME.

CRA : Cédants et repreneurs d'affaires.

Crédit-bail : technique de financement particulière par laquelle une société acquiert la propriété de biens d'équipement mobiliers ou immobiliers à usage professionnel, en vue de les donner en location à l'entrepreneur pour une durée déterminée et en contrepartie de redevances ou de loyers.

CSG : Contribution sociale généralisée.

CRDS : Contribution au remboursement de la dette sociale.

D

Loi Dailly : Mobilisation de créances par un établissement bancaire (factures, contrats, commandes) dans le cadre de la loi Dailly qui accorde cette faculté aux entreprises.

DASS : Direction départementale des affaires sanitaires et sociales.

Data room : Salle habituellement chez un avocat ou un conseil contenant l'ensemble de la documentation interne de la société à vendre.

Dette senior : Dette remboursable en priorité par rapport aux fonds propres, généralement contractée par le véhicule de reprise du repreneur.

Dette mezzanine (ou subordonnée) : Terme financier qui désigne la dette la plus risquée, dont le remboursement est subordonné à celui de la dette dite senior ; elle est mieux rémunérée que la dette senior.

Diagnostic d'entreprise : Démarche de réflexion, seul ou accompagné par un intervenant de la transmission, sur notamment le marché, les produits, la compétitivité et la santé financière de l'entreprise.

Diane : Outil d'aide à la décision reprenant les comptes sociaux issus des greffes des tribunaux de commerce et des informations générales sur les 1 300 000 d'entreprises françaises les ayant déposés.

DIF : Droit individuel à la formation, remplacé par le CPF.

Dilution : Elle se caractérise par la réduction du pourcentage du capital d'une société détenu par un actionnaire suite à une augmentation de capital ou une fusion.

DRIRE : Direction régionale de l'industrie et de la recherche, devenue DIRECCTE et DREAL.

Due diligence : Ensemble des mesures de recherche et de contrôle des informations permettant à l'acheteur de fonder son jugement sur le patrimoine, l'activité, la situation financière, les résultats, les perspectives de la société.

E

Earn out (clause d') : Clause permettant d'indexer une partie du prix de la transaction sur des éléments à venir tels que chiffre d'affaires, résultats.

EBIT : *Earnings before interest and tax*, équivalent au résultat d'exploitation.

EBITDA : Acronyme anglais pour *Earnings before interest, taxes, depreciation, and amortization*, c'est-à-dire le bénéfice d'une société avant la soustraction des intérêts, impôts et taxes, les dotations aux amortissements et les provisions sur immobilisations

EBE : Excédent brut d'exploitation, un des soldes intermédiaires de gestion intéressant : résultat avant amortissement, frais financiers, impôts…

Ebitda (voir EBE ci-avant) : *Earnings before interest, taxes, depreciation and amortization.*

ECTI : Études et consultations techniques internationales.

EDEN : Encouragement au développement d'entreprises nouvelles.

EGEE : Entente des générations pour l'emploi et l'entreprise.

Entreprise *in bonis* : Entreprise en bonne santé financière.

ERP : Entreprise ressources planification

Euler-Hermès, ex-SFAC : Société d'assurance-crédit, de recouvrement et de cautionnement.

Euribor : Un des deux principaux taux de référence du marché monétaire de la zone euro. Son nom est formé à partir de la contraction des mots anglais *Euro interbank offered rate,* soit en français : « taux interbancaire offert en euro » (Tibeur). Les Euribor les plus utilisés sont ceux compris entre 1 semaine et 3 mois. Ils servent de base et de référence principale aux prêts à taux variable offerts aux particuliers et aux entreprises (dans lesquels le taux d'intérêt est exprimé comme la somme de l'Euribor choisi, par exemple l'Euribor 3 mois, et de la marge du prêteur).

EURL : Entreprise unipersonnelle à responsabilité limitée.

Euros constants : valeur sans incidence de l'inflation, contrairement aux « euros courants ».

F

FCPI : Fonds communs de placement innovation.
FCPR : Fonds communs de placement à risques.
FDR : Fonds de roulement.
FFB : Fédération française du bâtiment.
FGIF : Fond de garantie à l'initiative des femmes.
FIFO : Premier entré-premier sorti (*First In-First Out*).
FIM : Fédération des industries mécaniques.
FIP : Fonds d'investissement de proximité.

G

Garantie réelle : Hypothèque ou nantissement de biens tangibles et intangibles.
GIE : Groupement d'intérêt économique.
Goodwill (survaleur) : Supplément du prix par rapport à la valeur comptable (*book value*) payé lors de l'acquisition.
GSC : Garantie sociale du chef et dirigeant d'entreprise.

H

Holding : Entité juridique dont l'objet social est la détention d'actions de sociétés.

Homme clé : Collaborateur ayant un rôle essentiel dans l'entreprise ; on se protège contre les conséquences de son départ en souscrivant une assurance homme clé.

I

ICPE : Installation classée par environnement.
IFI : Impôt sur la fortune immobilière.
Intuitu personae : Qualifie un contrat conclu en considération de la personne avec laquelle il a été passé.
IR : Impôt sur le revenu.
IS : Impôt sur les sociétés.
ISF : Impôt sur la fortune.
ISO : Voir certification.

L

LBO : *Leverage Buy Out*, technique de rachat avec effet de levier.
LIFO : *Last In-First Out* (Dernier entré-Premier sorti) - Interdit en France.
LMBI : *Leverage Management Buy In*, acquisition par un repreneur extérieur à l'entreprise.
LMBO ou RES : *Leverage Management Buy Out* ou rachat d'une entreprise par ses salariés.
LOI : Lettre d'intention.

M

Management fees : Redevances de gestion.
MBO : *Management Buy Out*, reprise par des salariés de l'entreprise.

MEDEF : Mouvement des entreprises de France.

Mezzanine : Emprunt ayant caractère de quasi-fonds propres.

Modèle économique (business model) : Organisation de l'activité d'une entreprise lui permettant d'être présent sur un marché et de gagner de l'argent ; cela implique l'élaboration d'une stratégie et sa mise en œuvre ; la concrétisation chiffrée du modèle économique est le plan d'affaires (business plan).

N

Nantissement : Contrat par lequel une chose devient support de garantie pour un créancier (perte de liberté de disposer du débiteur-propriétaire).

NACRE : Nouvel accompagnement pour la création et la reprise.

O

OAT : Les OAT (Obligations assimilables du trésor) constituent la forme privilégiée du financement à long terme de l'État. Ce sont des titres assimilables, émis pour des échéances de 7 à 50 ans et à taux fixe.

Obligation convertible (OC) : Obligation qui donne à son détenteur, pendant la période de conversion, la possibilité de l'échanger contre une ou plusieurs actions de la société émettrice.

OBO : *Owner Buy Out*, ouverture partielle du capital à un partenaire extérieur.

Obsolescence : Dépréciation technologique ou commerciale.

OPCVM : Organisme en placement collectif de leurs valeurs mobilières.

ORCI : Obligation remboursable par certificat d'investissement.

OSEO : Devenu Bpifrance.

P

PFU : Prélèvement forfaitaire unique. Son taux est de 30 % en 2018.

PME/PMI : Petite et moyenne entreprise. Principal critère : CA inférieur à 50 M€, 250 personnes…

PER (*Price Earning Ratio*) : Rapport entre le prix de vente et le cours de Bourse ou le résultat net.

Q

QUALIBAT : Norme Qualité du bâtiment.

R

Révocabilité *ad nutum* : révocable à volonté sans indemnité ni délai en cas de licenciement (généralement pour un mandataire social).

RCS : Registre du commerce et des sociétés.

RES : Rachat d'une entreprise par les salariés.

Road show : Visite d'investisseurs au cours d'un voyage de plusieurs étapes.

Royalties : Paiements versés de manière régulière, en échange d'un droit d'exploitation (brevet, droit

d'auteur, droit des marques, etc.) ou d'un droit d'usage d'un service.
RTT : Réduction du temps de travail.

SA : Société anonyme.
SARL : Société à responsabilité limitée.
SAS : Société par actions simplifiée.
SCI : Société civile immobilière.
SCM : Société de caution mutuelle.
SCR : Société de capital risque.
SFAC : Syndicat français des assureurs conseils.
SIG : Soldes intermédiaires de gestion.
SIREN : Numéro composé de 9 chiffres, attribué par l'INSEE lors de l'inscription de l'entreprise au Répertoire national des entreprises, servant à identifier celle-ci.
SNC : Société en nom collectif.
Synextrans : Syndicat professionnel des experts en transmission d'entreprises.
Spin off : Reprise par son management d'une filiale ou d'une branche d'activité dont un groupe souhaite se désengager.
Start up : Jeune entreprise en forte croissance.

TEPA : Loi pour le travail, l'emploi et le pouvoir d'achat (août 2007).
TNS : Travailleur non salarié.

TPE : Très petite entreprise. Principal critère : moins de 10 personnes et/ou 2 M€ de CA.
TRI : Taux de rentabilité interne.
TS : Travailleur salarié.

U

UNICER : Union nationale des investisseurs en capital pour les entreprises régionales.
URSSAF : Union de recouvrement de cotisations de Sécurité sociale et d'allocations familiales.

V

VAE : Validation des acquis de l'expérience.
Valeur ajoutée : Différence entre la production de l'entreprise et les consommations intermédiaires.
Valeur vénale : Valeur marchande/valeur de marché dans le cadre d'une cession librement consentie.
VAN : Valeur actualisée nette.

XERFI : Cabinet d'études économiques donnant accès à une base de données du même nom rassemblant 400 études économiques sectorielles.

373

Index alphabétique

A

Accompagnement : 297
Accord de confidentialité : 122, 343
ACCRE : 244, 246
Affacturage : 203
Annonce cédant : 70
Annonce repreneur : 87
Annonces légales : 275, 327
Apport en capital : 277
Apport personnel : 49, 218
ARCE : 244
Assemblée permanente des chambres de métiers : 77
Assurance : 174, 230, 317
Audit d'acquisition : 185
Augmentation de capital : 277
Avocat : 21, 27, 70, 92

B

Bail : 40, 195
Bénéfice : voir États financiers
Besoin en fonds de roulement : 197, 299
Bilan de compétences : 30
Bourse d'opportunités : 77–??, 77
Brevet : 27, 112, 159, 194, 278

Business angel : 222
Business model : 194
Business plan : 187

C

Cabinets d'intermédiation : voir Conseil en cession
Capacité d'autofinancement (CAF) : voir États financiers
Capital social : voir Sociétés
Capitaux propres : voir États financiers
Cash-flow : voir États financiers
Cession de fonds de commerce : 267, 275
Cession de titres : 267
Cession-transmission
- critères : 59
- disparités territoriales : 62
- nombre : 56
- transmission familiale : 61

Chambre des métiers : 318, 324
Chambres des métiers : 77
Clause d'exclusivité : 150
Clause de non-concurrence : 40
Clause de sincérité : 150
Clause Pari Passu : 231
Clauses séparées : 301

INDEX ALPHABÉTIQUE

Clauses suspensives : 300
Closing : voir Finalisation
Comité d'entreprise : 179
Commerce coopératif associé : 80
Confidentialité : voir Accord de confidentialité
Conseil en cession : 28, 69, 296
Contrôle : 284, 303
Coût d'une transmission : 70, 92, 107
Covenant : 204, 231
Crédit-bail : 172, 208

D

Dailly (loi) : 203
Dette
- mezzanine : voir Financements
- senior : voir Financements

Devoir précontractuel d'information : 154
Diagnostics : 151
Diane : 87, 106
Dividendes : 24, 205, 239, 280, 348
Dossier de présentation : 28, 70
Droit au bail : voir Bail
Due-diligence : voir Audits d'acquisition
Dutreil (loi) : 318

E

Earn-out (complément de prix) : 298
EBE : 105, 209
Effet de levier : 117, 230
Engagement : 148, 308, 344
Équipements : 166, 174
États financiers : 102
Expert-comptable : 21, 27, 119
Experts : 27, 34, 70, 294

F

Fiche-projet du repreneur : 46
Finalisation : 303
Financements : 215
Fiscalité : 172, 280
Fonds d'investissement : 49
Fonds de commerce : 114, 260, 274, 347
Fonds de roulement : voir États financiers
Fonds propres : voir États financiers
Formation : 31, 33
Franchise : 80

G-H

G.S.C. : 175
Garantie actif-passif (GAP) : 347
Garanties : 232, 297, 327
Goodwill : 112
Holding : 205, 237
Hommes clés : 32, 179, 231

I

Immobilisations : voir États financiers
Impôt sur la fortune immobilière : voir Fiscalité
Intégration fiscale : voir Fiscalité
Investisseurs : voir Financement

L

LBO (LMBO) : voir Financement
Lettre d'intention (LOI) : 143, 149, 345
Liasses fiscales : voir États financiers
Loi Hamon : 41

Index alphabétique

M

Majorité : voir Contrôle
Mandat acheteur : 90
Mandataire vendeur : 89
Modèle économique : voir Business model

N

Nantissement : 119, 227, 276
Nom commercial : 274
Notaire : 119

O-P

Obligations convertibles : 240
Pacte d'actionnaires : 284
Pari Passu : voir Clause Pari Passu
Période intermédiaire : 51
Plan de financement : 205
Plus-value : voir Fiscalité
Protocole d'accord : 287
Publicité : 310

R

Repreneur type : 27
Réseaux de franchise : 80
Risques de rupture : 155

S

Séquestre : 275
Société à responsabilité limitée (SARL) : 252
Société anonyme (SA) : 253
Société par actions simplifiée (SAS) : 253
Statuts : 255
Structure juridique : 252
Survaleur : voir Goodwill

T

Taux de rentabilité interne (TRI) : 116
TEPA : 219
Transmission familiale : 61
Tutorat : 318

U

Union professionnelle artisanale : 38

V

Valeur de rendement : 109
Valeur patrimoniale : 112
Valorisation : 114
VAN (valeur actualisée nette) : 115

377

Achevé d'imprimer
en août 2018
par DIMOGRAF,
Bielsko-Biała, POLOGNE